地域デザイン学会叢書 1

旅行革新戦略

地域デザインとライフデザインによる
コンテクスト転換

[監修] 一般社団法人 地域デザイン学会
[編著] 原田　保・板倉宏昭・加藤文昭

東京 白桃書房 神田

はしがき

　本書は，現在まで長い間旅行ビジネスの中核を占めていた観光を目的にしたツアー（周遊旅行）一辺倒の考え方や事業展開への問題提起と，これを踏まえた旅行ビジネスの可能性を追求する，まさに旅行革新を指向した辺境からのメッセージである。その狙いは，1つは旅行ビジネスの原点回帰であり，もう1つは主にパッケージ化されたツアーの再考である。それゆえ，本書に通底するのは，"脱"観光と"脱"ツアーを指向すべきであるという主張である。

　また，旅行の潮流が，次第に体験・滞在型に転換しつつあることや，インバウンドへの国家的な注力が行われていることを踏まえ，我々は，これらの傾向を捉えた概念としては，これまでのツアーという広く普及している概念に変えて，これを含むものとしての「トラベル」という概念を提示することとした。

　それゆえ，我々が捉える旅行とは，古代から存在していた彷徨，遍歴，漂泊までをも含めたきわめて精神性の強い旅行の形態や，布教や戦争のための遠征についても組み込んで考えられている。また旅行とは，リアルな時空間における物理的な移動のみならず，これを伴わない夢や宗教体験までもが，その対象として含まれるとも考えている。

　我々の旅行に対するアプローチは，観光学や旅行会社の戦略とは若干異なっている。それは，我々執筆者が地域デザイン学会の会員であることと，編者の1人である原田がライフデザイナーであることに，また3名の編者のすべてがビジネスの経験を有していることに起因している。

　以上から，旅行の概念を，事業主体からのみならず，同時に地域や生活からも捉えてアプローチすることになった。それゆえ，本書では，旅行事業の革新戦略ではなく，あえて旅行の革新戦略という書名が選択された。それはすなわち，旅行に関する議論は，事業デザイン，生活デザイン，地域デザインの3方向から実践されるべきである，と考えたからである。

　また，分析や提言を行うにあたっては，その中心には顧客や地域との関わ

りやその背景を考慮するコンテクストデザインがおかれているために，ここでいう旅行革新の多くはコンテクスト転換として現出することになる。これは，原田がコンテクストデザイナーであり，これを板倉と加藤が前向きに評価していることによっている。こう考えれば，本書から読み取れる主なコンテスト転換は，概ね以下のようになる。

第1は，上述した観光から旅行へ，そしてツアーからトラベルへのコンテクスト転換である。

第2は，着(地)型ツーリズムから起点型ツーリズムへのコンテクスト転換，そして同時に，この地域ツーリズムから地域ビジネスへのコンテクスト転換である。これは，地域発での顧客との繰り返しの関係を重視するマーケティングへのコンテクスト転換である。

第3は，ビジネスモデルデザインにおけるデザイン対象としてのコンテンツからコンテクストへの転換である。これによって，経験価値や関係価値を重視するビジネスモデルが構想される。

第4は，ライフデザインにおける生活者の消費主体から創造主体への，すなわちライフデザイナーへのコンテクスト転換である。これによって，生活価値を考慮に入れた事業価値や地域価地が模索されることになる。

このような基本的な考え方に依拠しながら，本書では概ね以下のような主張がアグレッシブに展開される。それらの簡単な内容を順に紹介することにしたい。

序章の「地域デザインとライフデザインによる観光ツアーのコンテクスト転換」（原田）では，旅行については，地域と生活から捉えたコンテクスト転換が不可欠であることの主張が行われる。

第1章の「旅行の歴史と未来－人が旅行に望むもの－」（板倉）では，観光立国を指向する我が国の観光政策に依拠しながら，住みたい，訪れたい地域の創造に向けた課題抽出とそれへの対応についての言及が行われる。特に，観光地と観光客との関係性についての考察と，これとの関連でマネジメントオーガニゼーションへの言及が行われる。

第2章の「観光研究の今日的アプローチ－観光学からの脱却に向けて－」（板倉）では，既存の観光研究とは異なる物語性の視角からの成長戦略が不

可欠であることが主張される。例えば，サイトスペシフィックストーリー（Site Specific Story: S[3]）やデスティネーションマネジメントオーガニゼーション（Destination Management Organization: DMO）についての考察が行われる。

　第3章の「デスティネーション指向へ，そして地域指向や精神指向へ」（原田・鈴木・宮本・田坂）では，観光立国が単に観光視点のみから行われるべきではなく，地域デザインやライフデザインに依拠した旅行の新たな創造視点から行われるべきである，という主張が行われる。まず，近年の旅行事業のビジネス動向をトレースし，その変化をコンテクスト転換の視点から解釈した。これからは，デスティネーション化という流れが主流であることが提示される。その上で，今後望ましいと思われる方向として，地域指向と精神指向の旅行が提言される。そして，今後展開すべき"脱"観光や"脱"ツアーという我々の考え方の正当性が，旅行代理店ビジネス，交通ビジネス，宿泊ビジネスの実態を踏まえて展開される。

　第4章の「地域デザインとライフデザインを捉えた旅行ビジネス理論」（原田・鈴木）では，まさに"脱"観光的な旅行革新戦略の理論的な提言が行われる。これは未だ構想の範囲を出てはいないが，それでも理論の基本的枠組みやその展開方向については，それなりの有効性はあると思われる。具体的には，まず"脱"観光，"脱"ツアーに向けた旅行概念の再定義が行われる。その上で，ニューツーリズムに代わる概念としてコンテクストツーリズムが提唱され，これがさらに地域デザインとライフデザインを踏まえた進化型枠組みであるコンテクストトラベリズムが提言される。

　第5章の「コンテクストトラベリズムのための発想転換」（板倉・原田）では，コンテクストトラベリズムという新たな概念を踏まえて旅行ビジネスを展開するために必要な戦略として，デスティネーションマーケティングや，この進化型手法である原田の主張するコンステレーションマーケティングの有用性が主張される。また，ここではコンテンツビジネスとコンテクストビジネスの比較についても言及が行われる。

　第6章の「地域ビジネスとしてのコンテクストトラベリズム」（宮本）では，旅行ビジネスを地域に奪還するための考え方の提示が行われる。それは，地域ビジネスとして地域に価値を発現するビジネスとして旅行ビジネスを考

えようとする主張である．また，地域と旅行の関係についての考察も行われ，地域ビジネスとしての旅行ビジネスのあり様にも言及が行われる．

　第7章の「社会貢献活動としての"脱"観光トラベリズム」（加藤）では，社会貢献の観点から旅行ビジネスが提示される．活動が紹介され旅行ビジネスが社会活動としても大いに可能性があることが提示される．ここでは，社会貢献型旅行ビジネスの主体としての国内における先進事例が紹介される．

　第8章の「共同体験ビジネス指向の"脱"観光トラベリズム」（田坂）では，旅行を通じて地域と旅行者との共創を捉えた"脱"観光指向の滞在型旅行の可能性についての考察が行われる．ここにおいては，旅行者は彼ら自身の関係の強化が地域のコミュニティのサポートによって実現することの理解ができる．

　終章の「ライフデザインから捉えた旅行のコンテクスト転換」（原田）では，本書のまとめとしてコンテクストデザインの重要性の確認が行われる．特に，生活者や旅行者のライフデザインの重要性についての言及が行われる．なお，ここでは，生活におけるキャリアデザインとスタイルデザインの重要性についての確認も行われる．

　以上が，本書の概要であるが，これによってコンテクストトラベリズムについて理解ができたと思われる．このコンテクストトラベリズムは，地域デザイン，ライフデザイン，そしてビジネスデザインの統合的な実践によって初めて可能になる．また，そのためには，"脱"観光，"脱"ツアーというアプローチが不可欠になる．

　なお，本書は，原田と板倉のコンセプトの提示をベースに，2人を含む6人の執筆者が分担した共同作品である．なお，ここでの主張に依拠した学会としての活動は，株式会社日本能率協会（社長：加藤）を中心にしたコンテクストツーリズムフォーラムがすでに開始している．

　また，本研究は，一般社団法人日本スロースタイル協会（代表：原田）との共同研究であることを追記する．今後においては，このコンテクストトラベリズムの研究を継続していく予定であるので，これに関心のある多くの人の地域デザイン学会への参加を期待したい．

　なお，本書の『旅行革新戦略－地域デザインとライフデザインによるコン

テクスト転換－』については，当初は「地域デザイン叢書」（芙蓉書房出版刊）の一環として刊行することを予定していたが，学会としての研究テーマの主体性を強めるために，また出版形態の多様化を進めるために，研究テーマごとに複数の出版社による出版活動に挑戦することにした。そこで，今回は，株式会社白桃書房から，新たに地域デザイン学会叢書の第1弾として本書を刊行することにした。

　　　　2015年5月15日

　　　　　　　　　　　　　　　　　　　　　　　編者　原田　　保
　　　　　　　　　　　　　　　　　　　　　　　　　　板倉宏昭
　　　　　　　　　　　　　　　　　　　　　　　　　　加藤文昭

目　次

はしがき

序章　地域デザインとライフデザインによる観光ツアーのコンテクスト転換 …… 1
原田　保

　　　第1節　旅の原点回帰としての"脱"観光を促進する　　　　　　2
　　　　　　「観光」から「旅行」へのコンテクスト転換

　　　第2節　地域事業からの"脱"観光ビジネスへの考察　　　　　　11
　　　　　　地域デザイン思想に依拠した地域ビジネスの理解

第Ⅰ部　旅行ビジネスの分析編

第1章　旅行の歴史と未来　― 人が旅行に望むもの ― …… 22
板倉宏昭

　　　第1節　日本の魅力の世界への発信　　　　　　　　　　　　　23
　　　　　　ビジット・ジャパンによる観光立国の推進

　　　第2節　観光に見る「内」と「外」の境界　　　　　　　　　　26
　　　　　　分断から交流，そして融合へ

　　　第3節　「住んでよし，訪れてよしの国づくり」　　　　　　　　31
　　　　　　まち歩きが楽しめるデスティネーションの追求

第2章　観光研究の今日的アプローチ ― 観光学からの脱却へ向けて ― …… 35
板倉宏昭

　　　第1節　物語（ストーリー）としての観光資源　　　　　　　　36
　　　　　　オルタナティブツーリズムとサイトスペシフィックストーリー

　　　第2節　新たな視角から捉えた成長戦略　　　　　　　　　　　40
　　　　　　アジア各国との交流促進による事業創造

　　　第3節　地方間連携のまちづくりへの活用　　　　　　　　　　43
　　　　　　デスティネーションマネジメントオーガニゼーション（DMO）

第Ⅱ部　旅行ビジネスの理論編

第3章　デスティネーション指向へ，そして地域指向や精神指向へ……52
原田 保・鈴木敦詞・宮本文宏・田坂 毅

- 第1節　旅行ビジネスに見るコンテクスト転換の潮流　　54
  低迷する観光ビジネスから精神充足ビジネスや地域ビジネスへの転換

- 第2節　「旅行代理店ビジネス」のコンテクスト転換　　70
  低迷する既存ビジネスとニューカマーの現出

- 第3節　「交通ビジネス」のコンテクスト転換　　84
  ロジスティックスからデスティネーションへの進化

- 第4節　「宿泊ビジネス」のコンテクスト転換　　96
  デスティネーションマーケティングを超える地域の求心力

第4章　地域デザインとライフデザインを捉えた旅行ビジネス理論……114
原田 保・鈴木敦詞

- 第1節　形態と目的を踏まえた旅行概念の再定義　　116
  観光，旅行の概念の戦略的再構築の視角から

- 第2節　"脱"観光・"脱"ツアーを指向するコンテクストトラベリズム　　127
  ニューツーリズムと着(地)型からのコンテクスト転換

- 第3節　新概念としてのコンテクストトラベリズムの深耕　　138
  ニューツーリズムと着地型からのコンテクスト転換

第Ⅲ部　期待領域の展開編

第5章　コンテクストトラベリズムのための発想転換……156
板倉宏昭・原田 保

- 第1節　コンテンツビジネスとコンテクストビジネスの比較と転換　　157
  主体としての顧客の尊重と個別ニーズを捉えて

- 第2節　地域産業を活かしたコンテンツビジネスの重視　　158
  新領域としての産業視察旅行への取り組み

- 第3節　"脱"観光経営視点の重要性　　163
  デスティネーションの地域資源を捉えて

第4節　地域におけるマーケティング革新　　　　　　　　　　166
　　　　　　　デスティネーションマーケティングからコンステレーションマーケティングへ

第6章　地域ビジネスとしてのコンテクストトラベリズム……175
　　　　　　　　　　　　　　　　　　　　　　　　　　　　　宮本文宏

　　　第1節　観光旅行の成立と観光地の創造　　　　　　　　　　176
　　　　　　　観光地は旅行の観光化の創造物

　　　第2節　旅行と観光のコンテクスト展開　　　　　　　　　　182
　　　　　　　旅行から観光へ，そして再び旅行へ

　　　第3節　旅行と地域の関係性　　　　　　　　　　　　　　　187
　　　　　　　旅行ビジネスの地域ビジネスとしての展開

　　　第4節　地域ビジネスとコンテクストトラベリズム　　　　　192
　　　　　　　コンテクストトラベリズムの地域ビジネスとの可能性

第7章　社会貢献活動としての"脱"観光トラベリズム……202
　　　　　　　　　　　　　　　　　　　　　　　　　　　　　加藤文昭

　　　第1節　企業における社会的責任概念の進化　　　　　　　　203
　　　　　　　CSRからCSVへのコンテクスト転換

　　　第2節　CSVを捉えた観光ビジネスの考え方　　　　　　　　206
　　　　　　　ソーシャルソリューションの実現に向けた対応

　　　第3節　先進事例の研究　　　　　　　　　　　　　　　　　209
　　　　　　　産業全般に拡大するCSR観光

第8章　共同体験ビジネス指向の"脱"観光トラベリズム……218
　　　　　　　　　　　　　　　　　　　　　　　　　　　　　田坂　毅

　　　第1節　コンテクスト転換以前の旅行業界の限界と今後の動向　220
　　　　　　　インターネットが現出させたイノベーション

　　　第2節　旅行とソーシャルネットワーク・シェアビジネスの新機軸　224
　　　　　　　コンテクスト転換による新事業の創造

　　　第3節　「Airbnb」が旅行業界に与えたインパクト　　　　　229
　　　　　　　アメリカから登場した情報提供事業の先進事例

　　　第4節　キュレーションを通じたライフスタイルの編集　　　234
　　　　　　　異分野の概念を活用した新たな価値創造

終章　ライフデザインから捉えた旅行のコンテクスト転換　　244
原田　保

第1節　ライフデザインとマーケティングの新機軸　　245
　　　　断片化した都市部族を捉えた戦略的活用

第2節　ライフスタイルに依拠する行為規範であるライフデザイン　　250
　　　　ライフデザイナーの相互関係とライフデザインの構成要素

第3節　スタイルデザインで捉えたコンテクストトラベリズム　　254
　　　　スロースタイルが切開く旅行のコンテクスト

索引　　259

序章

地域デザインとライフデザインによる観光ツアーのコンテクスト転換

《緒言》

　オリンピックの開催が東京に決定して，今や我が国では観光立国の実現が大いに期待されている。しかし，本当に観光立国という政策は妥当であり，これを捉えたインバウンドビジネスは果たして興隆するのか。筆者は，我が国が行うべきは単に観光立国を重視することではなく，同時に世界各国の人々に対して我が国固有の特徴を，それも特に日本文化の卓越性と人に優しい日本人の伝統的な生活文化を広く海外に知らしめることにあると考える。

　筆者は，このようなささか地味な努力こそが，グローバル化の対応が急務である我が国においては，ビジネスにおける対応以上に大事ではないか，と考える。そこで，このような問題意識に立脚しながら，本章では現在実践されている観光ビジネスの今後の展開への疑問を投げかけると共に，このことを契機にして旅行ビジネスの新たな可能性に関わる提言を試みる。

　まずは，観光という伝統的な概念自体に関する再考を促すことにしたい。具体的には，旅行（travel）においては「光を観る（観光）」のみならず，同時に「陰を観る」ことの重要性を認識することも必要ではないかという考え方である。さらに，これとの関連において，かつての旅の中心的な形態であったジャーニー（旅行よりは旅のイメージが強い）の重要性にも注目し，例えばレジャーではない旅行の重要性についても，すなわち日本語で言えば「漂泊」「遍歴」「彷徨」などのまさに終わりのない旅についても言及が行われる。このような視点に立つと，我々が指向すべき方向は"脱"観光ともいうべき旅（行）の推奨になる。

　また，旅行産業におけるインバウンドビジネスの強化が，すなわち地域ビ

ジネスとしての着(地)型観光が地域に貢献できるという考え方に対する問題点の指摘が行われ，同時に地域が起点となり，かつ主体となる地域にとって大きなメリットが現出する真の地域ビジネスを推進することの重要性についての言及が行われる。

このような議論を通じて，観光以外の目的を指向する多彩な旅行ニーズの取り込みのために近年とみに提唱される「ニューツーリズム」に見い出される問題点を明らかにしていき，これを克服すると共に，地域が起点になり，かつ主体になる真の地域ビジネスの推進に向けて「コンテクストトラベリズム」の提唱が行われる。これはすなわち，元来は主に周遊観光の意味であるツーリズム（tourism）の延長線上ではなく，トラベリズム（travelism）[1]から地域ビジネスを考えるべきであるという主張でもある。さらに，旅や旅行とは，まさに長期記憶として心の奥底に残るあたかも星座のようなもの，すなわち「コンステレーション（consteration）：長期記憶」であることも主張される。それは，このようなコンステレーションによる顧客と「トポス（topos）」としての場所と施設の関係性のあり様が，旅の価値を決定づけることになるからである。

以上のように，観光を「地域デザイン」と「ライフデザイン」という２つの視角から捉えることによって，かつての旅行形態への原点回帰が模索されることとなる。そして，これによって，実は新たなビジネスチャンスの創造とコンステレーションを捉えた地域や旅行に関するビジネスモデルやブランディングの可能性が見えてくる。

旅の原点回帰としての"脱"観光を促進する
「観光」から「旅行」へのコンテクスト転換

本節においては，まず観光の原点回帰についての考察を行うこととしたい。なお，ここにおいては旅行ビジネスは主にコンテクスト転換から言及されることになる。その意味では，これは，旅行，あるいは旅行ビジネスに関わる

---

1 トラベリズム：筆者の造語であり，実際にはめったに使用される言葉ではない。しかし，これを，筆者はツーリズムに変わるべき旅行の原点を示す概念として使用している。当然ながら，ここにおいてはツアーは本来の意味である周遊旅行を示しているため，これを含む広い概念を示すものとしてトラベルが位置づけられている。

序章　地域デザインとライフデザインによる観光ツアーのコンテクスト転換

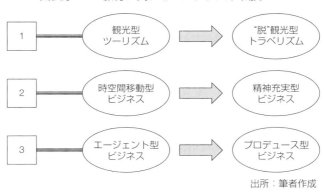

図表序−1　旅行に関わるコンテクスト転換

出所：筆者作成

新たな視角の提示であると共に，コンテクストデザイン論の旅行，あるいは旅行ビジネスに対する適用になる。

そこで，このような観点から，第1が「観光型ツーリズム」[2]から「"脱"観光型トラベリズム」への転換，第2が「時空間移動型ビジネス」から「精神充足型ビジネス」への転換，第3が「エージェント型ビジネス」から「プロデュース型ビジネス」への転換，という3つのコンテクスト転換についての議論が進められる。そして，これらを通じて，業界サイドと消費者サイドにおける"観光一辺倒からの脱却"を推奨していくことにしたい（図表序−1）。

(1)「観光型ツーリズム」から「"脱"観光型トラベリズム」へのコンテクスト転換

筆者がここで主張すべき第1のコンテクスト転換は，旅行ビジネスにおける「観光型ツーリズム」から「"脱"観光型トラベリズム」への転換である。これについては，可能な限り全ての旅行商品を観光ビジネスの視角から構想しようとするマインドと，全ての時間消費行為を効率性からのみ追求しようとするマインドからの超克（原田，2007）を目的とした独自の主張である。

現在，顧客の旅行に対するニーズが，各人のライフデザインとその思想に依拠した観光以外の目的に対応する旅行商品へと転換しつつあるのは，まさに周知の事実である。それゆえ，近年では旅行代理店業界においても，例えば産業観光や学習観光という，いわば体験・経験型の観光ツアーというコン

2　これについては，観光を主たる目的にする周遊旅行を意味している。

セプトを打ち出して事業展開を行っていこうとする機運が高まっている。しかし，筆者においては，このような考え方は根本的な誤謬であると感じている。なぜなら，現在旅行代理店が注力している各種の体験・経験を指向する滞在型旅行のほとんどが，本来はいわゆる観光を目的とした旅行商品ではないからである。

　例えば，産業遺産を見学することや最先端のハイテク工場を見学することは，各人にとっては何らかの知的好奇心や仕事への反映，さらには自身の内省に有効な旅行であり，これらについては断じて観光などからのアプローチを実践すべきものではない。また，旅行代理店のカタログやパンフレットには，例えば，広島の原爆ドームの見学についても観光対象としての取り上げ方がされているが，これも何とも似つかわしくない表現である。そもそも，観光とは前述のように「光を観る」ということなのだから，観光を原爆ドームの見学に使用することは問題がある。

　このように，今後大いに期待できる旅行商品のいくつかが，実際には観光商品ではないにもかかわらず，観光という概念から捉えられているのは全く不思議なことである。筆者は，これについては，国や旅行代理店が「観光立国」に見られる観光という概念を前面に打ち出している現状を鑑みると，まさに苦肉の策として"観光概念の拡張"によって非観光商品をも観光概念の中に取り込みたいと考えている，と推察している。

　もちろん，ビジネスや政治の世界では理屈のみが大事ではないのだから，非観光商品のことを観光商品として扱ってもさほど大きな問題ではないかもしれない。しかし，研究面においては，このような矛盾は決して許されないことは自明であろう。そこで，筆者においては，例えば産業観光や学習観光，さらには原爆ドームの見学に代表される，ある種の啓発旅行とも言えるような旅行については非観光型旅行であり，まさに"脱"観光型旅行であると定義づけている。それゆえ，今後において我々が指向すべきは"脱"観光であり，また"脱"観光型の旅行ビジネスの充実であることとなる。

　続いて，ここで筆者が主張したい第2は，産業観光や学習観光に代表される体験・経験型旅行に対してツアー（tour）という概念から説明しようとする姿勢には多大な問題がある，ということである。なぜなら，体験・経験型の旅行がいずれも1ヵ所にそれなりの長期にわたって滞在することが期待さ

れる旅行形態であると考えられるからである。

　そもそも，ツアーとは「周遊旅行」のことであるから，これを1ヵ所のみに長期にわたって滞在する旅行に対して使用するのには無理があることは明白である。こう考えると，"脱"観光目的の遠方における長期滞在は，交通を軸に考えればそれはまさに旅行ということになり，その形態については主に往復旅行であるトリップ（trip）ということになる。他方，これを滞在あるいは宿泊という視角から捉えれば，まさに「地域滞在」ということとなる。そして，この概念においては，そこに行くというよりは，むしろそこに宿泊する，あるいは滞在するということに力点がおかれるようにも感じられる。

　このように，旅行を，空間移動を主に考えると交通産業（鉄道，船舶，航空，自動車）を中心においた概念となり，また空間滞在を主に考えると宿泊産業（ホテル，旅館）を中心においた概念となる。もちろん，宿泊地に行くためには交通機関の利用は不可欠であるし，また交通機関を利用する場合には顧客にとって必ずその目的地である宿泊地があるのだから，まさに両者は密接不可分な関係にあると考えられる。さらに言えば，この2つの間にある差異については，旅行という行為に対するアプローチにおける差異であると考えるのが妥当であろう。

　また，旅行を考えるにあたっては，空間移動と空間滞在を統合的に捉えることが必要になるが，これらを可能にする産業が実は旅行代理店という業種なのである。しかし，従来の旅行代理店はアウトバウンドに注力していたため，どちらかというと発地起点のビジネスモデルに依拠してしまい，どうしても滞在地域を起点とするビジネスとしての十分な対応ができていなかった。

　とはいえ，近年においては，インバウンドに注力しようということから，旅行代理店は旅行の滞在地域を重視したビジネスモデルの構築に向けた対応を指向している。しかし，現時点では，着(地)型観光という概念で捉えたものであるため，観光の色彩が濃厚に残っている。また，発着という対抗概念自体が空間移動の始まりと終わりを捉えた概念であることを考えるならば，旅行代理店のビジネスモデルは未だに本質的なコンテクスト転換には至っていない，と理解せざるをえない。それゆえ，今後においては，着(地)型観光ビジネスではなく，むしろ地域起点旅行ビジネスという概念での捉えなおしたビジネスモデルの構築を急ぐべきであると思われる。

以上のことから，今後の旅行産業においては，「"脱"観光・"脱"ツアー」による展開が不可欠になることが理解できる。このような考え方を概念的に整理すれば，まさに「観光型ツーリズム」から「"脱"観光型トラベリズム」へのコンテクスト転換ということになる。このようなコンテクスト転換については，まさにライフデザインに依拠した顧客ニーズに適応したものであり，また交通産業や宿泊産業，そして旅行代理店ビジネスのイノベーションを導出する行為でもある，と言える。さらに，今後においては，顧客の多様な旅行目的を捉えた地域への滞在，すなわち地域での生活や地域との交流も含めて，地域起点でのビジネスモデルの構築が不可欠になってくる。なお，これについては，次節の地域ビジネス[3]に関する議論の中で詳細に述べることにしたい。

(2)「時空間移動型ビジネス」から「精神充足型ビジネス」へのコンテクスト転換

　筆者が主張すべき第2のコンテクスト転換は，「時空間移動型ビジネス」から「精神[4]充足型ビジネス」へのコンテクスト転換である。これは，旅行目的を明確にした旅行概念の確立であり，目的から旅行を捉えることにより，いわゆる日帰り旅行を含めた旅行ビジネスの全体像を再構築すべきという考え方である。これはすなわち，旅行には交通機関と宿泊施設が必須の条件になるという常識への挑戦である，とも考えてよい。

　そもそも，旅行では乗り物に乗ることが目的ではないため，乗り物を使用するかどうかは旅行の概念とは直接的には関係していない。また，顧客がどこかに泊まることも旅行の直接的な目的にはなってはいない。もちろん，豪華客船に乗ることや著名な温泉旅館に泊まることなど，交通機関や宿泊が旅行の主たる目的になる場合もある。それゆえ，筆者は，旅行はまずもって目的に依拠して構想されるべきであり，そのための手段として交通機関や宿泊

---

[3] 筆者のいう地域ビジネスは，あくまでも地域が主体になっており，地域のために効果を発揮するビジネスを意味する。それゆえ，地域外の大手資本が地域を対象にして地域から搾取的に利益を獲得するビジネスは地域ビジネスとは言わない。

[4] 精神：生物の中ではひとり人間のみが保持するものである。多義性をもつ概念であるが，ここでは意識や理念であると考えて良い。ただし，正確的には，精神は心とは異なる概念であると考えるのが望ましいとされている。

施設の利用が期待されると考えている。そうなると，例えば観光を目的にした旅行は観光旅行ということになるが，これが日帰りの場合には日帰り観光旅行と言うべきものになる。また，複数の観光スポットをバスなどで巡る日帰り旅行については，特に日帰り観光旅行の日帰り観光ツアーということになる。

　ここでは，交通機関や宿泊施設を利用しない観光を目的にする旅行，すなわち伝統的には「物見遊山」とか言われる，ある種の小旅行やピクニックに見い出される旅行のあり様についての，若干の考察を行っていく。ここで大事なのは旅行の目的であるが，これは物見の場合は文字どおり物を見ることであり，遊山の場合は花見に見られるように自然を楽しみに山に遊ぶことである。これこそが，まさに前述した光を観にいくという観光に適した概念なのである。

　そこで筆者は，観光という概念を主にこの物見や遊山に限定した旅行概念として使用するのが望ましいと考えることとした。この物見や遊山には，交通機関がさほど発達していない時代に確立した概念であるから，当然ながら空間移動についての意味を表す言葉は使用されてはいない。それこそ，物（コンテンツ）を見にいく，山（コンテンツ）に遊ぶというように，まさに目的と行為のみが明示されているだけで，そこへの到達方法については何の記載も見い出せない。筆者は，これこそがまさに顧客ニーズに依拠した，すなわち目的に依拠した旅行ビジネスとしての概念であると考えている。

　続いて考えるべきは，旅とは肉体的な行為であると共に精神的な行為でもあり，また現実的な事象であると共に非現実的な事象でもあるという，旅行に関するコンテクスト転換の必要性である。これは，そもそも何のために旅行を行うのか，あるいはそもそも旅行に目的は必要なのか，という問をめぐる考察である。

　まず，旅行の目的については，現地のコンテンツを見たいということもあろうが，場合によっては旅行という行為そのものが旅行への誘発条件ではない場合もかなりある。なお，このような形態の旅行は精神的な色彩が濃厚に見い出される。これを，筆者は「精神旅行」としている。

　これは，まさに文字どおり人間の肉体ではなく人間の精神の動きを捉えた旅行概念であり，これには物理的な移動を伴うものと伴わないものがある。

前者の物理的な移動を伴う旅はジャーニーに近い概念であり，具体的には日本語でいう漂泊，遍歴，彷徨などがあげられる。また，後者の物理的な移動を伴わないものとしては，夢による脳内旅行やドラッグによるトリップ（現実の世界に戻ることが前提のためにこれが使用されている）が想起できる。

そもそも，発着地や行き帰りの経路が不明な旅行は，むかしから一般社会ではあまり望ましい移動であるとは考えられなかったことは周知であろう。しかし，それだからこそ，このような旅行の目的が人間の内面的なものである場合の旅行は，ある種の非凡な人にふさわしい旅行形態である。そこで，ここでは，紀野（1980）を参考にしながら，漂泊，遍歴，彷徨について簡単な考察を行っていく。

これらは共にきわめて近接的な意味をもつ概念であり，まとめて表現するならば「漂流旅行」ともいうべき概念として表せる。そうなると，一般的な普通の旅行は「目的旅行」ということになる。このような前提を踏まえながら，以下にこれらの3つの概念についての一般的な意味を簡単に記すことにする。

①漂泊：これはまさに流れ漂うとか，さまようというような意味であり，目的は一応あるものの目的に向かっていることが明確には認識できない旅であるように思われる。例えば，「漂泊の旅」というように使われる。
②遍歴：これは広く各地をめぐることで経験を重ねるというように目的意識が明確なものであり，修行や発見を求めるそれなりに合理的なものである。例えば，これは「人生遍歴」というように使われる。
③彷徨：これはあてもなくひたすらさ迷うことを意味し，目的意識を全く欠落させながら，意味なく歩き回るという非合理的なものである。例えば，「荒野の彷徨」というように使われる。

このように，確かに，これらの3つの概念は類似的ではあるが，それぞれに少しずつ意味が異なることが見て取れる。

まず，漂泊については，ゴールはあるもののゴールに行き着くための方法が欠落していると理解すべきである。また，遍歴は精神的なモチベーションが鮮明な旅行であると考えられるが，彷徨にはこのようなモチベーションを

感じ取れることはできない。こう考えると，遍歴は精神的な要素が強い旅行であると言えるが，彷徨は旅行の目的そのものには精神的な要素を読み取ることは困難である。しかし，そうであっても，彷徨に至ることとなった原因が何らかの精神的なものであったことは確かである，とは思われる。

このように，漂泊，遍歴，彷徨については，それぞれに差異があるものの，これらの背景には共通の何らかの精神的な要素が存在すると考えられる。こう考えれば，確かに，これらをまとめて漂流旅行と呼ぶのは精神性を的確に表してはいないとも考えられる。そこで，漂流は漂流であっても，これらには何らかの自己超越に向けた精神漂流旅行であると考えるのが良いと思われる。

さらに，時空間的な移動を伴わない意識レベルでのある種の旅行について，すなわち人がそれまでの姿とは大きく変わってしまったり，現実からの逃避が可能になったりする非現実の旅行についても考えてみる。例えば，宗教における秘儀参入や，武芸における免許皆伝には，このようなコンテクストを読み取ることが可能である。これは，意識レベル，あるいは無意識レベルでの，すなわち心理的要因において何らかのトリップが生じていることを示す旅行概念である。これについては，宗教や武芸といった特殊な領域のみならず，現代では頻繁に形成される多くの病的集団においても，手段としてのある種の狂気から，良くも悪くも人間の考えや精神を根本的に変えてしまう可能性を秘めている。

以上のことから，旅行における「時空間移動型ビジネス」から「精神充足型ビジネス」への転換を行うべきであることが理解できる。これは，けっして旅行における時空間移動の意義を否定するものではない。しかし，これは，原則として移動は手段であって，この移動には目的としての意識の転換や精神の高揚がセットされているという主張である。こう考えるならば，時空間の移動を伴わない意識の転換や精神の高揚さえも旅行であるといえるのが，筆者の旅行に対する考え方である。

これはすなわち，旅行を交通産業や旅行代理店が敷いたサプライサイド路線にそのまま乗る必要はないという主張でもあり，旅行における消費の主体である顧客がその消費のイニシアチブを奪還すべきである，という考えから導出されたコンテクスト転換である。

(3)「エージェント型ビジネス」から「プロデュース型ビジネス」へのコンテクスト転換

筆者が主張すべき第3のコンテクスト転換は，旅行代理店の「エージェント型ビジネス」から「プロデュース型ビジネス」への転換である。これは，旅行代理店がいわゆる交通産業のエージェントから観光ビューローへと発展したにもかかわらず，その付加価値をほとんど増大させることができなかった旅行代理店に対するコンテクスト転換の期待でもある。

まず踏まえるべきは，交通エージェントから観光ビューローへの転換は，単なるコーディネーターからプロデューサーへの転換を意味するはずであったにもかかわらず，実はこのような対応ができなかったという事実である。これはすなわち，既存のリソースの単なる並び替えによって価値を獲得するエージェント型ビジネスモデル（交通エージェント）と既存のリソースのデコンストラクションによって新たな価値を創造するプロデューサー型ビジネスモデル（例えば観光ビューロー）との差異についての認識がなかったことを意味している（原田，2000）。

そこで筆者は，現在の旅行代理店においては，単に従来の交通機関対応に宿泊施設対応機能を加えたハードウェアに対するエージェントという存在からほとんど脱却できていないことが，言い換えると顧客のライフデザイン指向のニーズに対応できていないことが大きな問題であると考えるわけである。そもそも，交通機関の切符の購入や宿泊施設の予約には付加価値の余地が少なく，このような旅行代理店のビジネスモデルは，それこそ付加価値を獲得するためのビジネスモデルとはいえない。

現在の旅行代理店は，サプライサイドの代理店であり，顧客サイド，すなわちデマンドサイドの代理店としては不十分な役割しか果たせていない。また，これについては，顧客のニーズから出発するデマンドサイドのビジネスとは全く異なったものである。それゆえ，顧客に対する高度なソリューションの提供がなく，結果として高い付加価値の創出もできていない。

このような状況を現出させている要因としては，旅行代理店を縛る我が国の法律があると考えられる。つまり，この元々は単なる交通機関や宿泊施設のエージェントにすぎない旅行代理店を縛る法律の呼称が「旅行業法」といわれ，主に対ハードウェアにフォーカスしたエージェント（交通・宿泊対

応）としての旅行代店が，旅行に関わる産業全般を示す業である旅行業になってしまった。これはすなわち，旅行代理店を管理することを目的として施行された法律は旅行業法という呼称であるため，本来は旅行ビジネスの一部を担う旅行代理店があたかも旅行業のメーンプレイヤーであるかのような認識が定着してしまった行政サイドのある種のミスであろう。これに伴い，旅行代理店は元来のエージェント機能のみならず，何らかの付加価値を付与した旅行に関わる他の機能までも，すなわち旅行に関わるバリューチェーンのすべての機能を含むビジネスであるというイメージをもたれることになった。

そこで，今大切になっているのは，旅行ビジネスにおけるバリューチェーンの中において，現在の旅行代理店では十分に成しえない機能を担うプレイヤーの育成である。これはすなわち，今後の旅行ビジネスの発展に向けては旅行代理店以外の新たなプレイヤーの育成が急務であることを意味している。このような対応によって，筆者は，現在大いに期待されている"脱"観光型旅行商品が観光商品に替わるようなポジションを獲得することも可能になる，と考えている。

第二節 地域事業からの"脱"観光ビジネスへの考察
地域デザイン思想に依拠した地域ビジネスの理解

前節では，旅行ビジネスに視点をあてながら"脱"観光へというコンテクスト転換についての提言が行われた。その結果，ツーリズムからトラベリズムへ，そして観光から"脱"観光へというコンテクスト転換の方向性も提示された。その中において，産業観光などの"脱"観光型ビジネスや着（地）型ビジネスには大いに期待が寄せられることについても議論が行われた。

しかし，よく考えると，以上のような旅行ビジネスにおけるコンテクスト転換は，確かにどれも地域を重視する方向でのコンテクスト転換によって導出されている。このことは，今後の旅行ビジネスの展開においては地域の役割が重要であることを意味している。

そこで，本節においては，地域を起点にして地域の付加価値を増大させるための旅行ビジネスとは一体いかなるものか，についての考察を試みる。こ

れはすなわち，ビジネスモデルにおける主客転換を指向した挑戦的な対応である。このような問題意識から，ここでは，第1が地域を起点とした地域が主体となる地域デザイン，第2が着型観光ビジネスの地域ビジネスからの読み解き，第3が地域ビジネスとしての温泉ビジネスの観光旅行ビジネスとの差異，についての考察が行われる。

(1) 地域を起点とした地域が主体となる地域デザイン

さて，筆者においては，かねがね地域ビジネスとは地域を起点として地域が主体になって展開されるべきビジネスである，と考えている。それゆえ，地域の価値を現出させたり増大させたりするための理論を繰り返し提言してきた。なお，それらはすべて，地域デザインや地域ブランディングに関わる新たな理論である，と確信している。そこでまず，これらの新たな理論を概括的に紹介していくこととしたい。

最初に提言された理論は「地域ブランディングのためのトライアングルモデル（最初に提言された原モデル）」である。しかし，これは，その後に筆者によって地域ブランディングのみならず，これを含めた地域デザインに関わる全ての研究領域をカバーする地域デザインモデルとして，その理論概念の拡張が行われている。なお，このトライアングルモデルは，地域価値は「ゾーンデザイン[5]（括る）」と「エピソードメイクデザイン[6]（伝える）」と「アクターズネットワークデザイン[7]（繋げる）」の掛け合わせによって現出する（原田，2011）という理論である。

地域価値＝ゾーンデザイン×エピソードメイクデザイン×
　　　　　アクターズネットワークデザイン

---

[5] ゾーンデザイン：ゾーンとコンセプトの掛け合わせで表せる概念であり，ゾーニングが正しい名称である。コンセプトが必要なのは物やサービスと同様である。ゾーンデザインあるいはゾーニングは地域デザインや店舗デザインに固有の概念である。

[6] エピソードメイクデザイン：これはエピソードメイクをデザインの観点から行うことで，もともとはなかったデザインを後から追記した概念である。エピソードとは長期記憶のことであり，長期に忘れにくい記憶として知られる。

[7] アクターズネットワークデザイン：これも，もともとはデザインはつけていなかった概念である。しかし，ネットワークをデザインするという視点が大事であることからデザインが追加された。

しかし，その後に，筆者においては，エピソードメイクはコンステレーションを描くための手法であると捉えなおしたため，エピソードメイクデザインに替えて「コンステレーションデザイン」という概念を使用することとなった[8]（原田，2013a）。また，その後に，コンステレーションを描くためには意味ある場所を表す「トポス（topos）」という概念の導入が不可欠であると考えることとした。この結果，ゾーンに含まれる主要な戦略的なコンテンツをトポスとして捉えることが可能になった。そこで，トポスを現出させる方法に対してトポスデザインと命名した（原田，2013b）。

併せて，「アクターズネットワーク」はゾーンデザインやコンステレーションデザイン，あるいはトポスデザインを展開する主体であると捉え，これらの3つの要素とは次元の異なる概念としながら，その位置の再配置を行った。また，このアクターズネットワークは，地域で活動する主体と地域外に拠点を構える主体があるが，それらの機能は相互に異なっている。これに関しては，多くの場合には地域のアクターと中央のアクターとの何らかのコラボレーションが不可欠である，という主張も行われる（原田，2013b）。それゆえ，本著においては，この段階の地域デザインモデルに依拠した議論が行われることとなる。併せて，ゾーンとトポスとの概念上の近接的な位置関係を捉えて，コンステレーションデザインとトポスデザインの表記位置を変更することとした。この結果，現時点では，地域デザインに関わる原田モデルは以下のように表すことができる。

地域価値＝（ゾーンデザイン×トポスデザイン×
　　　　　　　　　　　　　コンステレーションデザイン）
　∧アクターズネットワークデザイン

そこで，この地域デザインや地域ブランディングに関わる新原田モデル（ZTCAデザインモデル）に依拠しながら，地域ビジネスにおける旅行ビジネスのあり様についての考察を行うことにする。

---

[8] 筆者はエピソードメイクを地域デザイン全般にまで適用することにしているが，江戸克栄（文化学園大学）はマーケティングへの拡大をすでに指向している。そこで，両者の間では，この2つの試みを整合しようということで現在調整を行っている。

（2）着(地)型観光ビジネスの地域ビジネスからの読み解き

　前述したように，旅行代理店では現在インバウンドに力点をおいたビジネス展開を指向している。この結果，まさに発(地)型ビジネスから着(地)型ビジネスへの転換が多様に模索されることになった（吉田，2010）。そして，この着(地)型ビジネスの展開は地域における滞在指向ビジネスを強めることにも結びつくことになり，こうした対応が旅行業界においては地域ビジネスの展開であるとされている。しかし，筆者には，果たしてこのようなものが地域ビジネスであると言えるのか，という疑念を感じてしまう。

　筆者は，このような展開は，確かに旅行におけるビジネスモデルの発(地)型ビジネスから着(地)型ビジネスへの転換ではある，と思っている。しかし，それでも，筆者は，ビジネスモデルの起点が多くの場合には中央にある大資本であることが多いこともあり，これらが地域起点のビジネスにはなっていない，と考えるわけである。他方で，地域がビジネスモデルの起点となるものもあるはずであり，これこそが，まさに筆者が考える地域ビジネスである。

　このような考え方に依拠しながら，筆者は，両者を区別するために，前者を「地域客体ビジネス」，あるいは「地域価値搾取型ビジネス」であるとし，後者を「地域主体ビジネス」，あるいは「地域価値創造ビジネス」という捉え方を行うこととした。そして，筆者においては，後者の場合のみをまさに"真の地域ビジネス"であると考えたわけである。

　筆者は，このことを説明するためには，例外なく「黒川温泉」[9]（熊本県）の事例を取りあげることとしている（原田，2010）。周知のように，この黒川温泉は九州地方においてはもっとも評判の良い温泉街の１つであり，その結果いつでも温泉街は多大な繁栄を見せている。実は，筆者は，この事例こそが地域ビジネスの成功事例の見本である，と考えている。それは，この黒川温泉が，大手旅行代理店などの支援や公的機関（例えば熊本県庁）の支援を受けることなく，自力のみで不振に喘ぐ温泉街を建て直してしまい，これによって地域価値の増大を実現したからである。

　それでは，この黒川温泉の成功の秘訣は一体何であったのか。それは，温

9　顧客が全く来ないために，まさに地図からも地名が消されようとした温泉街を，我が国を代表する温泉街に復活させたという成功事例である。この成功は，実は当時の組合長でありカリスマと言われた後藤哲也（新明館の店主である）のリーダーシップによるところが大きい，と言われている。

序章　地域デザインとライフデザインによる観光ツアーのコンテクスト転換

泉街を復活すべき方策を地元の温泉組合がほとんど自身の手のみで構築し，原則として地域に根ざさないよそものの温泉街への参入を許すことなく，自身の手ですべての計画を進めてきたことによって，まさに忘れられた地域の復活が実現したからである。なお，この考え方は現在にも引き続き貫徹されており，それゆえ未だに中央の大手旅行代理店の力を借りることなく，自身の努力のみによって顧客の獲得を行うという営業戦略が継続している。

　ここで我々が認識すべきは，この黒川温泉などの温泉ビジネスとは，本来，湯治などの目的で長期逗留することが前提のビジネスであることである。また，これについては，温泉に代表される地域ビジネスこそが滞在型ビジネスの担い手であることの証左でもあることを意味している。仮に，温泉ビジネスに限定して考えると，そこに対する顧客ニーズは観光からではなく，湯治の他にも，例えば気分転換やスポーツ合宿，あるいは文筆家の長期滞在など，実に多くのライフデザイン指向からの長期滞在型旅行ニーズの存在が読み取れる。これはすなわち，地域ビジネスとしての温泉ビジネスが，結果として"脱"観光型の長期滞在型旅行ビジネスという高付加価値型のビジネスを現出させていることを意味している。

　以上のことから理解できることは，真の地域ビジネスは大手旅行代理店の展開する着(地)型観光ビジネスからは現出しないという現実があることである。それゆえ，各地域においては，自身で地域の価値を増大させるための努力をまさに背水の陣で行うことしか，実はその方法がないということを認識すべきなのである。そして，黒川温泉に代表されるいくつかの温泉街の成功事例が，このことを我々に対して明確に教えてくれる。つまり，地域ビジネスとして地域の事業を展開するためには，自身の地域に利益が必ずや落ちること，そのためには地域価値の増大が実現できる事業推進体制を確立することが大いに期待され，このような地域のアクターの努力によって，大手資本に搾取されることなく地域ビジネスの成功が実現することになる。

(3) 地域ビジネスとしての温泉ビジネスの観光旅行ビジネスとの差異

　さて，地域ビジネスの本質を理解するためには，上述した黒川温泉などの温泉ビジネスについて考えるのが良い。この温泉ビジネスでは，まさに顧客に特定の地域に存在する温泉郷や温泉街に来てもらうことが必須の条件に

15

なっている（原田・大森・西田，2012）。これに対して，旅行代理店の行う観光旅行ビジネスでは，顧客にどこかにある温泉郷や温泉街[10]に行ってもらえばそれで良いわけで，旅行代理店にとっては，別に顧客がどこに行こうが一向に構わない。これこそが，温泉ビジネスと観光旅行ビジネスとの大きな差異である。

　このことから，温泉ビジネスは顧客が"そこに来ること"によって成立するビジネスであり，観光旅行ビジネスは顧客がどこでも良い"いずれかに行く"ことによって成立するビジネスである，ということが理解できる。これについては，地域にとっては温泉ビジネスと観光旅行ビジネスは全く異なるビジネスであることを意味している。それは，観光旅行ビジネスにとってはまさに行き先はどこでも構わないのだが，温泉ビジネスにとっては必ずやそこにピンポイントで来てもらうことが期待されるからである。このことこそが，地域がビジネスモデルの起点になっているかどうかを教えてくれる。

　それゆえ，これら両者のビジネスの展開方法は全く異なるものになる。観光旅行ビジネスにおいては，顧客の好みに合わせて適当なデスティネーション[11]を探し続けることが主なミッションになるのだが，温泉ビジネスにおいてはどうしても再びそこに来てもらうことがミッションになる。だからこそ，どこであっても，温泉郷や温泉街は自身の努力によって顧客を自身の地域に呼び込むことが不可欠になっている（図表序-2a, b）。これが，前述した地域価値搾取型ビジネスと地域価値創造型ビジネスとの最大の差異である，と言える。

　それでは，地域ビジネスとしての温泉ビジネスには地域価値の増大に向けていかなることを行うべきかについては，温泉郷や温泉街を産業クラスターという観点から捉えることにしたい（原田・大森・西田，2012）。産業クラスターとは一言で言うならば，同じ，あるいは関連する業種が特定の地域に集積している場所のことを表す概念であり，特定の関連する産業が高い密度で集積することで地域価値の増大を指向する産業集積地モデルである。

10　温泉旅館が複数集積しており，ある街を形成している場合を温泉街という。特に集積していない場合に温泉地，あるいは単に温泉ということが多い。なお，複数の温泉街が形成されている地域を温泉郷という。これはある種の産業クラスターであると考えることもできる。

11　destination, 目的地，行き先，到着地を意味する。JRグループでは，ディスティネーションキャンペーンとして，毎年観光キャンペーンを行っている。

序章　地域デザインとライフデザインによる観光ツアーのコンテクスト転換

図表序－2a　観光ビジネスとしての旅行代理店ビジネス

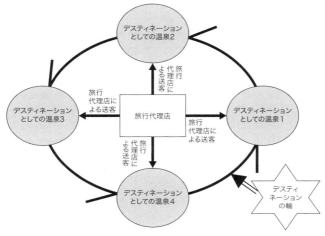

出所：筆者作成

図表序－2b　地域ビジネスとしての温泉ビジネス

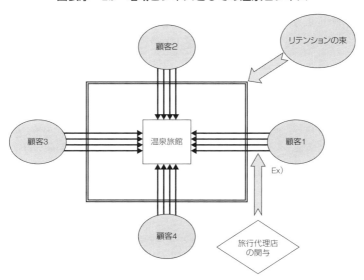

出所：筆者作成

17

この温泉郷や温泉街においては，優れた温泉旅館が集積していることがまずもって期待される条件になる。また，温泉郷や温泉街というある種の複合地域や街を形成している場合には，そこには温泉旅館以外のコンテンツも含めた多様なコンテンツの集積による街全体の賑わいの現出が必須の課題になる。こう考えると，温泉郷や温泉街においては，旅行代理店から顧客を送ってもらうことを考えるのではなく，むしろ自身が所属する温泉街の価値，すなわちある種の産業クラスターの価値を増大させることに大いに注力すべきである。

　以上のことから，地域ビジネスと観光ビジネスというそれぞれのビジネスモデルの間には根本的な差異があることが理解できたであろう。そうであれば，着(地)型観光ビジネスを地域ビジネスであるといってはならないことも，また理解できるはずであろう。このことを理解できるかどうかが，まさに地域ビジネスを成功させることができるかどうかの分水嶺になっている。

《結語》

　本著の巻頭にあたって，旅行に関する伝統的な理解に対する疑問を投げかけ，それらへの一定程度の答えを提示した。それは，第1が"脱"観光の必要性であり，第2が地域ビジネスから捉えた観光ビジネスである。具体的には，前者においては観光から旅行へのコンテクスト転換，これに伴うツーリズムからトラベリズムへの転換が主張された。また，後者においては，地域デザイン思想に依拠した地域ビジネスについての考察が行われた。いずれも，旅行ビジネスと地域ビジネスとの統合戦略の展開と，それが顧客のライフデザインとの適合性を持ちながら展開されることが急務の課題になっている。

　以上のことから，これまでの観光という概念や周遊旅行の意味であるツアーによって旅行ビジネスを語りつくそうという思想は，もはや時代の流れを正確に捉えてはいない，ということを表している。それゆえ，筆者としては，旅行代理店に関与する多くの人々や地域において温泉などに関わっている多くの人々が，まさに時代が変わり顧客のニーズが変わりつつある現在，その進むべき方向を間違えないことをひたすら祈るばかりである。これが，ツーリズムからトラベリズムへのコンテクスト転換を指向する筆者の考え方であり，このような事から現出するトラベリズムこそがまさにコンテクスト

トラベリズムという概念で表わせる旅行である。

　なお，具体的，あるいは理論的な議論や，これによる先進事例の読み解きについては，後章に委ねることとしたい。なお，本著の主要な目的は旅行ビジネスそのもののコンテクスト転換の提示であるが，併せてこれを地域デザインとの関連からも言及することでもある。

（原田　保）

■ 参考文献 ■

紀野一義（1980）「漂泊の思いやむなしさ」紀野一義『遍歴放浪の世界』日本放送出版協会，11 〜 62頁。
原田　保（2000）「「スーパー」エージェントの戦略思想」原田　保編著『スーパーエージェント　相互浸透の組織モデル』文眞堂，1 〜 28頁。
原田　保（2007）「消費手段を奪還する消費者」原田　保・三浦俊彦編著『スロースタイル　生活デザインとポストマーケティング』新評論，9 〜 40頁。
原田　保（2010）原田　保・三浦俊彦編著『ブランドデザイン戦略　コンテクスト転換のモデルと事例』芙蓉書房出版，255 〜 271頁。
原田　保（2011）「地域ブランド戦略のパラダイム転換」原田　保・三浦俊彦編著『地域ブランドのコンテクストデザイン』同文舘出版，3 〜 8頁。
原田　保（2013a）「コンステレーションから読み解く奈良のブランド」原田　保・武中千里・鈴木敦詞『奈良のコンステレーションブランディング』芙蓉書房出版，25 〜 49頁。
原田　保（2013b）「コンテクストブランドとしての地域ブランド　コンテクストである"地域とブランドの共振と共進による価値発現」地域デザイン学会編著『地域デザイン』第2号，地域デザイン学会，9 〜 22頁。
吉田春生（2010）「着地型観光」吉田春生『新しい観光の時代　観光政策・温泉・ニューツーリズム幻想』原書房，255 〜 276頁。

第Ⅰ部

旅行ビジネスの分析編

第1章

旅行の歴史と未来
―人が旅行に望むもの―

《緒言》

　古来，人は文化や交易を求めて遥かな地を往来してきた。我が国では，中国の先進文化を学ぶため遣隋使や遣唐使が海を渡り，権力者への忠誠の証に日本各地から参勤交代の大名行列が江戸と領地を行き来した。世界に目を向けると，マケドニア王アレクサンドロス3世の東方遠征に見られるような戦争や，大航海時代の新天地開拓，布教のための宣教師派遣など，旅によって人々の交流の歴史が紡がれてきた。

　旅には，その地域特有のさまざまな物語がある。

　四国の旅といって思いつくのは，今も昔も空海ゆかりの八十八ヶ所の霊場を巡るお遍路の旅であろう。札所番号の順に巡拝するのであれば，徳島県鳴門市の第1番札所 霊山寺にて発願し，徳島県と高知県を東から西に横断した後に，愛媛県と香川県を西から東に横断して香川県さぬき市の第88番札所大窪寺にて結願成る。

　かつては，徒歩で何十日もかけて四国の島をぐるりと一周して札所を巡るほかなかったが，現代では，バスや自家用車に乗って徒歩よりもはるかに期間を短縮して周ることもできる。単に行くだけが目的であれば，時間と体力が必要な前者よりも手軽に周れる後者の方が効率的である。

　しかし，現代でも白い装束に身を包んで歩いて周るお遍路さんの姿が途絶えることはない。彼ら彼女らは，毎日一歩一歩と結願成就に近づいていくその過程を楽しんでいる，もしくは重んじているからである。時間も労力もかけて霊所を訪ねるその決して平たんではない道中は修業である。黙々と山道を歩く道すがら，これまでの半生を反芻する時間はたっぷりある。農作業や

道路工事など日常の仕事に従事する人たちが視野に入るとき，旅人である自らの立場を糸の切れた凧のように不安に思うかもしれない。あるいは，限りなく自由に感じるかもしれない。お遍路は，そんな精神の洗浄がゆっくりと進む修業の旅なのである。近年，若い女性を中心に人気のあるパワースポット巡りも，お遍路と同様，非日常の時間と空間に精神の充足を求めている。

第一節　日本の魅力の世界への発信
ビジット・ジャパンによる観光立国の推進

　このような，遥か昔から身体と精神の癒しを求められてきた旅は，異なる「場」に移動することにより，人々に非日常の新鮮な体験を提供している。かつて旅とは，徒歩や馬や船によって，ゆっくりと時間をかけて場を移すものであった。ところが，自動車や鉄道，さらに飛行機と，交通機関の発達に伴って旅人が移動できる距離が飛躍的に伸び，移動時間が短縮された。移動コストが下がったため，現代世界の旅行への意識は，より気軽なものとなっている。

　内部の視点から見れば慣れ親しんだ日常生活の場でも，外部の視点から見れば珍しい異文化の地である。本節では，同質的な内部の者（ジモティ）ばかりであった生活の場に異質で多様な外部の者を受け入れるための，我が国の現状を問う。

(1) 文化交流の拠点を指向する「ビジット・ジャパン事業」

　成熟社会となった日本では，プラザ合意以降の円高進行や格安航空券の普及などの追い風を受けて，外国への観光旅行は特別なものではなくなった。しかし，欧米の先進国をはじめとする外国への憧れからアウトバウンド観光旅行への関心が高い半面，外国から日本へのインバウンド観光振興への熱意はいまひとつであった。国内外からの観光客を受け入れるまちづくりや人材育成への取り組みは，日本では整備途上で伸びしろがある。

　政府は，2003年の観光立国懇談会において「日本人の海外への旅行者数が約1600万人であるのに対し，日本への外国人旅行者数は約500万人にとどまっており，きわめてアンバランスな状態にある」として，日本の魅力を

確立して世界に発信していく「観光立国」実現への戦略を展開した。現在も続いている訪日旅行促進事業「ビジット・ジャパン事業」である。

　外国の観光業を日本が消費するばかりで日本の観光業を外国人に消費してもらうことが少ないまさに「輸入超過」または「貿易赤字」の状態を是正する姿勢を，政府が強く打ち出した意味は大きい。

　外に目を向けて先進国に学ぶ後進国型の姿勢が長く続いてきた日本人が，いつも外国に行って世話になるばかりでなく，同時に外国人のお世話ができるようにならなければ世界で一人前とはみなされない。他人の家におじゃまして接待してもらうばかりで，自分の空間や時間や気遣いを他人に提供して喜んでもらう能力や魅力がなければ，互いを理解し合って対等な関係を築くのは困難であろう。

　本来，日本人は，外国の優れた技術や文化を柔軟に取り入れ，加工してうまく使いこなすことに長けている。日本語は，そもそも中国から伝わった漢字とそれを簡略化した仮名文字を組み合わせたものであるし，外来語をカタカナで表現して長いものは言いやすく縮められている（例えば，英語の television はテレビ，personal computer はパソコンとなった）。スマートフォンには，お互いの連絡先を交換する赤外線機能やかざすだけで決済できるおサイフケータイ機能といった外国製には見られない日本独特の機能を加えられ，その結果日常の利便性は高まった。しかし，その魅力は残念ながら外国に広まることはなく，国内だけで進化，普及した機能であることから「ガラパゴス」と呼ばれている。このように内輪で使いこなすだけでは，日本は鎖国同然である。今や，国境を超えた文化圏形成に向けて，主導権を発揮できる積極性や社交性が問われる成熟段階に時代が動いている。

　外国のモノ・カネ・技術・情報に加えて人々さえも世界的規模で行き交うグローバリズムは，もはや一部の国際企業だけのものではない。一般の人々の大交流がすでに始まっている時代においては，「ビジット・ジャパン事業」は，外部のヒト（ヨソモノ）の流入を目指し，彼らに日本が文化交流の場として世界の中でプレゼンスを示そうとするものである。

(2) インバウンド観光のためのソフトインフラの整備－寛容性の重視

　さて，長い間というもの，海外進出，つまり「外への国際化」を成功と捉

えてきた多くの日本人に，外国人を迎え入れる「内なる国際化」の準備はできているだろうか。いや，これは外国人だけのことではない。都会への人口流出が続く日本の地方に，他地域からの訪問者を受け入れる体制はできているだろうか。

地域に対する興味や地域での消費を外部の人々（ヨソモノ）に一方的に期待するのでは，相互交流はおぼつかない。内部の人々（ジモティ）が地域への愛情や誇りを持つことはもちろん，その価値を広く外部の人々（ヨソモノ）と分かち合おうという寛容性が，インバウンド観光のソフト面のインフラ整備として不可欠である。

地域に外部の人々（ヨソモノ）を受け入れる仕組みを用意し，活性化を図っているのは，徳島県中部の山あいの町，上勝町の神山アーティスト・イン・レジデンス（KAIR）である[1]。全国有数のブロードバンド環境を強みに NPO 法人グリーンバレーが行っているサテライトオフィス誘致事業で有名になった神山だが，サテライトオフィスで働く滞在者の誘致と並行して，KAIR 事業は，創作活動を支援するために外国人 2 名と日本人 1 名のアーティストを毎年一定期間招聘している。

過疎に悩む神山に人を呼び込もうと民間主導で始まったこの試みは，渡航費，滞在費，材料費などの費用を全額支援して，2ヵ月間の滞在期間で神山に作品を残してもらうという事業であるが，短期滞在にとどまらず，アーティストの中には移住者も現れた。また，サテライトオフィス誘致事業やKAIR 事業に加え，パン職人のようにクリエイティブな能力を持った，町に必要な人を「逆指名」し，彼らに起業ニーズの受け皿を提供することによって，多様な移住者を迎えて町に活気をもたらしている。

アーティストへの支援は，将来は有償化することによって，まちおこしをビジネスにつなぐ可能性を秘める。このように，多様性を受け入れるおおらかな文化が経済を育む神山の戦略が，創作の場を提供して欲しいアーティスト，滞在してアート作品を鑑賞したいという観光客，地域活性化の事例研究の視察客をひきつけ，ツーリズムビジネスへの需要も喚起している。

1　日本経済新聞「課題先進地域四国の挑戦」（2013 年 1 月 11 日，朝刊四国経済 31 面）。

第Ⅰ部　旅行ビジネスの分析編

観光に見る「内」と「外」の境界
分断から交流、そして融合へ

　地元の人間（ジモティ）だけで構成され、内部の秩序の維持を重んじる地域コミュニティは、外部から訪れる旅行客（ヨソモノ）に、目に見えない障壁を感じさせる。コミュニティの内部と外部は分断され、両者の間には目に見えない境界線が存在している。

　本節では、空間に起こっている、目に見えないだけに感じ取るしかない文化の交流を、平面上で記号化することにより可視化を試みる。

(1) 地元へのヨソモノ流入による効果

　内部と外部に隔てられた空間を、記号論研究者 Lotman（1979）は平面上に記号で表した（図表1-1）。

　「ジョルダンの定理により、境界線は平面を、外的、内的という2つの領域に分割することになる。この文化モデルのもっとも単純な意味論的解釈は、という対立である」（邦訳297頁）。

　ここでは、内部空間は、閉曲線によって外部空間から分断されており、内と外の境界を明確な実線で表すことができる。

　しかし、ひとたび内部空間から外部空間へ（あるいは外部空間から内部空間へ）の越境が起これば、内と外との境界はゆらぎ、硬直的な地域社会に動きが生まれる（図表1-2）。

　内部と外部の交流が起これば、「内部であり、かつ外部である」「かつて内部であったが今は外部である」「かつて外部であったが今は内部である」などの複雑な多様性が生じてくる。その結果として、外在化した内部や内在化

図表1-1　分断された内と外

出所：Lotman（邦訳1979, 297頁）を筆者修正

図表1−2　内部と外部の境界を越えた移動

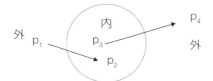

出所：前田（1992、43頁）に筆者加筆修正

図表1−3　曖昧になった内と外の境界

出所：筆者作成

した外部が出現して，内と外との境界は曖昧になる。こうなると，もはや境界の存在ははっきりせず，点線で示すのが適切となる（図表1−3）。

(2) 観光地と観光客の隔たり―「内」と「外」の分断

　今日，我々が当たり前のように使っている「観光」という言葉は，いささか抽象的である。現代求められている「観光」とは，どんなものであろうか。
　2003（平成15）年，小泉純一郎総理大臣（当時）主宰で，外国人旅行者の増加を目指す取り組みである，観光立国懇談会が開催された。
　観光立国懇談会は，「観光の原点は，ただ単に名所や風景などの「光を見る」ことだけではなく，1つの地域に住む人々がその地に住むことに誇りをもつことができ，幸せを感じられることによって，その国や地域が「光を示す」ことにある」（首相官邸，2003）とあらためて観光を定義した。観光とは「光を観る」と書くが，成長段階においての観光が単に名所を巡って見物する「光を見る」ものであったのに対し，成熟段階における観光には，国や地域の魅力を感じてもらう「光を共有する」ことが求められている。
　名所を訪れるだけの観光の概念においては，住宅地や農地を内部に住まう者のための場所や観光地を外部から訪れる者のための場所というように，

「内」と「外」を分断して認識されていた。戦後，日本人の暮らしが豊かになり，旅行に行く余裕ができた頃には，温泉への団体旅行は日本人の旅行の定番であった。大人数で一律にバスで移動し，名所を巡った後は温泉につかり，大食堂や大広間で列を作って並んで座ると同じ食事が運ばれてくる。業者主体の大量生産大量消費型の規格旅行であり，これは効率的な対応であったと言えよう。

　住民から見て「外」から来たヨソモノは，ヨソモノ用に用意された場所で用意された行動をとるものとされており，それゆえ「内」のジモティの日常生活に入ってくることは稀であった。旅行者から見て「外」である観光地では，地元のコミュニティや学校や職場のように人間関係を築いたり持続させたりする必要がある「内」ではなく，ややもすれば「旅の恥はかき捨て」のようにその場限りの縁と捉えられることもしばしばであった。旅行業者が目的地を選び，日程を整え，交通機関をおさえ，レストランを予約してメニューも決めてくれる，いわゆるパック（パッケージ）ツアーの旅行では，観光客は料金を払って座っているだけで旅行ができる。とりわけ，海外でまず使われていない日本語という言語を母国語とする日本人にとって，海外旅行は「外」に入って行くことであった。日本人観光客にとってそこは生活の場ではなく，訪れるだけの一過性の場だったのである。パックツアーであれば，たとえ，自分が今どの国のどの地域にいるのか認識できていなくても，いちいち「外人にお願い」することなしに代表的な名所と代表的な料理を楽しみに連れて行ってもらえる閉鎖的な「特区」空間であり，日本人の仲間「内」で楽しめた。そこでは，異質な他者への気遣いなどのコミュニケーション能力も語学力も調整能力も不要であったため，日本人の海外旅行への精神的なハードルを下げ，それ以前においては特別なものであった海外旅行を大衆に普及させるのに大きな意味をもった。

　1980年代後半には，プラザ合意後の円高の恩恵を受けて海外旅行の大衆化が進み，海外視察や企業の海外報奨旅行，学生の卒業旅行や留学が盛んとなった。日本人団体旅行客が海外のブランド店に詰めかけ，自分で使うための買い物に加えて「お土産」用にも高価なバッグ，スカーフ，化粧品などを買い込んだり，レストランで騒いだりといったマナーの悪さが現地の人々の顰蹙を買うといった摩擦が起こった。当時の未成熟な観光客にとっての観光

地は客本位に用意された場であったから，客が好きなように振る舞って良いと信じ込む甘えがあったと言えよう。海外に不慣れな観光客が多く，訪れる地が，住まう人々にとっては「内」であるという認識には至っていなかったのである。

(3) 観光地と観光客の交流－「内」と「外」の融合

　観光立国の基本理念「住んでよし，訪れてよしの国づくり」では，観光を内部の者と外部の者が国や地域の魅力を分かち合う交流の場ととらえている。住民の生活の場と外からの観光客が楽しむ場所が重なっている。もしくは，両者の境界が曖昧になっている。

　かつて，海外旅行は日本の庶民には高嶺の花であった。昭和39（1964）年に海外観光旅行が解禁されてからも1米ドル＝360円時代が続き，変動相場制に移行した後も米ドルへの換レートは200円を上回る時代が長く続いた。「外の世界に遊びに行く」。それだけで羨望の的となる時代には，単に行って帰ってくるだけでも充足感が得られた。

　こういった意味では，国内観光旅行もまたしかりである。かつては団体客を対象に，たいていの観光客が訪れたいと推測される有名スポットに連れて行ってくれる（連れて行かれる），業者主体の最大公約数的なパックツアーが多かった。観光旅行に「行く」ことが目的だったため，内容はオーソドックスで構わなかったのである。

　そこでは，外部の目から内部を眺めている。観光客と観光地は異質なものであり，観光客と観光地は物理的に接しているが，精神的には隔たりがある（図表1－4）。

　しかし，1米ドル＝100円を下回る円高が過去数年間続いて格安海外旅行

図表1－4　接する観光地と観光客

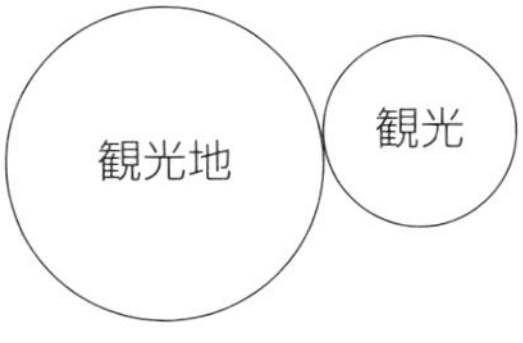

出所：筆者作成

が普及した現代の成熟した社会では，非日常の体験がかつてなく求められている。一般の旅行客がインターネットを使って遠隔地の情報を簡単に手に入れられる現代の成熟社会では，顧客の「何をしに行くのか」という目的意識がより明確になり，顧客が主体のオーダーメイドの観光が選択肢に加わった。そこでは，単に眺めるだけでなく「実際に体験してみる」ことや，「現地の人と交流する」ことにより，観光客は観光地に交わって深い理解や共感がえられ，観光地の一部と同化する満足感が得られるのである。そのとき，観光客は，「外」であった観光地を「内」の一部として感じている。同時に，観光地は，「外」であった観光客を「内」の一部としてとらえている。言い換えれば，交流によってお互いを内在化しており，内部の者（ジモティ）にとって外部の者（ヨソモノ）は，地域の生活のなくてはならない一部であり，外部の者（ヨソモノ）にとっても内部の者（ジモティ）は，地域への訪問目的のなくてはならない一部なのである（図表1－5）。

　地域への誇りや価値の認識を共有する，すなわち「光を共有する」ことにより，内部（ジモティ）と外部（ヨソモノ）は，ともに観光を通じた地域づくりを担うアクターとなっている。第1に，地域の問題を自分自身の問題としてとらえて個人が地域を内在化（internalization），あるいは同一視（identification）する「地域の内在化」と，第2に，地域への愛着といった感情を表す「地域愛」といった彼らの地域へのコミットメントが，地域づくりを支えている[2]。

図表1－5　重なる観光地と観光客

出所：筆者作成

2　板倉（2010）は，組織コミットメント（organizational commitment）に関する研究を援用して，地域コミットメント（regional commitment）の概念を構築した。個人と地域との関係を地域コミットメントと定義して，その4つの要素を明らかにしている。第1の要素「地域の内在化」と第2の要素「地域愛」のほか，経済的理由などの利己的な判断からその地域に継続的に留まりたいという意識を表す第3の要素「地域の内在化」と地域に対しての使命や恩義を示す第4の要素「地域への使命感」がある。

第三節 「住んでよし，訪れてよしの国づくり」
まち歩きが楽しめるデスティネーションの追求

(1) デスティネーションとしてのまちづくり～瀬戸内海の島々

　海に囲まれた島では，人々はさながら1つの船に乗り合わせた相客であり，一体感を共有することができる[3]。

　2013年3月から11月まで春季・夏季・秋季の3季に分けて，瀬戸内海の島々などを舞台に，瀬戸内国際芸術祭2013が開催された。同芸術祭実行委員会と日本政策投資銀行は，今回の芸術祭の香川県内での経済効果は132億円に上ったと公表している[4]。3年に1度開催される芸術祭「トリエンナーレ」である同芸術祭の経済効果は，知名度が向上したことや会場となる島の数を増やしたことから，10年の初開催時の111億円に比べて19％の伸びを示した。芸術祭の成果として「地域住民とアーティスト，来場者の交流で地域に活気が生まれた」「眠れる地域の宝を再発見した」などと総括した。

　この芸術祭は，単なる芸術鑑賞にとどまらずしてどのように現代アートを介して地域と内外の人々を結びつけているのだろうか。

　現地に滞在してアート作品を制作する「アーティスト・イン・レジデンス（AIR）」では，外部から訪れたアーティストが瀬戸内の島の暮らしを肌に感じながら作品を仕上げていく。瀬戸内国際芸術祭2013では，瀬戸内海の小豆島と粟島が芸術家たちを受け入れた。

　美術館の白い壁に既成の絵画や彫刻を運んで飾るいわゆるホワイトキューブ（white cube）のアートではなく，風景や建物も作品の一部としてその土地でしか表現できないサイト・スペシフィック・アート（site specific art）を制作するのは，現地でしかできない。穏やかな瀬戸内海に浮かぶ島々を自然のアトリエにして制作に励む傍ら，彼らも島の生活者となる。外部者（ヨソモノ）である招聘芸術家もまた，島の内部者（ジモティ）との交流を通じて，開放的な島の物語の一部となっている。

　また，瀬戸内海の豊島では，建築アーティストの安部良の設計によって，

---

[3] 島はゾーニングがはっきりしていてわかりやすい地域である。「We are in the same boat.」という表現があるように，地域という同じ船に多様な人々が乗り合わせ（コミットして），お互いの利益のために協力し合っている。
[4] 日本経済新聞「瀬戸芸の経済効果132億円」（2013年12月10日，朝刊43面）

使われていない空き家をレストランに生まれ変わらせた「島キッチン」で訪問客をもてなしている。一般に，離島の生活では水不足の問題に悩まされることが多いが，豊島はもともと豊富な湧水の恵みで自給自足が可能な「豊かな島」である。前回の瀬戸内国際芸術祭2010に出展して以来，芸術祭がない年にも継続して夏を中心とした気候の良い季節限定で「食」と「アート」で人々をつなぐ出会いの場となった。東京の丸ノ内ホテル総料理長・山口仁八郎が島の住民とともに考えたメニューを提供し，新潟県出身の芸術祭アートディレクターである北川フラムが主催するアートフロントギャラリーを併設している。内部力（ジモティ）と外部力（ヨソモノ）の新結合（neue Kombination）が，地域の特性を活かして新しい地域デザインの価値を創出している。

　もしもこの芸術祭が，美術や建築，料理などの特別な技能を持った人々だけのものであったならば，ここまで成功しなかったのではないだろうか。瀬戸内国際芸術祭では，観光客としてだけでなく芸術祭の提供者として一般の人々も参加できる，そんな仕組みが用意された。ボランティアで芸術祭を支えるスタッフ「こえび隊」である。芸術祭の全ての期間を通じて参加することが難しくても，こえび隊に参加登録した上で，アート作品の一部の制作や受付など，参加できそうな仕事の種類や時期を選んで手伝うことができる。この仕組みにより，アーティストだけでなく一般住民（ジモティ）や外部の一般の人々（ヨソモノ）にも参加のハードルが下がり，当事者意識が芽生えた。特別な人種と思われて近寄りがたい芸術家とそれ以外の人々との境界，同時にまた，地元の人々と外の世界から来た人々を分断していた境界が曖昧になり，内と外の世界の融合に成功した。

　芸術祭の島々は，地域全体がアートなのである。住民の生活を彩る地域デザインが，同時に，訪れる人々にも体験してみたいと思わせるデスティネーションとしてのまちづくりとなっている。

　島はゾーニングがはっきりしていて地域ブランドを構築しやすい。観光客向けの作りものではなく，島々のリアルな生活とサイト・スペシフィック・アートは個性的な地域ブランドとして模倣困難である。島と島が海で隔てられ，異なるゾーンへの移動は船でしかできないので，島を訪れるときと離れるときそれぞれに，訪問客は旅の物語の場面転換を感じることであろう。

(2) まち歩きとアクターの関係

　一般的な観光客は，初めての土地を訪問したときに，情報不足から有名な観光スポットを表面的になぞるだけになりがちである。例えば，京都・奈良に修学旅行で訪れた際，数々の寺を駆け足で集団移動して，結局どの名所がどれだったか記憶の中で混乱してしまったことはなかったであろうか。

　個人的な旅行で親しい友人を訪ね，現地を案内してもらうのであれば，来訪者の興味に応じた場所や体力に応じた移動の仕方を考慮して満足感を高めてもらうことが期待できる。また，その場所を訪れて見るだけでなく，その場所にまつわる住民（ジモティ）目線のエピソードをきくこともできよう。このような手作りのおもてなしの仕組みを用意できないものか。

　四国旅客鉄道（JR四国）の中村（2014）は，観光による地域おこしには「まち歩き」が重要と指摘している。地域の魅力をより深く知って，楽しんでもらいながら地域にお金が落ちる仕組みが必要で，地域経済が活性化してこそ観光が成り立つ。そのためには，目玉の観光名所だけでなく周辺地域の文化や歴史，自慢の味を堪能してもらうまちのガイドやインストラクターといった「人」の，外部からの訪問を点から線や面にして楽しんでもらう役割が重要となる。

　宗田（2006）は，重厚長大産業が衰退した後の港湾工業都市・リバプールなどの事例を通じて，都市の再生には，パッケージ化された名所巡りではなく自分で選んだ場所を訪ねる都市観光が有効だと示した。ビートルズを生んだ，倉庫や近代建築の廃墟の町リバプールは，若者の音楽の文化と産業遺産を後世に伝えるべく，2004年に世界文化遺産に登録されている。しかし，古いモノをただ保全すれば良いわけではない。地域の古いモノを守り，その魅力を伝えていく担い手であるアクターが必要である。すなわち，ビートルズのまちにはビートルズ好きが，町家のまち並みには町家好きが，自信と誇りを持って輝いている必要がある。旅人と住民の異なる文化が接触し，そこから新しい文化が生まれるための触媒として，魅力的な人が不可欠なのである。

《結語》

　旅行という文化は，すでに新時代を迎えている。その鍵はやはり「人」である。観光地を訪れる人と迎える人が，どちらも当事者として一緒にその地

の物語を作り上げていく。

　それはあたかも，転勤によって住むことになった知らないまちが，初めは新鮮でよそよそしく感じられていたのに，土地勘が養われて知り合いが増える頃にはすっかり馴染んで居心地良くなっていくようである。新しい土地で異質な存在に感じられた自分が，まちに居場所を見つけるにしたがって，自分がまちの一部と感じられたり，まちが自分の一部と感じられたりするようになる。

　転勤族のビジネスマンは，仕事が有る日は長期滞在の出張客，仕事が休みの日は長期滞在の観光客とも言える。彼らは，いずれまたその土地を離れることがわかっているから，次の辞令が出る前にその土地を堪能することに貪欲である。もともとその土地に住んでいる「内」の住民にとっては当たり前のことでも，彼らのような新参者の「外」の目には，なんでも新鮮で感動的に映る。新幹線や飛行機の時間に拘束されて周ることの多い短期旅行と違って，長期滞在の転勤族は，自宅に拠点を置いてその土地をじっくりと周ることができる。「外」の住民が「内」の住民と親しくなり，その土地に浸透していくと，両者は一体となってその土地の魅力を語れるだろう。

　そのような，「内」と「外」の境界がどこにあるのかわからなくしてしまう境界融合の仕組みづくりにより，遠い地を訪れるのにもかかわらず，まるで心の故郷に帰るような心地良さが味わえる。そのパラドックスが新鮮なのかもしれない。

（板倉宏昭）

■ 参考文献 ■

板倉宏昭（2010）『経営学講義』，勁草書房。
河村卓哉・板倉宏昭（2011）『創造的過疎のまち―神山町』中四国商経学会第52回大会研究報告集。
首相官邸（2003）「観光立国懇談会報告書（骨子）」http://www.kantei.go.jp/jp/singi/kanko/kettei/030424/houkoku_s.html（2013/12/09 アクセス）。
中村雅子（2014）『観光による地域おこし　事例研究』香川大学大学院地域マネジメント研究科公開講座「地域活性化と観光創造」第13回　資料。
原田保・古賀広志（2002）『境界融合―経営戦略のパラダイム革新―』同友館。
前田愛（1992）『都市空間の中の文学』ちくま学芸文庫，38～47頁。
宗像好史（2006）「都市の再生とオルタナティブ・ツーリズム」大阪ガス株式会社エネルギー・文化研究所情報誌『CEL』第76号，9～14頁。
Lotman, I. M.（1979）『文学と文化記号論』磯谷孝訳，岩波現代選書，296～297頁。

第2章
観光研究の今日的アプローチ
―観光学からの脱却へ向けて―

《緒言》

　2013年に、日本を訪れる外国人旅行者数が初めて年間1000万人を突破した。日本政府観光局（JNTO）の速報値で12月20日に1002万人に到達し、同日、成田空港で記念式典が開かれた[1]。日本の街で外国人観光客や外国語で書かれた観光案内を見かけることが多くなったと実感している人も多いことであろう[2]。これまで閉鎖的と言われてき我が国が「開国」し、外国人にとってオープンな国となる節目の年となるのであろうか。

　成熟社会となった我が国の成長には、大量生産の工業品を安く輸出して外貨を稼ぐといった高度成長期型のビジネスモデルはもはや有効ではない。日本は、これまでになく国の経済成長の知恵を問われている。多様化するニーズに対応すべく、国を構成する地方のそれぞれの強みを活かした産業戦略が必要であり、観光産業もその例外ではない。

　我が国には、それぞれの地方固有のさまざまな観光資源が存在する。それは、美しい景観であったり、熟練の伝統工芸であったり、繊細な工業技術であったり、健康的な食文化であったりする。しかし、地域の観光資源や匠の技があるだけでは十分ではない。これは、「観光立国」が叫ばれながらも、未だ訪日外国人旅行者数がアジアのほかの国々に比べて見劣りしていることからも明らかである。

　筆者は、地方ビジネスをとらえるフレームワークとして、超産業戦略を主

1　観光経済新聞「外客2000万人挑戦元年　1000万人に到達，観光は新局面へ　オール日本で成長を実現」（2014年1月11日，1面）。
2　特別な観光地や外国人居住者が多い地域でなくとも一般的な鉄道の駅や道路の案内表示で，日本語・英語・中国語・韓国語の4ヵ国語が併記されることが増えた。

張してきた（板倉，2012a，2012b；Itakura, 2012）。超産業戦略の要は，地域コミットメント，リーダーシップ，外部力（ヨソモノ）と内部力（ジモティ）の組み合わせの三要素である。

　本章では，産業としての観光の現状と課題に焦点を当てて考察する。

第一節　物語（ストーリー）としての観光資源
オルタナティブツーリズムとサイトスペシフィックストーリー

　産業として観光を見たとき，いかに観光資源を発掘し，差別化さらにブランド化して売り込めるかが重要となる。本節では，島国の我が国が「狭い日本」と言われながらも，試行錯誤を繰り返しながら，自然を活かした地域資源を磨き上げてきた軌跡を追う。

（1）多様な地域資源～地域ならではのエピソード

　島国である日本は，海に囲まれている。日本で生まれ育った日本人には，海は身近なもので珍しくないと思われがちである。しかし，47都道府県のうち，海に面していない県は8県（栃木・群馬・埼玉・長野・山梨・岐阜・滋賀・奈良）もある。日本海と太平洋，オホーツク海と東シナ海はいずれも日本の海であるが，それぞれ景色や気候が異なり，観光客にとって同じとは言えない。日本国内からの観光客であっても，耳慣れない言葉や珍しい風習・特産品に触れ，まるで外国に来たような新鮮な驚きを覚えるであろう。

　例えば，「世界の宝石」とも称される瀬戸内海国立公園は，その多島美が類稀であると高い評価を受けて，雲仙や霧島とともに昭和9（1934）年に我が国で最初の国立公園の1つとして指定された[3]。歴史と伝統のある多島海公園として，島国日本ならではの景観を誇っている。2014年3月には，香川県高松市で「瀬戸内海国立公園指定80周年記念式典」が行われた。「備讃瀬戸」という呼び方があるが，あたかも瀬戸内海が中国地方と四国地方の間の湖のように，内海の周りの地域を1つのゾーニングでとらえている。もしも

3　指定当初は，備讃瀬戸を中心とする地域のみであったが，その後の第1次拡張で淡路島周辺から周防灘・姫島に至る陸域主要部，第2次拡張で六甲山・国東半島等の陸域および紀淡海峡・関門海峡等の海域も，広く瀬戸内海の美を構成する一部として追加指定された。

海がどこでも同じであったならば，地域に対する愛情のこもった，まるで芸術作品を扱うようなこのような表現はなされなかったであろう。

　日本人はよく「狭い日本」と言うが，中国・オーストラリア・米国などの対日貿易額上位国と比べているから狭く感じられるのである。ヨーロッパに目を転じると，EU加盟28ヵ国のうち，日本より面積が大きい国はフランス・スペイン・スウェーデンだけであり，日本の国土が狭いわけではない。南北に長い日本は亜熱帯から亜寒帯にまたがっていて地方ごとに気候が違い，島国なので山あり海ありで，さらに火山国なので地形地質もさまざまである。

　地元の人（ジモティ）にとって当たり前でも国内の他地域や外国から来た人（ヨソモノ）にとっては新鮮な地域の物語，すなわち，そこにしかないコンテクストを提供できる。多種多様な観光資源を活かす方策がそれぞれの地方に求められている。

(2) マスツーリズムからオルタナティブツーリズムへ

　高度経済成長期には，観光旅行といえば，業者によって決められた時程通りに名所を巡る画一的なパックツアーであった。しかし，他地域への訪問が大衆化すると，洗練された消費者は，ベルトコンベアで運ばれて生産される規格品のようなマスツーリズム（大量生産大量消費観光）では物足りなくなった。そこで，マスツーリズムに代わる新しい観光の形として，今日ではオルタナティブツーリズム（もう1つの選択肢である観光）の提案が各地で盛んとなっている。

　オルタナティブツーリズムの定義はその名が示す通り漠然としているが，大量生産の規格品と対照をなす観光商品とすれば，「比較的小規模で」「個人の好みに合った」「手づくりの」イメージとなる。例えば，親子農業体験ツアーやおひとりさま[4]グルメツアーなどターゲットセグメントを絞った戦略の数々のツアーが提案されている。都会から来た人が農村に滞在し，ゆっくりとした時間を過ごすグリーンツーリズムは，せかせかしたマスツーリズムとは対極にある発想を基に生まれた，成熟社会の余暇の過ごし方と言えよう。

4　レストランに1人では入りにくく，入っても「おひとりさま」は上等な席には案内されにくい。また，旅行会社主催のツアーに1人で参加すると，周りはカップルやグループ客ばかりで居心地が悪い。そこで，潜在ニーズに対応した単独客専用ツアーが現れた。

観光による消費者の満足度は，利用した乗り物や宿の快適さや景色の美しさといった，その出かける行為そのものだけで決定するのでなく，しばしば外部の要因の影響を受けている。Leibenstein（1950）によれば，「消費の外部性」には，3つの外部効果がある。

　第1に，マスツーリズムが主流の時代には，「友達が海外旅行に行ったから自分も行く」「他社の福利厚生が温泉に社員旅行だからウチの会社もそうしよう」などといった同調性がみられた。他の消費者が購入しているから流行を追う「バンドワゴン効果」である。

　第2に，海外旅行がまだ一般的でない時代には，当時日本で唯一の国際線航空会社であった日本航空の記念品としてバッグが配られ，搭乗者のプライドをくすぐった。鶴のマークが入ったバッグは，当時の高額商品だった海外旅行を買った証となり，そのバッグを持つことにより自分の高いステイタスを見せびらかすことがあった。「ヴェブレン効果」と呼ばれる顕示的消費行動である（Veblen, 1899）。

　第3に，マスツーリズムが普及し陳腐化すると，すでに一般的となっている安心・安全な観光プランではなく，期間限定のボジョレーヌーボー試飲ツアーや秘境探検など，希少で他人とは違う観光商品が人気を集めることがある。入手しにくい物に対する需要が増し，簡単に入手できるようになると需要が減る「スノッブ効果」である。

　オルタナティブツーリズムによる消費者の満足は，内部効果であるその観光商品自体の高品質と，これら3つの外部効果だけでは説明できない。生産者である地元の人々（ジモティ）と消費者である観光客（ヨソモノ）の間の，内と外がつながる人間的な物語に対する能動的な共感によるヒューマン効果が要素となる。ジモティとヨソモノが地域コミットメントを共有することにより，他地域との差別化を図り，地域ブランドは確固たるコンステレーションになる（原田，2013）。

(3) 地域特産品としての観光〜サイトスペシフィックストーリー

　地域特有の物語（Site Specific Story：S^3）を売る。それには，特別な仕掛けや投資は必ずしも必要ではない。住民（ジモティ）にとっては何でもない日常のごくありふれたことが，観光客（ヨソモノ）にとっては非日常で新

鮮な価値のあることかもしれないからである。

　例えば，ある外国人が，春に東京の上野公園を訪れてみたいと言う。上野公園は桜の名所で，毎年春になると大勢の花見客を集めているため，日本人の感覚では，「ははぁ，せっかく日本を訪れているのだから，日本を象徴する花である桜の美しさを愛でて観光気分を盛り上げたいのだな」と思うであろう。

　ところが，彼が興味を引かれているのは，「花」でも「だんご」でもなく，公共の場所での日本人の行動習慣であった。満開の桜の木の下には，ところ狭しとビニールシートが敷き詰められ，弁当やアルコールが配られて屋外の宴会場と化している。無礼講で騒いだ後，酔っ払っていてもなお，日本人がきちんと敷物をたたみ，ゴミをまとめて片付けて帰るのを見るのが面白いそうである。

　このように，日本人にとっては当たり前の習慣であっても，外国人の目には極めて律儀で真面目な行動に映り，微笑ましく滑稽なことがある。1年のうち，花の見頃はほんの1〜2週間に過ぎず，期間限定である。そういった意味では，この上野公園訪問は，この時期にこの場所でしか体験できない人間観察ツアーであり，希少性のある地域特産品となる。そこには，ヨソモノ目線で初めて気がつく地域の魅力が有り，「自分はこんなに日本人の行動習性を良く知っていて，希少な観光を楽しめる」という満足感が得られるスノッブ効果が働いているのかもしれない。

　また，昔ながらの商店街も観光地となることがある。「なつかしさ」や「下町らしさ」に惹かれ，店員や相客との会話に新鮮さを感じる，地元以外から来る商店街観光客である。日本では，自家用車の普及とともに，駐車場を備えた大型商業施設が郊外に次々と現れ，客を奪われた商店街がシャッター通りとなる現象が各地で見られた。少なからぬ日本人にとって，今や非日常となった商店街への観光客は，古いどころか，むしろ一歩他の人の先を行きたいと考えている勤勉な観光者のようにも見える。彼らは，「ものに満たされた生活」に対して「健康で環境にやさしく文化を楽しむ生活」の自己表現を観光を舞台に行っている（村上，2006，7頁）。

　さらに，高知県馬路村では，村にとっては日常の「村の暮らし」を売っている。「ごっくん馬路村」などのゆず加工品で知られる馬路村は，高知市か

ら車で東へ2時間，バスがすれ違うのが難しいくねくね道を通っていく不便な土地である。人口942人（2015年1月31日現在）の小さな村が知名度を上げ，観光客や地域活性化の成功事例の視察客が途絶えないのは，その土地でしか味わえない季節ごとの自然の恵みを大切にしているからである。馬路村の安田川で鮎釣りが解禁されると，毎年たくさんの人々が訪れる。時間も労力もかけて鮎を釣りに来る穴場気分と，期間限定でしか味わえない希少性があいまって，日常から切り離された隠れ家のような魅力をヨソモノに提供している。

第二節　新たな視角から捉えた成長戦略
アジア各国との交流促進による事業創造

　近年，日本の各地で地域の特色を活かした活性化が叫ばれているが，ゾーニングを日本全体に拡げると，広い世界の中で日本全体もまた1つの地方である。日本の特色を活かして，どのように眠れる資源を活用して国を活性化させるのか。外部の人々（ヨソモノ）を呼び込むことにより，新たな（alternative）視点で日本の魅力を再発掘して価値創造を図る成長戦略が求められている。

　2012年末に発足した第2次安倍内閣は，成長戦略の重点項目の1つに観光立国をあげて，日本の観光「業」を成長の余地のある産業として位置づけている。リーマンショックや東日本大震災の影響でここ数年減少していた訪日外国人観光客数が，13年には増加に転じて長年の悲願であった年間1000万人超に到達したのは，景気回復への足がかりの象徴と見てよいであろう。訪日外国人の宿泊・移動・飲食・購買などに関わる1次効果の外需のみならず，2次効果として，更なる観光客受け入れ体制の整備のための内需拡大や，幅広い分野での雇用創出効果が見込めるからである。

　観光庁がまとめた2012年の入国旅行者数ランキング[5]によると，日本は世

5　朝日新聞「訪日客2,000万人へ，集計法に奥の手」（2014年2月25日，朝刊5面）によると，観光庁は訪日客数の集計方法を見直し，例年約200万人いる飛行機や船の外国人乗務員を2014年から集計に加えると発表した。従来の日本の集計方法は国連機関の推奨にしたがったものだったが，外国人旅行客数上位のフランスや韓国などが乗務員を集計に加えており，日本も合わせることとなった。新方式で計算すると，12年の日本の順位は，世界33位から25位に上がる。

界で 33 位，アジアで 8 位であった。中国の 5000 万人超やマレーシア・香港・タイの 2000 万人超に対して，日本は約 836 万人と大きく差をつけられていた。

2013 年は，前年末から円高是正の追い風が吹いており，外国人観光客にとって日本訪問は割安感があった。特に，近年経済発展が進んで存在感を増している東南アジア諸国からは，観光ビザの発給要件緩和が奏功して訪日客数の伸び率が高かった。地理的に近いことから移動時間や時差が少ない外国に日本のファンを増やすことは，気軽に再訪してくれるリピート外国人客を増やす，観光産業の戦略として有効であろう。

また，民間レベルでの活発な国際コミュニケーションは，より深い相互理解やより高い親近感を生み出し，間接的な経済効果につながる。

例えば，第 1 に，訪日旅行を通して海外に親日派・知日派外国人が増えれば，日本企業が海外に生産拠点を設けてビジネスをする際に地元に馴染みやすくなる。2013 年のタイやベトナムなど東南アジア諸国では，賃金水準が上がってきたとはいえ未だ中国に比べて低い人件費コストが日本の製造業を惹きつけている。現地での操業にスムースな意思疎通は欠かせない。

第 2 に，文化の異なる外国人の習慣を尊重して受け入れることによって，日本人が日本に居ながらにして国際感覚を養える。例えば，マレーシアなどの東南アジアからの訪問客には，イスラム教徒（ムスリム）が少なくない。それにもかかわらず，1 日 5 回の礼拝や，豚肉や酒に対する食の制限といったムスリムの戒律は日本にはないもので，その生活習慣の違いは，ムスリムの日本訪問や滞在の目に見えない障壁となっている。日本の代表的な空の玄関口である成田空港と関西国際空港は，ムスリムの訪問客にも快適に過ごしてもらおうと，空港内に礼拝室を設けたり，ターミナル内の飲食店が戒律に従った「ハラール食」認定を受けたメニューの提供を始めたりといった対応を進めている[6]。イスラム教といえば中東の宗教というイメージが強いが，世界のムスリム人口約 16 億人のうち 2/3 近くの約 9 億 8553 万人がアジア太平洋地域に住んでいる（Desilver, 2013）。日本人にとって，遠い異国の宗教ではなく，ご近所の外国の文化という認識が必要であろう。

---

6 毎日新聞「ムスリム観光客：空港でおもてなし」(2013 年 12 月 28 日，夕刊 7 面)。

文化の同質性の高い日本では，これまで異文化への対応の必要に迫られる機会が少なかった。2020年の東京オリンピックを控え，あらゆる面で外国人目線の利便性向上が求められている。従来，日本社会では個人よりも集団を重んじると言われている。供給側の業者本位のまちづくりの中で，消費者の利便性は考慮されにくかった。例えば，東京の鉄道は，地上はJRと各種私鉄，地下鉄は都営地下鉄と東京メトロというように，複数の業者が公共交通を担っている。同じ業者の線に乗り換える場合は運賃が通算されて割安だが，異なる業者の線に乗り換える場合は初乗り料金から払う必要があるので割高となる。外部からの訪問者（ヨソモノ）が地下鉄の路線図を見て，どの線が都営なのかわかるだろうか。いや，南北線・大江戸線・副都心線と新しい網の目が次々と拡がり，複雑化した今日の地下鉄ネットワークは，東京人（ジモティ）にも難解である。業者をまたいだ1日共通乗車券の開発[7]や，「スイカ」「パスモ」などの無記名式ICカード乗車券の利用促進により，混乱や混雑を避ける工夫もおもてなしの基本となろう。駅やレストランでの外国語表示に加え，公共交通機関の乗車券の買い方や乗り方，レストランの利用の仕方といった暗黙のルールに利用者が戸惑わないようサポートする，ソフト面での対応整備もまた急務である。

　すでに，成長著しいアジア各国との交流に対応した動きも出ている。日本の大手銀行は，アジア各国の金融機関とATMを相互接続して，個人レベルでのおカネの流れの道筋を作ることを検討中である。実現すれば，アジアから日本を訪れるビジネス客や観光客が地元銀行のキャッシュカードを使って日本のATMから円を引き出せる一方，日本からアジアを訪れる際も現地通貨を入手できるようになる。

　政治的，経済的な孤立を避けるために，日本と近隣諸国との関係構築は不可欠である。ただちに数字に表れるわけではないがじわじわと効いてくる，将来への布石としてのインバウンド交流効果を見逃してはならない。

7　日本経済新聞「時流地流　東京五輪と共通乗車券」（2014年2月17日，朝刊37面）によると，国土交通省と都，東京メトロの3者が，両地下鉄を対象とした割安な共通1日乗車券導入の検討を始めた。

第三節 地方間連携のまちづくりへの活用
デスティネーションマネジメントオーガニゼーション（DMO）

　2020年に東京オリンピック開催が決まり，今後訪日外国人客の増加が予測される中で，受け入れ準備を迫られるのは東京だけではない。大都市圏や有名観光地に偏ることなく訪日客の満足度を高めるように，幅広い訪問先にうまく誘導していく仕組みの整備が必要である。インターネットや航空路線網の充実によってますます世界レベルの交流が盛んになっている今日はニーズが多様化しており，知名度の高い大都市以外にもピンポイントで地方を訪れたいという，成熟した観光ニーズが潜在しているからである。

(1)「点」から「線」や「面」へ

　多様な国々から訪れる多様な訪問客へのニーズに対応するには，自治体の枠を超えたゾーニングを想定し，点ではなく線や面での「おもてなし」が求められる。

　日本政府観光局事業連携推進部事業開発担当部長の亀山（2014）は，地方への来客誘致を図る上で，自分のエリアにこだわらずに「外国人だったらどう旅行するか」を想定して，他の自治体を巻き込んだプロモーションを考えることを奨励している。「例えば，北陸新幹線の開通に合わせ，長野県や石川県のような沿線自治体が手を組んで，「点」ではなく「線」「面」として売り込むイメージづくりも大事だ」（亀山，2014，9頁）。

　通常，我々が旅行または観光に訪れる際，「○○市」や「△△町」といった自治体を指定して観光することは稀である[8]。「○○川の流域」「△△山地」など，県や市をまたいだ目的地の希望に沿う受け入れ体制は誰がどのように整えればよいのであろうか。

　陸と陸に挟まれた内海である瀬戸内海の穏やかさと多島美は，他地域から訪れる日本人の海の概念を新たにさせるものがある。ましてや，大陸や単島出身の外国人には，家族と訪れたい，写真に撮って故郷の仲間に見せたい，

8　よほどブランド戦略に成功した自治体は別である。例えば，ゆず飲料「ごっくん馬路村」で知られる高知県馬路村や，高齢者も働ける葉っぱビジネス「いろどり」の徳島県上勝町には，地方活性化の成功事例として，視察者の訪問が絶えない。

SNSでより多くの人と感動を共有したいと思わせる希少価値のある地形なのではないか。地元の人々にとって当たり前の景色も，視点を変えれば貴重な地域資源となる。

　しかし，美しい瀬戸内海も，海を観る目的だけのためにはるばる外国から訪れる人は稀であろう。それでも，そこに地域の恵みの物語を加えれば，味わいは重層的に増してくる。

　瀬戸内海に浮かぶ香川県小豆島は，日本を代表するオリーブの産地である。平成22（2010）年度のオリーブの国内生産量の99％は，香川県におけるものであった。地中海を思わせる青い海に浮かぶオリーブの島と温暖な気候は，他地域には模倣困難な魅力となる。

　地中海料理に欠かせないオリーブオイルは，ビタミンEをはじめ抗酸化作用のある成分を含むことから，「地中海式ダイエット」として2010年にユネスコ無形文化遺産に登録されている。近年，日本でも健康志向の高まりとともにオリーブオイルが注目されているが，残念なことに，一般に国内で流通している商品は圧倒的に外国産が多い。日本産のオリーブオイルは，品質面において国内外で高い評価を受けているものの，国内の農地が狭いことに加えて，手摘みで手間暇かけて作るために，大量生産ができないからである。種子ではなく果実を搾ってつくられるオリーブオイルの新鮮な香りと味わいは，国産でこそ生きてくる特性であり，生産量が限られるために希少性がある。

　2013年には「和食　日本人の伝統的な食文化」もまたユネスコ無形文化遺産に登録されたことから，健康的な「食」に関心のある外国人訪問客には，小豆島は二重に探究心をそそられる地域に違いない。

　どこにいつ行けば，貴重で新鮮な国産オリーブオイルを味わえるのか。日本ならではの独特のオリーブオイルの楽しみ方にはどんなものがあるのか。ついでにどんな観光スポットを周れるのか。おすすめコースを周った後に，帰るにはどのような交通機関を使うと便利なのか。

　こういった情報を，香川県だけでなく，関西国際空港のある大阪府や，神戸港のある兵庫県など近隣と連携して提供できるような体制づくりが，線や面での観光客受け入れ体制として望まれる。遠方からの観光客は，瀬戸内海だけもしくは香川県だけという訪問の仕方はあまりせず，せっかく行くなら大阪のユニバーサルスタジオジャパン（USJ）も，などとなりがちだからで

ある。

　飛行機を使った旅行や客船クルーズ旅行は，以前のように限られた富裕層のみをターゲットとした旅行商品だけでなく，より幅広い客層を想定した品揃えとなっている。その上，インターネットのSNSを通した不特定多数の口コミなどで，今までは知られていなかった地方の魅力を，一般の人々が業者を通さずとも自分で安価に手に入れられるようになった。その結果，旅行者が成熟し，以前に増してコンテクストとしての地域やコンテクストとしてのブランドを求めるようになっている（原田，2013）。

　雪のない台湾では，北海道旅行が人気という。温泉や景色や食事など，その地域でなければ味わえない効用をいかにヨソモノ目線で伝えていくか。地域の活性化にはよく「ワカモノ，ヨソモノ，バカモノ」が必要と言われるが，今や，国内の他地域出身者だけではなく，外国人もまたヨソモノとしてその視点を地域活性化に活かす時代となっている。

　2020年のオリンピック開催に向けて世界中から東京を含む日本への注目度が上がることが予想される。訪日客の中でも，すでに日本を訪れたことのあるリピーターは，オリンピック観戦のみならず「日本で何をしたいか」の目的がはっきりしていることであろう。成熟した消費者となった彼ら彼女らに満足してもらえるように官民一体となって地域ブランドを磨き商品性を高める，今が千載一遇の好機である。

（2）デスティネーションマネジメントオーガニゼーション（DMO）

　ヨーロッパ大陸の国々には，日本と異なり，地続きの四方の諸外国から外国人を受け入れてきた歴史がある。EUや統一通貨ユーロの存在も有り，旅行客にとって国境の壁が低い国々となっている。2012年の日本への外国人訪問者数が約836万人で世界33位にとどまっていたのに対し，フランスは約8302万人で世界1位，スペインは約5770万人で世界4位，イタリアは約4636万人で世界5位，トルコ6位，ドイツ7位，英国8位……などとヨーロッパ諸国が上位に多く並んでいる[9]。ヨーロッパ全体が1つの合衆国のようなもので，行きたい地方がたまたま外国だったという感覚に近いのではな

9　日本政府観光局（JINTO）作成資料「世界各国・地域への外国人訪問者数」，2012。

だろうか。

　こうした国境をまたいだ広域の人的交流が盛んなヨーロッパでは，古くから観光産業は国に富をもたらす重要産業の1つと認識されてきた。宿泊施設や交通機関がばらばらに観光振興を考えるのではなく，もっと広域のゾーニング概念の基に，地域や国レベルでデスティネーション（観光地）をトータルにデザインするアクターが，DMO（Destination Management/ Marketing Organization）である。DMOは地域観光マーケティングの主体であり，観光の品質向上に向けて注目されている。

　これまでは，多くのデスティネーションは旅行会社から送客を受けることはあっても，主体的・戦略的な集客のノウハウやそのための仕組みを整えてこなかった（大社，2013）。一般企業において広く活用されているマーケティングやマネジメントの概念を観光産業に導入しようとするものである。

　日本政策投資銀行・日本経済研究所（2013）によると「デスティネーションマネジメント（destination management）とは，デスティネーションにかかるプランニングやマーケティングに加えて，組織的取組，個別事業の運営等，さまざまな観光資源/活動/関係主体を効果的に一体化することを管理・サポートすることを意味する。一方，デスティネーションマーケティング（destination marketing）とは，デスティネーションのイメージアップや地域の旅行商品の販売促進を実施することを指し，前者の方がより広い概念である」。ヨーロッパの国や地域レベルの着地型観光振興に大きな役割を果たしているDMOを，ここでは前者のDestination Management Organizationの概念で捉えることとする。

　日本でDMOの機能を果たす機関としては，「観光地域づくりプラットフォーム」がそれに当たるものとなろう。地域が独自の「着地型」観光資源を工夫して外部の観光客にアピールしようとしても，個々の団体や個人の観光資源提供者は旅行会社や観光客に直接のアクセスをもたないことが多く，発信力が弱いので，せっかくの魅力を知ってもらいにくい。また，旅行会社や観光客も，地域の地元密着型の楽しみ方を知りたくてもどのように需要にマッチした情報を集めれば良いのかわからない。そこで，観光資源提供者と需要者をワンストップで結びつける観光地域づくりプラットフォームの形成が，日本各地で広まり始めている。

第2章　観光研究の今日的アプローチ―観光学からの脱却へ向けて―

図表2-1　観光サービスの個別提供

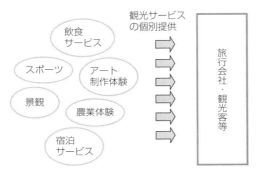

出所：観光庁（2013b）より筆者作成

図表2-2　観光地域づくりプラットフォームによる一括提供

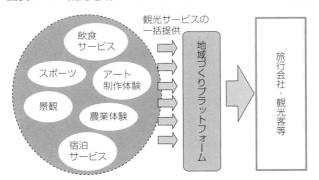

出所：観光庁（2013b）より筆者作成

　観光庁は，着地型観光商品の企画・販売，人材育成などを行う取り組みへの経費補助として，全国各地の観光圏を対象として観光地域づくりプラットフォームの支援事業を行った。観光圏とは，「自然，歴史，文化等において密接な関係のある観光地を一体とした区域であり，その観光地同士が連携して2泊3日以上の滞在型観光に対応できるように，観光圏整備法に基づき観光地の魅力を高めようとする区域」（観光庁，2012）である。2012年度に採択された観光圏は，設立準備段階の3地域と運営初期段階の20地域であった。ここでは，観光地域づくりを行うための地域単位として，観光圏という自治体をまたいだゾーニングが設定されている。例えば，湯沢温泉旅館商業協同組合による雪国観光圏は群馬県の1町と新潟県の3市2町と長野県の1

町で，社団法人尾道観光協会による瀬戸内しまなみ海道地域観光圏は広島県の1市と愛媛県の1市1町で構成されている。

　国や都道府県の枠組みにとらわれず，もっと小さい「観光客目線」のゾーニングで地域づくりを考えることは，地域が主体性を持って自らのブランドを育てていくために不可欠である。地域経済活性化の手法として，従来は，企業誘致や公共事業など外部資本や政府に頼る他力本願の発想が目立ち，工場撤退や政策転換に振り回されるリスクが高かった。それに対して，未来型の手法は，それぞれの地域が内部の「そこにしかない魅力」を見出し，持続性のある地域力に育てていく，すなわち自立した地域経済を目指すものである。幹が太くて枝葉が青々と茂り，しっかりと地に根づいた樹木のように，そこに行けば迎えてくれる安心感が地域ブランドとなる。

《結語》

　2013年に訪日外国人旅行者数が年間1000万人を超え，次の目標は2000万人と言われている。本章では，「外」からの訪問客を惹きつける魅力と，産業としての観光のさまざまな取り組みについて論じた。

　小磯（2013）は，地域の成長力を高めていく重要な視点を3つ挙げている。

　第1に，雇用を生み出す産業をつくり，維持する視点である。地域で豊かに安心して暮らすためにまず必要なことは，生活を支える基盤としての働く機会と場所である。国際競争力をもつ産業を育成するという国の視点では生産量や売上高が重要となるところであるが，地域の成長戦略にとっては雇用を創出する力をもつ産業育成が大切となる。

　第2に，外から稼いでくる産業を育て，その利益を地域内で循環させる視点である。かつて日本が自動車産業を育て，輸出によって外貨を稼ぎ，その利益が回って国内を潤したのと同様に，地域外から集めた富を域内から出さずに何度も循環させる工夫が必要となる。

　第3に，地域資源と結びつきの強い産業を育てる視点である。グローバル化した現代に単なる工場誘致を試みても，人件費の安い海外との競争にさらされて得策でないことから，地域に固有の動かせない資源を活用した産業で優位性を高めることが有効となる。美しい景観やユニークな地形を活かした観光産業や，特産の果物の加工品開発製造販売などがこれに当たる。

これらは，すべて地域の暮らしを起点とした主体的な考え方である。複合産業である観光業において，地域の内生的な産業育成が「内」と「外」の交流と共生のために欠くべからざるステップとなるであろう。

(板倉宏昭)

■ 参考文献 ■

板倉宏昭 (2011)「消費の外部性におけるヒューマン効果―地域産品における分析―」『経営行動研究年報』経営行動研究学会，第20号，103〜107頁。
板倉宏昭 (2012a)「超産業戦略の実証研究―外部力を中心として―」『日本情報経営学会誌』日本情報経営学会，第32-3号，26〜36頁。
板倉宏昭 (2012b)「地方圏における連携ビジネス―瀬戸内圏の事例研究―」『第4回横幹連総合シンポジウム報告論文集』，17〜20頁。
大社充 (2013)『地域プラットフォームによる観光まちづくり』学芸出版社。
香川県庁 (2013)「瀬戸内海国立公園指定80周年記念式典」報道発表資料 http://www.pref.kagawa.lg.jp/kgwpub/pub/cms/detail.php?id=17759 (2014.3.27アクセス)。
観光庁 (2013a)「訪日旅行促進事業 (ビジットジャパン事業)」http://www.mlit.go.jp/kankocho/shisaku/kokusai/vjc.html (2014.1.9アクセス)。
観光庁 (2013b)「観光地域づくりプラットフォーム」https://www.mlit.go.jp/kankocho/shisaku/kankochi/platform.html (2014.3.6アクセス)。
亀山秀一 (2014)「外国人入国1,000万人超え複数自治体連携の誘致策も」『日経グローカル』日本経済新聞社産業地域研究所，235号 (2014年1月8日号)，8〜9頁。
小磯修二 (2013)『地方が輝くために』柏艪舎，80〜84頁。
原田保 (2013)「コンテクストブランドとしての地域ブランド」地域デザイン学会誌『地域デザイン』芙蓉書房出版，第2号，9〜22頁。
日本政府観光局 (JNTO) (2013)「2013年訪日外客数」http://www.jnto.go.jp/jpn/reference/tourism_data/visitor_trends/pdf/2013_tourists.pdf (2014.1.9アクセス)。
村上和夫 (2006)「オルタナティブ・ツーリズムが都市にもたらすもの」大阪ガス㈱エネルギー・文化研究所情報誌『CEL』第76号，3〜8頁。
Desilver, D. (2013)"World's Muslim population more widespread than you might think", *Fact Tank June 7, 2013*, Pew Research Center http://www.pewresearch.org/fact-tank/2013/06/07/worlds-muslim-population-more-widespread-than-you-might-think/ (2014.7.8アクセス)。
Itakura, H. (2012)"Emerging Need for External Forces Coordination in Regional Business" *PICMET*, pp.462-471。
Leibenstein, H. (1950)"Bandwagon, Snob, and Veblen Effects in the Theory of Consumer's Demand", *Quarterly Journal of Economics*, 64, pp.183-207。
Veblen, T. (1899) *The Theory of the Leisure Class*, Allen and Urwin (小原敬士訳『有閑階級の理論』岩波書店，1961年)。

第Ⅱ部

旅行ビジネスの理論編

第3章
デスティネーション指向へ，そして地域指向や精神指向へ

《緒言》

　さて，現時点では，旅行ビジネスには2つの異なる領域が見て取れる。ざっくり捉えれば，一方の旅行の手段を捉えた旅行ビジネスはどちらかというと付加価値が小さいビジネスであるが，これに対して他方の旅行の目的を捉えた旅行ビジネスは付加価値が大きいビジネスである。すなわち，単に交通機関の切符を手配するビジネスや旅館を予約するビジネスなどは，低マージンを余儀なくされている。

　このように，旅行ビジネスのアクターには，一方に目的に関わるビジネス主体と，他方には手段に関わるビジネス主体が，すなわち2種類の旅行ビジネスが存在することである。前者は旅行に関わるいわばプロデュース型ビジネスであり，後者は旅行に関わるいわばエージェント型ビジネスである。それゆえ，本章で提言すべきことは，まずもって旅行ビジネスを単なるエージェント型ビジネスからプロデュース型ビジネスへのコンテクスト転換を模索すべきである，という構想になる。

　このようなプロデュース指向での旅行ビジネスには，概ね以下のような可能性が見て取れる。これらは，第1が目的の開発によるビジネスモデルの創造であり，第2が手段の開発によるビジネスモデルの創造である。これらに共通しているのは，コンテクスト（context；文脈，状況）転換が新たな価値創造を現出させるビジネスモデルになることである。

　このように，旅行ビジネスにおいては，近年とみに長期的に低迷する状況からの脱却に向けたコンテクスト転換の模索が行われることによって，次第に新たな価値が発現できる可能性が増大している。こうして，従来からの旅行

ビジネスは低マージンのビジネスであることからの脱却が可能になった。

　昨今では，第1の旅行目的の開発はかなりの程度に多様性を見せている。これはすなわち，従来のもっぱら観光を目的にした旅行からの脱却である。言い換えれば，マスターゲットへのツアー（周遊旅行）を中心とした旅行からの脱却を意味する。つまり，このことは"脱"観光や"脱"ツアーの方向に向けたコンテクスト転換が，旅行ビジネスの領域に現出していることを意味する。

　このことは，旅行ビジネスのコンテクスト転換は旅行目的が"脱"観光指向で行われ，これに伴う旅行形態が"脱"ツアー指向で行われることを示している。それゆえ，本書では，全編を通してこのような旅行ビジネスを捉えたコンテクスト転換に関わる議論が行われる。つまりここでは，コンテクスト転換が新たな価値を現出させる代表的な産業として，旅行ビジネスがあげられる。

　さらに，ここで留意すべきは，旅行の手段としての交通機関が，近年その伝統的な役割を大きく踏み越えていることである。これはすなわち，これらを利用すること自体が，それこそ旅行の主たる目的になる旅行ビジネスの可能性が高まってきたことを示している。こうして，旅行の企画については，近年大いに注目されているデスティネーション（destination）から構想されるものと，トランスポーテーション（transportation）から構想されるものとが，すなわち2つの形態のビジネスが重視されることになった。言い換えれば，交通機関が単なる輸送手段のみならず，同時に旅行の目的にもなってきたことを意味している。

　今もある豪華客船による世界一周旅行の船旅や高額なクルージングは，以前からこのような色彩が強い旅行であった。しかし，近年のJR九州の豪華列車による九州一周の旅[1]の予約がかなり先までも満席になっていることを考慮すれば，これは旅行の手段が目的に転換していることが理解できる。例えば，今後において期待が大きな宇宙の旅についても，宇宙に旅することが直接の目的である，とも言える。しかし，この場合には，乗物としての宇宙船への乗り込みも間接的な目的になっている。つまり，これらから理解できるのは，旅行の目的と手段の融合現象やそれらの関係の逆転現象が現出する可能性が高いことを示している。

1　ななつ星 in 九州ということで話題になった高額な宿泊機能を備えた豪華列車である。これは，ざっくり言えば，贅沢列車であり，ご馳走列車である，となる。

こう考えると，今後の旅行ビジネスについては，従来型の発想をはるかに超えている，と思われる。それゆえ，新たなビジネスモデルやブランドの開発が急務の課題になっている。そして，これに対応すべき新たなコンテクストの創造が大いに期待される。そうなると，本章において提言される旅行ビジネスのコンテクスト転換がに期待されるわけである。

このような理解から，本章では，以下のような旅行ビジネスの新機軸の可能性についての議論が展開される。それらは，具体的には，まず1つ目がコンテクスト転換の全体的な方向性を捉えて「旅行ビジネスに見るコンテクスト転換の潮流」に関わる議論であり，続く2つ目が産業領域で捉えた可能性に関わる議論である。なお，後者については，具体的には，第1が「旅行代理店ビジネスのコンテクスト転換」，第2が「交通ビジネスのコンテクスト転換」，第3が「宿泊ビジネスのコンテクスト転換」という3点に関する議論である。

第一節 旅行ビジネスに見るコンテクスト転換の潮流
低迷する観光ビジネスから精神充足ビジネスや地域ビジネスへの転換

旧来の形態での観光ビジネスの限界が言われるようになってすでに久しい。そして，ツアー型の団体旅行から個人での旅行への転換や，マスツーリズムからニューツーリズムへ，さらには発(地)型観光から着(地)型観光へなどに関する議論は，政策による誘導も含めながら盛んに行われており，さまざまに模索されている。そこで，本節では，まずは「観光ビジネス」の現状を確認しつつ，これまでの主流であったマスツーリズムの限界と構造変化についての整理を行う。そして，この整理をふまえて，新たな旅行事業の可能性としての「精神充足ビジネス」と「地域ビジネス」という2つの潮流についての検討を行うことで，旅行事業におけるコンテクスト転換の大きな方向性を確認する。

(1) 観光ビジネス＝低迷する既存パラダイムと台頭する新たなパラダイム

観光産業は，その裾野が広いために，経済波及効果や雇用誘発効果がかなり期待される産業である（観光庁，2013）。観光三大産業と呼ばれる旅行業

(旅行代理店），宿泊業，交通事業（須田，2009）はもとより，おみやげ店や飲食店，娯楽施設，現地の案内業，さらには農産物や海産物の生産者や卸業，おみやげを作る製造業などにまで，その効果は及んでいる。だからこそ国も，2008年に新たに観光を所管する省庁として観光庁を発足させ，積極的な観光立国を目指すこととなった。

　しかし他方で，観光産業が低迷を余儀なくされていることも，また事実であると認めなければならない。例えば，観光産業の主要なプレイヤーである旅行業者と宿泊業の市場規模の推移を確認すると，いずれも縮小傾向を示していることは明らかである。旅行取扱額は1996年に9.92兆円であったのが2011年には6.29兆円とほぼ2/3の規模へ，宿泊業の市場規模も1991年に4.94兆円であったものが11年には2.7兆円と半分近くの規模までに，それぞれ縮小している（図表3－1）。

　観光産業における主要なプレイヤーである旅行業と宿泊業が，ここまで少しずつ市場規模を縮小させていることは，観光産業全体でも同様の傾向を示すと考えるのが妥当であろう。確かに，この間の日本の経済低迷は「失われた20年」ともいわれる深刻なものではあった。しかし，観光産業におけるこれほどの規模での市場縮小の理由を，経済低迷のみに帰することはできないだろう。これは，観光産業の支柱となる旅行代理店自体が，旅行に対する

図表3－1　観光産業市場規模の推移

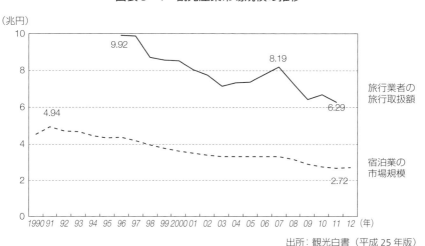

出所：観光白書（平成25年版）

顧客のニーズを反映できなくなり，旅行の魅力を十分に提示することができなくなっていると考えるべきことである．

そこで以下において，旅行事業におけるコンテクスト転換の潮流についての最初の議論として，1990年代頃まで観光ビジネスを牽引してきたマスツーリズムというビジネスモデルについての検討を行うこととする．

稲垣（2011）の定義によれば，マスツーリズムは社会の構成員の大多数が観光に参加可能な状況になったこと，つまり一部富裕層が楽しむレジャーであった旅を庶民までが楽しむことができるようになった状況である，としている．そして，マスツーリズムの成立要件については，観光者側では時間的要件と経済的要件が，供給側では大量輸送技術の発展やモビリティの進展による団体編成での規模の経済の実現があげられ，さらにはマスツーリズムの特徴としての，観光の商品化が指摘されている（稲垣，2011）．

確かに，日本でマスツーリズムが本格化したのは1960年代とされ（稲垣，2011），この時期は東京オリンピックにあわせ東海道新幹線や高速道路が整備された時期と重なっている．交通機関の大量輸送が可能となったことで一度に多くの観光客を運ぶことができ，この大量の顧客を1ヵ所に収容させるべく宿泊施設の大型化が進んでいった．そして，旅行代理店が，これらを組み合わせ，一度に多くの客を観光地に送り込むパックツアーなる商品を作り，規模の経済のもと観光の効率化が進められることになった．他方では，観光客においても，このような観光商品に参加することなしには，どこへ旅行すべきかに関しては知るすべもなく，また旅行をすること自体が難しかったとも言える．これらの点からすれば，確かにマスツーリズムが多くの人々が観光を楽しむきっかけを作ったという功績は認めなければならない．

しかし，このような商品化されたマスツーリズムで体験できる旅とは一体どのような旅なのか．それは多くの場合，大型バスに乗り車窓から風景を眺めつつ（あるいは，同行者とのおしゃべりに夢中で，風景さえ見ないかもしれない）目的地に向かうものである．途中，いくつかの有名観光地では車外に出るものの，それでも団体行動を強いられ，また接する人のほとんどが同じ道中の仲間であり，他者との触れ合いはほとんど期待できない状況である．宿に着くと，風呂，食事，遊興と，すべてが宿の中で完結できるような仕組みになっているので[2]，あえて宿の外に出る必要もない．そして朝になると，

またバスで帰途に向かうことになる。そこにあるのは，まさに商品化された旅であり，ツアーを計画した発（地）視点であらかじめ計画された行程にのって，計画されたものを見て，計画された経験を提供され，あらかじめ想定される感動を与えられる旅である。

また，高度成長期のマスツーリズム，とくに団体旅行の目的の1つが慰安旅行であったことを考えると，どこに行くのか，旅の過程で何をするのか，どのような出会いがあるのかなどは，実は主たる目的ではない。日頃の疲れを癒し，仲間との親睦が図れればよいのであり，このときの目的地は，単に日常とは異なる場所でしかなく，その地域自体にはあまり意味は見い出せない。そこには，有名な観光地に行った，見た，写真を撮った，そしてお土産を買ったという事実が付帯的に残れば良いわけである。

このように，マスツーリズムを整理するといくつかの課題が見い出せる。まず，マスツーリズムにおいては，観光地は一方的に搾取されるだけの対象になることである。到着地で経済的な利得が得られるのは，宿泊施設と，旅行代理店と提携している土産物屋や飲食店のみとなり，その他の人々は単に生活の場を踏み荒されるだけである，ということになりかねない。また，参加者にとってのツアーも，出発地の旅行代理店が大量輸送手段と大型宿泊施設をベースにした効率化を重視した商品であるために，結果として，いつも大差のない，あらかじめ決められた経験や感動を与えられるという画一化，均一化されたものになりがちである。また，ここにおいては参加者の主体性は稀薄であると言わざるをえないだろう。

さらに社会の変化を併わせて見ると，マスツーリズムの限界が明らかになってくる。まず，かつて見られた会社を共同体として捉える価値観は次第に稀薄化し，これに変わって気心の知れた人との時間を大切にしたいというような価値観が強くなっている。現に旅行参加形態を見てみると，団体旅行の大きな目的であった慰安旅行は減少しており，これに対して個人旅行が伸びていることはデータからも確認できる[3]。これからも，マスツーリズムの前提であった大量輸送機関と大型宿泊施設での効率的な団体旅行という商品

2　1960年代前後の温泉旅館について山村（2009）は，大浴場を館内に設置し，さらに個室に浴室をつけることで温泉街の共同浴場との接点を喪失し，さらには売店や娯楽施設，飲食施設をも館内に取り込むことで温泉街と旅館が対立物となり，そこにある商店が，ひいては温泉街自体が廃れていくことになったと指摘する。

が顧客ニーズにあわなくなってきたことは明白であろう。

　そして，近年のインターネットの普及は情報の入手を飛躍的に容易にした。多くの人に知られた観光地を見る（ある意味では「確認」に等しい）だけであれば，極論すると実際にその場に行かなくてもよく，多くの人がインターネットにアップしている写真や観光地情報で見る（確認する）ことが可能である。そこが，自身にとって意味のある場所でなければ，これで十分だろう。逆に，これまで知ることのなかった，しかも訪れた人の評判のよい地域や，地域に住まう人のみぞ知る価値のある場所，そして自身の関心や価値観によって検索した自分にとっての特別な場所についても，インターネットを通じて知ることができるようになった。さらには，宿や交通機関の手配でさえ，旅行代理店を通さずに自ら行うこともできる。ツアー商品に参加して多くの人が訪れる地へ行く意義はまさに稀薄化してしまい，またツアーに参加しないと観光ができないという状況は過去のものになった。

　このようなマスツーリズムにおける課題や限界は，もちろん行政も十分に認識をしており，2007年の観光立国推進基本計画においては，ニューツーリズムの創出や推進がテーマとしてあげられている。このニューツーリズムとは，「従来の物見遊山的な観光旅行に対して，これまで観光資源としては気づかれていなかったような地域固有の資源を新たに活用し，体験型・交流型の要素を取り入れた旅行の形態」（観光庁，2014a）である。ここには，旅行の目的に対する変化が見て取れるが，吉田（2010）は観光形態を「見る観光」から「する観光」へ，さらに「学ぶ観光」へと変化していると整理する。

　また，ニューツーリズムの定義には「地域固有の資源の活用」が示唆されているが，これに関しては，観光庁では観光によって地域を活性化するという目標のもとで着(地)型ツーリズムの推進を行っている。着(地)型ツーリズムとは，旅行の目的地に所在する旅行業者が企画する旅行とすることができるが，2007年の旅行業法の改正により，第3種旅行業者として登録することで，その取り扱い地元での催行分についてはパック旅行を実施できるようになり，地域の観光協会やNPO法人が着(地)型ツーリズムを行えるように

3　日本観光振興協会（2013）の調査によると，1994年から2010年という近年のデータでさえ，個人旅行は57.5%から75.2%へと増加している。一方で，職場などの団体旅行は12.7%から2.3%となっている。

なった（多方，2013）。旅行業の規制緩和はさらに進展しており，13年には，より小資本でも地域の旅行を取り扱うことができるとする地域限定旅行業者が新設されている[4]。

　ここまでの流れを一度整理すると，以下のようにまとめることができる。ビジネス主体という軸では，発地視点の企画，実施から，旅行の着地点となる地域のことを熟知した人々による着地視点での企画，そして実施へというシフトが推進されている。また，ビジネスの客体についてもそれまでの団体が主体のものから個人が主体のものへとシフトしている。

　これらを掛け合わせることで，今のところは，団体旅行に軸足を置きながらも着地視点で企画を考えることに主眼が置かれた着（地）型ビジネスや，発地視点が残りながらも個人の旅行ニーズの変化に応えるニューツーリズムの台頭という，まさに旅行のコンテクスト転換について2つの大きな潮流を見ることができる。

　しかし，これまでの観光ビジネス，その代表であるマスツーリズムを完全にコンテクスト転換した進化形の旅行ビジネスとして，旅行の着地とされる地域が主体となり，個人に焦点をあてたビジネスの可能性が見えてくる。そこで以降では，想定される新たな旅行ビジネスの可能性についての検討を行っていく。

(2) 精神充足ビジネスの兆し＝個人の経験価値やエピソードメイクの追求

　ここでは，ビジネスの客体軸でのコンテクスト転換を，団体から個人への転換と捉えた旅行ビジネスの可能性について，検討を行っていく。この際に代表的な概念として提示されているものがニューツーリズムであるが，まずは観光庁によるこのニューツーリズムの展開可能な領域を整理しておく（図表3-2）。

　ここで提示されているのは，個人を主体に想定したものであることはもちろん，これまでの物見遊山的な観光とは異なる旅行の形態であり，新しい可能性を期待させる。

---

[4]　旅行業者等は，業務の範囲により，第1種旅行業者，第2種旅行業者，第3種旅行業者，旅行業者代理業者に区分され，それぞれに求められる営業保証金や基準資産が設定されている。この保証金と資産を合わせると，第1種では1億円が，第2種では1800万円が必要となるが，第3種では600万，地域限定では200万で旅行業を始めることができる（観光庁，2014b）。

図表3-2　観光庁によるニューツーリズム

ニューツーリズムの種類	内容
①エコツーリズム	観光旅行者が，自然観光資源について知識を有する者から案内または助言を受け，当該自然観光資源の保護に配慮しつつ当該自然観光資源と触れ合い，これに関する知識および理解を深める活動。
②グリーンツーリズム	農山漁村地域において自然，文化，人々との交流を楽しむ滞在型の余暇活動（農作業体験や農産物加工体験，農林漁家民泊，さらには食育など）。
③文化観光	日本の歴史，伝統といった文化的な要素に対する知的欲求を満たすことを目的とする観光。
④産業観光	歴史的・文化的価値のある工場等やその遺構，機械器具，最先端の技術を備えた工場等を対象とした観光で，学びや体験を伴うもの。
⑤ヘルスツーリズム	自然豊かな地域を訪れ，そこにある自然，温泉や身体に優しい料理を味わい，心身ともに癒され，健康を回復・増進・保持する新しい観光形態。
⑥スポーツツーリズム	スポーツを「観る」「する」ための旅行に加え，スポーツを「支える」人々との交流や，旅行者が旅先で多様なスポーツを体験できる環境の整備も含むもの。
⑦ファッション・食・映画・アニメ・山林・花等を観光資源としたニューツーリズム	

出所：観光庁ホームページ（観光庁，2014a）

　しかし，これについては，いみじくもファッション，食，映画，アニメ，山林，花などを観光資源としたニューツーリズムと言われているように，いずれもが観光資源に焦点を当てたものに限定されているために，コンテンツベースでの整理に留まっていると言わざるをえない。

　確かに，具体的なコンテンツの提案も大切ではあるのだが，それでもこれらの基底をなす顧客にとっての価値について，すなわち新しい旅行ビジネスのコンテクストについて考えることが重要である。そこで，以下では，ニューツーリズムにおいて考慮すべきコンテクストとは一体いかなるものなのか，について考察を行ってみる。

　近年マーケティングにおいて注目されている概念として，経験価値と精神性をあげることができる。シュミット（Schmitt, 1999）は，経験価値を，出会い，経験，さまざまな状況下で生活してきたことの結果として生まれ，感覚（sense）や感情（heart），精神（mind）への刺激によって引き起こされる価値であり，さらに顧客一人ひとりの行動と購買状況を，より広い社会

的コンテクストの中に位置づけるものと定義して，これをそれまでの機能的価値や便益を超えた価値であるとしている。また，コトラーら（Kotler et al., 2010）は，人びとを単に消費者とみなすのではなく，マインド（mind）とハート（heart）と精神（spirit）をもつ全人格的存在と捉えるべきとして，彼らの求めているものは自分たちのニーズを満たす製品やサービスだけでなく，精神を感動させる経験を求めており，意味を提供することがマーケティングにおける本来の価値提案である，としている。

　シュミットとコトラーの主張は，いずれも経験とそれによって充足される精神的な価値を重視したものであると言えるし，そこには消費者としてではなく人格をもった人びとの存在を見る必要がある。これらの視点に立って，図表3-2の観光庁によるニューツーリズム施策を改めて見ると，対象となっているのは自然体験，農漁業体験，文化体験や産業体験，身体的豊かさ体験，スポーツ体験となり，またいずれも経験を重視したものであることに気づくだろう。さらに，これらの経験を通じて，身体的な体験のみでなく，日常では感じることのできない精神的な充足を期待しているとも考えることができよう。意識されたものかどうかは別にして，ニューツーリズムの目指すもののコンテクストとしては，経験重視とそこから得られる精神的な充足が想定されている。

　経験や精神的な充足を求める価値観を表象する事象としては，旅行関連雑誌での特集テーマにおいてパワースポット巡りや寺社巡りが少なくないことがあげられる。確かに，本書執筆の前年である2013年が伊勢神宮と出雲大社の遷宮が重なるという稀有な年でもあり，古事記を始めとする日本の神話や精神的な由来についての関心が高まったことが背景にあることは否めない。しかし，ここで伊勢神宮への参拝者数の推移を確認すると，13年が特異な年であったことは明らかであるが，前回の式年遷宮にあたる1993年と比べても1.6倍を超える参拝者が訪れていることが見て取れる。さらに2004年を底として，ここ数年は伊勢神宮の参拝者数が着実に上昇していることも明白である。伊勢神宮への参拝者数の増加のみをもって精神性を重視する旅が重視されているとすることはできないだろうが，それでも1つの証左と捉えることができよう（図表3-3）。

　また，時代が精神性の重視にシフトしている様子は世界遺産の選定理由に

図表 3-3 伊勢神宮参拝者数の推移

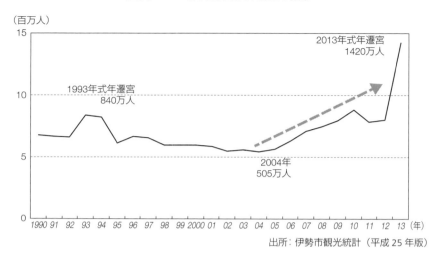

出所：伊勢市観光統計（平成25年版）

も見い出せる。日本における最初の世界遺産登録となった「法隆寺地域の仏教建造物（1993年登録）」や「姫路城（1993年登録）」の選定理由を見ると，もちろん日本初の仏教文化や封建時代という時代性を背景とはするものの，建築様式や建造物そのものの価値を強く主張する選定理由となっている。しかし，最近登録となった「富士山－信仰の対象と芸術の源泉（2013年登録）」においては，山岳民間信仰との結びつきが強く語られ，その精神性が前面に出された主張となっている。さらに，つぎの世界遺産登録への推薦候補として採択された「明治日本の産業革命遺産」においては，ものづくり大国の基礎となった歴史を物語るという点が重視されている。これには，建造物自体で価値のある遺産はすでに登録されている，あるいはユネスコの基準が変化したという事状もあるのかもしれない。しかし，時代の要請としては，より精神的な価値が重視されるようになったことも背景の1つにあると考えることもできるのではないだろうか。

このような精神的な価値という側面が強く表出した具体的な事例として，聖地巡礼と呼ばれるような旅行や，東日本大震災の被災地を訪れる旅行をあげることができる。以下では，これらの旅行についての概要を整理することから，精神的な価値を重視した旅行ビジネスの1つの方向性を検討したい。

ここで取りあげる聖地巡礼は、旅の原形の1つとも言えるメッカや熊野などの本来の聖地を目指した、まさに字義通りの巡礼とは異なり、映画やドラマ、アニメの舞台を訪れるというコンテンツツーリズムの一環として捉えられる。その中でも、アニメの舞台となった地域を訪れる「アニメ聖地巡礼」が、精神ビジネスの観点からは特徴的な事例であると言える。岡本（2013）は、このアニメ聖地巡礼について、マスメディアや地域サイドが主導とならなくても、熱心なファンが主体的にアニメの背景となった場所を探し情報発信行動を行うことによって旅行という行動が生まれるような形態の旅行とする。まさに、ファンが自身の主体性によって行動し、作品の精神性に触れることを目的として行われる旅であるとすることができる。

　しかし、ここで単にファンの関心のままに旅行するだけでは本格的なビジネスにはなりにくい。アニメ聖地巡礼においては、このままファンによる一方的な情報消費や地域消費が行われるわけではなく、対象になった地域でファンと住民が一体となった取り組みへと発展する[5]ことがあり、ここに主（地域）客（ファン）が一体となった新たな旅行ビジネスの可能性を見い出すことができる。

　被災地を訪れる旅では、例えば岩手県の三陸鉄道による取り組みがあげられる。三陸鉄道では震災からの復旧となる全線開通（2014年4月）を期に、三陸鉄道スタディツーリズムと銘打ち「震災学習列車」を運行している。それは、「被災地の「今」を列車で移動しながら直接見て、聞いて、感じていただき、皆さまの防災のお役にたてればと思い」（三陸鉄道, 2014）、始められることになった。もちろん震災直後も、ボランティア活動を主目的として被災地を訪れる行動が見られたが、そこまで積極的な関与をすることがなくても、被災地を訪れ、学び、感じることは、震災からいくばくかの時を経た今だからこそ、その重要性が増している。さらに、人びとが被災地を訪れる行為自体が経済的支援になるという側面もあり、これは地域の復興という点からも重要である。精神的な充足というと癒しや寛ぎを連想しがちであるが、このような負の側面を見て学ぶ、そして感じることも、また精神的充足に該当するだろう。この点については、井出（2013）においてもダークツーリズ

5　岡本（2013）では、アニメ『らき☆すた』の舞台となった埼玉県久喜市鷲宮での事例や、岐阜県高山市、滋賀県犬上郡豊郷町の事例などが紹介されている。

ム⁶という視点からの言及が行われているが，これは，負の記憶を巡る旅も新しい旅の概念であるとされる。

　旅行の形態に，見るからする，そして学ぶという進化が見られたことは先に述べた。しかし，より新しい旅行ビジネスを構想するためには，経験に基づく精神の充足と，そこから得られる個々のエピソードメイクを顧客価値とする発想が求められる。そこでは，見る，する，学ぶという身体的活動に加え，さらに感じるという精神的活動が重要になる。もちろん，これまでの観光ビジネスでも，美しい景色を見て感動する，おいしい食べ物を食べて感動するという経験は得られたであろう。しかし，ここでいう感じるは，このような表層的な感覚ではなくもっと深い精神的な活動であることに留意しなければならない。

(3) 地域ビジネスの深化＝地域が主体になった地域貢献の可能性

　続いて，ビジネスの主体軸でのコンテクスト転換を，発(地)型ビジネスから着(地)型ビジネスへの転換と捉えた旅行ビジネスの可能性についての検討を行う。

　まずは，発(地)型ツーリズムと着(地)型ツーリズムについて多方（2013）に依って整理を行うと，発(地)型ツーリズムが旅行の出発地，すなわち主に都市部にある旅行会社が企画するパック旅行であり，着(地)型ツーリズムが旅の目的地，到着(地)に所在する旅行業者（主に代理店）が企画する旅行を指すとし，着(地)型ツーリズムでは地元ならではの情報収集力と企画力が強みになるとする。着(地)型ツーリズムという概念が一般化したのは，2007年の政府による観光立国推進基本計画においてであろうと思われる。この計画に準拠する形で，旅行業法の改正により旅行取扱についての規制緩和を行い，地域内という制約はあるものの，着(地)に所在する旅行業者が旅行商品を企画，販売，実施することが可能になったわけである。

　この政府による取り組みには，それまでの中央集権型の政策への反省もあるのかもしれない。とくに，1987年に制定された総合保養地域整備法（リ

6　井出（2013）では，ダークツーリズムを「災害や戦争などの人類の負の記憶を巡る観光の新しい考え方である」（井出，2013，14頁）としている。例えば，アウシュビッツの強制収容所やウクライナのチェルノブイリ発電所などが例としてあげられている。

ゾート法）は，地方をハード中心のリゾート造成に走らせた。この法律の目的には地域振興があげられてはいるものの，実際には中央発想の画一的な開発が多く，結果として地域に負担だけを強いることになり失敗事例は枚挙に暇がない。他にも，旅行代理店が主導した「小京都ブーム」なども，一見すると地域を主体とした観光造成であり，たしかにそれぞれの地域をブランド化することには寄与があったかもしれない。しかし，しょせんは地域を「京都」という視点で同一視したに過ぎず，それぞれの地域の個性を消すものであったとも言える。これら，過去にあった中央主導による地域ビジネスは単に地域を対象としたビジネスであり，結果として地域の個性を消し去り，地域が主体にはなっていないビジネスであった，と総括できる。

このような反省の元に打ち出された着（地）型ツーリズムであるが，一部の成功事例[7]を除くと，成功裡に進んでいるとは言い難い。例えば尾家（2008）では，2008年までに構築された着地型旅行商品情報サイトを整理しているが，この中のいくつかは，すでにアクセスができない状況にある。また，吉田（2010）は，「近年，観光対象が大きく広がったこともあり，地域造成の観光商品が多くの観光客を呼ぶのだと幻想されている」（272頁）と指摘し，着（地）型ツーリズムにおいては観光客が大勢押し寄せるマスツーリズム的なビジネスを指向するのではなく，当初には限られたマーケットに向けてターゲットを絞ったセールスを行うスモールツーリズムから始めるべきである，と説いている。

この点を検討するために，以下においては九州の著名な3つの温泉地である別府温泉，由布院温泉，黒川温泉，それぞれの取り組みを概観[8]することで，地域ビジネスの本質と可能性について考察することにする。周知のとおり，これらの温泉はいずれも九州という地で比較的近い場所にあり，それぞれが特徴的な温泉街として全国に知られている。しかし，その取り組みは各地の特徴を活かした三者三様のものであり，ここから地域ビジネスの本質について考えることができる。

まず別府温泉であるが，ここは別府八湯と呼ばれる温泉街が点在する日本

---

7 もっとも多く取り上げられている成功事例が「南信州観光公社」である。1995年に飯田市において農業体験をメインとする教育旅行の受け入れが始められた。
8 3つの温泉を概観するにあたっては，別府温泉については大社（2013）を，由布院温泉については松田（2004）を，黒川温泉については原田（2010）を，それぞれ参照した。

を代表する温泉地である。この地で地域再生の取り組みのきっかけとなったのが，NPO法人ハットウ・オンパクの代表理事である鶴田浩一郎を中心にして2001年から始まった「別府八湯温泉泊覧会（オンパク）」である。このイベントは，地域づくり団体や個人，商店街関係者，学生などにより企画運営され，まち歩きや自然体験，地域体験などを始めとしたバラエティに富んだプログラムが用意され，一定期間に集中的に開催される。このような内容であるため，一般的には対象者は観光客であると想定できようが，オンパクの場合，参加者の7割以上は地元の人たちである（大社，2013）。これは，首都圏や京阪神にむけて宣伝し集客を行うことよりも，地元の人がプログラムを体験することで面白いと思い情報発信をしてもらうことを第1に考えた結果である。それゆえ，オンパクは単なる集客イベントというよりは，地域の事業者が新しいサービスや商品を生み出すことを支援する取り組みと位置づけられている（大社，2013）。

　別府における取り組みは地元住民を対象にしたものとも言え，観光ビジネス的な視点で見ると，単純に理解することは難しい。しかし，地域を支援することで地域の活性化を促進し，そこに住む人や近隣の人に自分たちの住む街を再発見させることで地元の価値を高められ，結果的に他地域への情報発信を促し集客に繋げる仕組みとなっている。大きく構えないスモールツーリズム的な発想が，まさにここ別府では行われている。ただし，知名度のない小さな温泉では，地域の情報発信を促したところで集客に直結することは難しいと考えられる。つまり，ここが別府という大きなネームバリューをもつからこそできる活動である，とも言える。

　続いて，別府温泉の近隣に位置する由布院温泉は，玉の湯の溝口薫平と亀の井別荘の中谷健太郎という2人のキーマンによって地域活動が行われた。彼らは，由布院周辺の開発計画への反対運動を展開したことを契機にして，由布院のあり方への思考を始めた。そして，1971年という早い時期に，彼らはヨーロッパへの視察旅行へ出かけ，その後の由布院の基礎となるコンセプトを発想して，「由布院を別府の亜流にせず，文化の香りが漂うリゾート地を目指す」（松田，2004，152頁）こととなる。その結果，由布院は，明確に女性をターゲットと位置づける，つまり，団体客ではなく個人客を対象として集客を目指し，音楽祭や映画祭，美術館といったコンセプトに見合う

ソフトやハードを積極的に展開していった。他方で，ホテルの大型化を自ら規制することによっても由布院のブランドは維持されている。

　このような由布院における取り組みの特徴は，別府とは対極のものであると言える。由布院に既にある価値を見直すのではなく，文化の香りのするリゾート地という新しいコンセプトを立てることで温泉街を構築して，ターゲットを絞り込みながらも大消費地からの集客を指向していることである。その結果，ひととき原宿化を招いたとされるが（松田，2004），今でもその価値は根強く残っていると感じられる。しかし，この由布院の活動は別府という大きな競合が存在するゆえの取り組みであるとも言える。それは，別府との差別化を成しえない限り由布院の存在価値を高めることは難しく，いわゆる団体主体の温泉旅行という範疇に留まっていては，規模において別府に勝つことはできないからである。しかし，このような大消費地での集客を目指すためには，それまでの温泉旅行の概念を覆し，対象を女性に絞ったのは，まさにスモールツーリズム的な発想であったと言えよう。

　最後に，由布院から山を越えた熊本県にある黒川温泉については，どうだろうか。黒川温泉が注目されるようになったのは，2000年前後と比較的最近のことである。新明館の後藤哲也の主導の元に，地元の観光組合による全員参加の運営が行われ，山間の温泉街という地を活かした完全な日本の伝統的な田舎を構築しようとしたある種のテーマパーク（原田，2010，264頁）というブランディングが行われている。このような活動に至った背景について原田（2010）は，黒川温泉が熊本県人からも見向きもされず，行政からの支援もほとんど受けることがなかったということをあげている。このような状況にあるためか，旅行代理店にほとんど依存することもなく，営業面においては団体客に依存しない高質な個人顧客をメーンターゲットにしたマーケティングが行われている。しかし，ひとたび黒川温泉の知名度があがると，大勢の観光客を受け入れるのは向かない地であっても，しかも現地はさほど望んでいないにもかかわらず，いくつかの旅行会社はパッケージツアーを創出するに至った（吉田，2010）。

　このようなコンセプト主導のブランディングを行っている点やターゲットを個人客に絞り込んでいる点においては，黒川の取り組みは由布院に近い。しかし，その方向性は由布院とは異なる。そこには，立地の問題や温泉街の

規模，旅館の質，行政や旅行代店との関係性，そしてすでに温泉リゾートとしてのポジションを確立した由布院への対抗のためのさまざまな課題が見て取れる。

　以上，別府温泉，由布院温泉，黒川温泉のそれぞれの地域ビジネスとしての取り組みを見てきた。ここから言えるのは，1つには地域でリーダーシップを取れる人材の存在が不可欠であるということである。また，いずれの活動も吉田（2010）の指摘したスモールツーリズムが実践されていると言える。これらの点を前提にするものの，同じ九州の温泉地でありながら，その取り組み方や方向性は異なることが明らかになった。それぞれのポジションと地域の特徴を踏まえながら，地域を巻き込みつつ活動を行っていくことこそが，真の地域ビジネスであるとすることができる。結果として，これら3つの温泉は近い位置にありながらも，溝口のいうところの「「山のリゾート」黒川であり，「里のリゾート」としての由布院，「町のリゾート」としての別府であるというそれぞれの住み分けができるということです」（松田，2004，199頁）という点に集約され，それぞれが特徴を持つ個性的な温泉として存在している。

（4）小括＝旅行ビジネスにおける新機軸創造

　本節では，旅行代理店に代表される旅行事業にみるコンテクスト転換の潮流について整理を行い，その方向性と可能性について議論を行ってきた。議論の前提にあるのは，低迷する観光産業（主に旅行代理店や宿泊業）であり，その根幹をなしてきたマスツーリズムの抱える課題や限界である。これまでのマスツーリズムの特徴は，旅行の出発地点の発想で，産業の効率化を追求し，旅行をパッケージ化して提供することにあった。そして，これらの商品は，大量輸送手段と大型宿泊施設を基盤としているため，一度に多くの顧客を対象とすることで，すなわち団体客を対象とすることで成立するビジネスモデルである。

　このようなマスツーリズムは，客の視点に立つと，確かに多くの人が観光できるようになることに寄与したものの，個人の主体性が阻害された送客視点での画一的な観光となり，まさに大量に生産された観光を消費させられることになる。旅行の目的は物見遊山であり，決められた観光地を見ることや，

いつもの仲間で遊興することにあった。これでは、旅行が本来もっていた新たな経験や精神性を楽しむことはできない。さらに、送客される観光地の視点に立つと、経済的な利得をえるのは旅行業者と契約している、すなわち送客してもらうことができる宿泊施設や一部の土産店や飲食店に限られる。多くの地域は、観光による恩恵をえることは乏しく、むしろ生活の場を荒らされ、旅行業者により搾取される立場にあるとも言える。

　このような観光は、観光客にとっても、観光地にとっても持続的な価値のあるものとはならない。さらに、社会の個人化や共同体の弱体化、インターネットの登場などによって、マスツーリズムの前提となる団体旅行が顧客のニーズから乖離するようになった。ここにおいて、マスツーリズムに代わる新たな観光、すなわちニューツーリズムが求められることになった。このような課題を背景として、政策的な誘導によりニューツーリズムや着(地)型ツーリズムへの転換が企図されて、新たな旅行ビジネスの潮流も見られるようになった。これらを、ビジネス主体とビジネス客体という軸で整理すると、つぎのような整理ができる。

　まずは、ビジネス主体を発地視点から着地視点へとコンテクスト転換する着(地)型ツーリズムがあり、一方でビジネス客体を団体から個人へとコンテクスト転換するニューツーリズムがある。ただし、ニューツーリズムは観光資源に焦点を当てたコンテンツ視点での整理に留まっており、着地視点が弱い。一方で着(地)型ツーリズムは、採算性の問題などから、どうしてもマスツーリズム的な団体志向が強く表れる傾向にある。

　そこで、ニューツーリズムをより着地視点でコンテクスト転換し、また着(地)型ツーリズムをより個人視点でコンテクスト転換することが必要になってくる。ここから得られるのが、まさに旅行ビジネスの新機軸と言えるものであり、マスツーリズムから次元の異なるコンテクスト転換となる「精神充足ビジネス」と「地域ビジネス」という方向性が見い出せることになる（図表3-4）。

　ここで導出された新たな旅行ビジネスである「精神充足ビジネス」は、これまでの旅行形態が「見る」「する」が主流であったとするならば、経験を通じて「学ぶ」、さらには「感じる」ことを重視する、まさに個々人のエピソードメイクを重視した旅行であると言える。また、地域ビジネスは、それ

図表3－4　観光ビジネスのコンテクスト転換

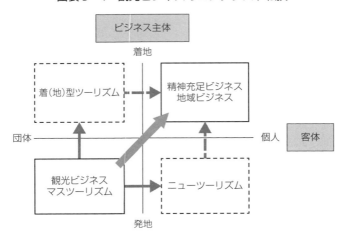

ぞれの地域の特徴を踏まえながら，対象や領域を絞り込むことでコンセプトを際立たせたビジネスを発想することに通じる。この2つの方向性で旅行ビジネスを再構成することが，大いに期待されるのである。

しかし，本節では，旅行ビジネスの新機軸についての大きな方向性を示したに過ぎない。そこで，以下の節では観光の三大産業となる旅行代理ビジネス，交通ビジネス，宿泊ビジネスそれぞれについてのコンテクスト転換について検討を行い，より具体的な方向性を示唆していくこととする。

「旅行代理店ビジネス」のコンテクスト転換
低迷する既存ビジネスとニューカマーの現出

さて，ここからは業界別のコンテクスト転換についての考察が行われる。まずはじめに，旅行業と言われる旅行代理店について，ニューカマーの登場の必然性とそれらの特徴についての言及を行う。これらは具体的には，旅行代理店の歴史と低迷する既存産業，そして進化するマーケットと主要旅行代理店の動向，続いてニューカマーのビジネスモデルとブランディング，さらにはパラダイムシフトによる価値発現についての議論である。

（1）旅行代理店の歴史と低迷する既存産業

　日本における旅行代理店の原型は，平安時代における熊野詣などの参詣旅行の補助業務に遡る。当時の旅行は多くの危険や困難を伴うために，先達が道先案内や宿泊確保を担っていた。江戸時代に入り，街道や宿場などのインフラが整備されると，安定した社会のもとに伊勢参りが庶民の旅行の1つとして文化風習に定着する。この時代の旅行補助を担った御師[9]は，全国各地方を巡り伊勢暦を配り（すなわち伊勢参詣の集客に務め），伊勢参詣に関わる宿泊施設の手配や宿泊施設の協定制度設立に関わるなど，現代における旅行業と変わらぬ業務を行っていた。

　近代旅行業のスタートは明治時代であるが，それは鉄道が整備され公共交通機関が利用できるようになってからである。1905（明治38）年には，日本旅行会（現在の株式会社日本旅行の前身）が創業されて，善光寺や高野山など神社仏閣への参詣団体の斡旋実施を国鉄との共催で行った。また，12（大正元）年には，日本の外貨獲得と国際交流を深めるという国家的要請により，ジャパン・ツーリスト・ビューロー（現在の株式会社ジェイティービーの前身）が発足した。

　第二次世界大戦後の高度成長期の到来に伴い，旅行代理店業の業務は日本人の国内外旅行斡旋に拡大することで急速に発展する。1960年代以降の旅行産業の拡大を「第三次観光革命」と称したように（石森，1996），大きな節目としては，64（昭和39）年の東京オリンピック開催と同年の東海道新幹線の開通があげられる。旅行代理店がオリンピック入場券の販売管理を手掛けると共に，外国人旅行者の斡旋にも力が注がれた。同64年には海外旅行が自由化されて，翌65（昭和40）年には日本旅行の「JALパック」が海外旅行企画商品（パッケージ旅行サービス）として発売された。その他にも，「ルック」（JTB）のように独自に海外旅行パッケージ商品の開発を進めて，旅行代理店はリテーラー（他社商品の代売）からホールセラー（自社企画商品の開発と卸売）へとビジネスモデルを転換していった。また，70（昭和45）年にはジャンボジェット機が就航して，大量の座席を事前に一括購

9　おし・おんし。語源は御祈祷師の略。伊勢神宮に関わる暦や御祓を全国で配ったほか，参拝者の案内や宿場手配を生業とした神宮職として江戸時代に活躍した。1871（明治4）年の神宮改革によって御師制度は廃止された。

入することにより運賃を割引するバルク運賃[10]の導入により，主要商品として海外旅行のパッケージ商品が著しく発展した。78（昭和53）年には成田国際空港が開港したほか，85（昭和60）年のプラザ合意[11]を経て為替レートが大きく円高へシフトし海外旅行の割安感が一層増したことも，この海外旅行者増加傾向を大きく後押しした。

他方で，旅行代理店のビジネスモデルは「中間手数料業」と喩えられるように，常に収益性の低さが指摘されてきたことも確かに否めない。取扱高を見れば金額は大きいが，代理店の実質的収入源は手数料であるために，必然的に収益率は低い。また，旅行代理店は，その商品特性からも典型的なサービス業であるために，人件費率が高く，競合他社との競争に打ち勝つために営業所（支店）の多店舗化が進められてきたという経緯があるため，大手旅行代理店の多店舗展開方針は現在でもなお顕著である。その後に，コンピュータ化や1990年代半ば以降のインターネット普及により，店舗管理費や営業管理費の縮小政策が進められているが，それでも予約システムなどの

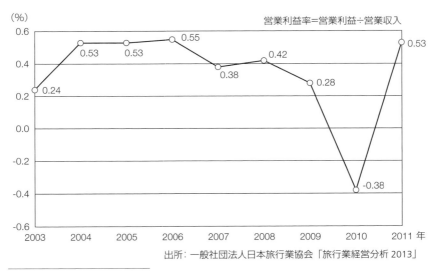

図表3-5　旅行業における取扱高営業利益率の推移

出所：一般社団法人日本旅行業協会「旅行業経営分析2013」

10　座席一括契約包括運賃。一定数以上の座席を団体運賃で一括購入し，大量輸送による運賃割引を行ったものである。
11　1985年9月22日にプラザホテル（米ニューヨーク）で行われたG5先進5ヵ国蔵相・中央銀行総裁会議により発表された為替レート安定化に関する合意。協調的ドル安を図った結果，実質的に円高傾向へ為替レートが移行する契機となった。

膨大な情報処理システムへの投資も必要になるなど，未だに基本的な管理費の削減には至っていない（図表3-5）。

旅行代理店の取扱高を見ると，バブル崩壊後SARS騒動による旅行客の減少が収まった2004（平成16）年以降，暫くの間は堅調に推移している。中国や韓国を中心とした東アジアを舞台やターゲットとするビジネス需要の増加や団塊世代の大量定年退職による旅行需要の拡大から，07年までは旅行取扱額が増加してきた。しかし，08（平成20）年のサブプライムローンやリーマンショックを経てからは世界的同時不況が広まり，これに伴い旅行需要は急激に一時縮小している。東日本大震災直後の11（平成23）年4月の訪日外国人旅行者数は前年同月比で37.5％であり，翌年の12（平成24）年4月には例年なみの水準まで回復しているが，原発事故後の風評被害の影響も含めて，主にインバウンドの旅行需要を縮小させる1つの要因であったことは否めない（図表3-6）。

また，旅行業者数の推移を見てみると，2011年には旅行業者および旅行業者代理業者[12]とも減少している（図表3-7）。

旅行需要が縮小していることに加えて，インターネットの普及などにより，顧客が直接交通手段や宿泊などの予約を行い直接取引ができるようになってきたことから，「代理店・仲介者」としての役割がビジネスモデルとして希

図表3-6　旅行業者取扱額の推移

（単位：10億円）

年	第1種旅行業者	前年比(%)	第2種・第3種旅行業者	前年比(%)	総取扱額	前年比(%)
2004	6,060	2.4	1,142	-5.7	7,202	1.0
2005	6,439	6.3	913	-20.1	7,352	2.1
2006	6,764	5.0	1,028	12.6	7,791	6.0
2007	7,134	5.5	1,058	2.9	8,192	5.1
2008	6,236	-12.6	1,038	-1.9	7,274	-11.2
2009	5,360	-14.1	861	-17.1	6,220	-14.5
2010	5,648	5.4	894	3.9	6,542	5.2
2011	5,443	-3.6	847	-5.2	6,290	-3.9

出所：公益財団法人日本交通公社「旅行年報2012」

12　旅行業者が委託する範囲の旅行業務を行うことができる業者である。

図表3-7 旅行業者数の推移

年	第1種旅行業者	第2種旅行業者	第3種旅行業者	旅行業者計	旅行業者代理業者	合計
2008	812	2,804	6,098	9,714	892	10,606
2009	791	2,787	5,957	9,535	901	10,436
2010	769	2,744	5,891	9,404	879	10,283
2011	738	2,785	5,837	9,360	880	10,240
2012	726	2,799	5,749	9,274	872	10,146

・第1種旅行業：海外・国内の企画旅行の企画・実施，海外旅行・国内旅行の手配及び他者の募集型企画旅行の代売を行うことができる。
・第2種旅行業：海外「募集型企画旅行」の企画・実施を除く旅行業務を行うことができる。
・第3種旅行業：「募集型企画旅行」の企画・実施を除く旅行業務を行うことができる。
　（地域限定の国内募集型企画旅行のみ実施可）
・旅行業者代理業者：上記旅行業者が委託する範囲の旅行業務を行うことができる。

出所：観光庁

薄になりつつあることが，データからも読み取れる。

(2) 進化するマーケットと主要旅行代理店の対応
1) JTB

前述のように，1912（大正元）年に当時の旧国鉄・鉄道院をはじめホテルや船舶業の代表者たちを発起人として設立されたジャパン・ツーリスト・ビューローが現在のJTBの前身である。当時の財界に支えられながら外国人旅行客の世話を手掛けるなど，外客接遇団体である「貴賓会」の事業を継承しながら大戦後まで日本の旅行産業をほぼ独占してきた。戦後には財団法人日本交通公社と名称を変えて営業再開したが，東京オリンピック開催を控えた63（昭和38）年に営利部門を株式会社化して設立され，これが旅行ブームの到来に合わせて海外旅行の「ルック」や国内旅行の「エース」などのパッケージツアーの販売を開始した。国鉄の民営化に伴ってJRとの軋轢は生じたが，JTBは創業以来ずっとランキング1位の地位を守り，2012（平成24）年には創業100周年を迎えた。

決算報告によれば，2013（平成25）年3月期のグループ連結決算での純利益は86億2400万円の黒字を計上しており，特に海外個人旅行の増加と経費削減によって黒字を確保している。また，ウェブ事業は，国内旅行予約サ

イト「るるぶトラベル」の登録会員数が12（平成24）年に230万人を超えて，商品力強化などを図ったため，販売額は対前年比15.0％増の1221億円にまで伸びている（中村，2012）。

　JTBでは2006（平成18）年よりグループ経営を大きく転換し，事業持株会社と細分化した市場に向き合う事業会社群から成る新体制へ再編された。持株会社であるJTBは，グループ全体の経営戦略を策定する機能を担う位置づけであり，この持株会社の運営コストは傘下の各事業会社が供出するグループマネジメントフィーで賄われる。なお，持株会社の傘下に置かれる事業会社群は，分類すると大きく6つに分けられ（①旅行事業会社群，②ソリューション事業会社群，③出版・広告事業会社群，④商事事業会社群，⑤独立事業会社群，⑥プラットフォーム・シェアードサービス事業会社群），多様な顧客ニーズに対して細分化した商品やサービスを提供するシステムを備えている（中村，2012）。

2）近畿日本ツーリスト（KNT）

　1980年代前半から日本旅行を追い越し市場シェア2位の座を争っている近畿日本ツーリストは，41（昭和16）年創業の有限会社関急旅行社と48（昭和23）年創業の日本ツーリストが55（昭和30）年に合併することで設立された。JTBと同様に高度成長時期に，海外旅行の「ホリデイ」，国内旅行の「メイト」などの旅行商品を販売していたが，修学旅行などの団体旅行の営業力が強いのが特徴である。

　近畿日本ツーリストは2004（平成16）年に旧相模鉄道系の相鉄観光を子会社化したのをはじめとして，06（平成18）年には京浜急行電鉄と資本・業務提携して京急観光を子会社化，同年には京王観光との業務提携，南海電気鉄道との株式持ち合いや京成電鉄との業務提携を進めるなど，私鉄系旅行会社との提携を積極的に進めてきた。

　また，2004（平成16）年に分社化した会員制旅行事業部門の「クラブツーリズム」と12（平成24）年に株式交換による完全子会社化を行い，経営統合を行った。この統合により近畿日本ツーリストは持株会社であるKNT-CTホールディングスと，団体旅行事業や個人旅行事業に関する権利義務を有する新会社に分割されたが，クラブツーリズムの商号やブランド名はその

まま継続使用されている。このクラブツーリズムは,「仲間が広がる 旅が深まる」をキャッチフレーズに,独自のテーマ性を重視した顧客ニーズ中心の旅行商品を販売し,会員組織を形成し顧客の囲い込みを行ってきた。統合された両社は,近畿日本ツーリストがもつブランド力と営業力,ネットワークの広範性の強みと,クラブツーリズムが培ってきた会員組織化によるマーケティングの特化性や商品企画力の強みを双方最大限活用することによって生まれるシナジー効果によって,これまで抱えてきた経営的課題を克服することも企図している（中村,2012）。

3）H.I.S.

1980（昭和55）年に創業して,FIT（Free Individual Travel）向け格安航空券の販売から主催旅行,団体旅行を手掛けているH.I.S.は,2005（平成17）年度から海外旅行取扱額ランキングの1位を占めている。このH.I.S.の掲げる企業理念は,「ツーリズムを通じて,世界の人々の見識を高め,国籍,人種,文化,宗教などを超え,世界平和・相互理解の促進に寄与する」である。創業者である現会長の澤田秀雄が学生時代に体験した海外旅行における不満解消や期待を具現化する形で海外航空券の格安販売から始まり,海外でのホテル事業,新航空会社（現スカイマーク株式会社）の設立など,旅行業界におけるベンチャー企業として新分野の開拓を続けてきた。同社の主力ターゲットは,個人,若年層,海外旅行経験豊富な層,レジャー向けの海外旅行商品であり,顧客にとって選択肢の幅が広い商品構成を備えている。また,燃油サーチャージ（燃油特別付加運賃）についての実際の支払額がわかりづらいという顧客の不満解消を図り,大手旅行代理店で始めて燃油サーチャージ込みの商品合計額を表記した販売を行って広く好評をえている。しかし,現在では,多くの旅行代理店がこのような表示方式に倣いつつある。2006（平成18）年には,訪日外国人向けのインバウンド専門会社の「株式会社エイチ・アイ・エス エクスペリエンス ジャパン」を設立して,訪日外国人向けバスツアーの「田植え体験ツアー」や「甲冑を着て戦国時代体験寄居北條まつりに参加」などのユニークな体験型旅行の主催を行ってきた（同専門会社のインバウンド事業は10（平成22）年にH.I.S.に統合）。また,12（平成24）年からは日本旅行との共同プロジェクト「H.I.S.×赤い風船」を

立ち上げ，国内旅行商品販売の拡大を図っている．

4）楽天トラベル

　旅行ウェブサイトを最初にビジネス化させたのは，日立造船の子会社マイトリップ・ネット社が開設した「旅の窓口」である．当初は，日立造船グループ社員の出張向けにホテル予約のシステムを構築したことから始まった．1996（平成8）年に「ホテルの窓口」という名前で86軒のホテル登録で開設されて，翌年には会員2万人に，登録宿泊施設は300超に伸びた．99（平成11）年よりサイトを「旅の窓口」と改称して，宿泊予約だけでなく旅行に関するさまざまな情報提供と機能を追加していった．2000（平成12）年に日立造船からマイトリップ・ネットとして分社化されて，02（平成14）年度の決算時には，会員数は310万人，宿泊施設契約数は1万2000軒，経常利益10億円を計上するまでに急成長した．

　その後に，旅行商品の電子取引に深い関心をもっていた楽天株式会社により，2003（平成15）年に323億円で買収され，翌年には楽天トラベルと合併し，社名は現在の楽天トラベルに改称された．開設当初はグループ会社社員の出張用システムであった旅行サイトが，ここまで急拡大できた大きな要因は，単なるオンラインの予約機能としてのシステムだけでなく，サイト内に記載される掲示板機能の書き込みと情報交換の場という新しいコミュニティの構築である，とする見方が大きい．例えば，このシステムではホテルの利用者が感想や評価などの情報を投稿して，宿泊施設側もその書き込みに対して返答が行える．サイトの閲覧者はそれらコミュニティの書き込みを総合的に判断し，商品選択における大きな材料要素として機能している点については，同様にインターネット通販ビジネスのアマゾンに見るビジネスモデルとその成果にきわめて類似している．

　旅行サイトの基本的なビジネスモデルは，宿泊料金の数％を紹介手数料として運営サイトが受け取る単純なシステムである．しかし，手数料の料率は，サイトの集客力や閲覧件数，あるいは実績や送客見込みなどの関連要因によって，必ずしも一律ではない．インターネット旅行代理店は，基本的に実店舗や営業のための人員を抱えておらず，これによってコスト削減を図ることが可能な一方で，消費者は更なる低コストを期待している厳しい環境にあ

り，中間手数料はたえず引き下げ方向へ引き込まれるデフレ傾向のリスクを抱えている。しかし，前述のようにサイト上で顧客や施設との良好なコミュニティが形成されれば，コアなサイト利用者やリピーターのオーダーがより強く期待される。なぜならば，実際の体験者による口コミ評価は，さらなる次の利用者の商品選択にとって有用な情報であるとともに，それらの書き込みに対する施設側の対応の仕方が，商品購入における重要な判断材料として機能しているからである。

このように旅の窓口，および楽天トラベルの成功は，インターネットを通じた宿泊予約市場は急速に拡大して，旅行ビジネスに新規参入する企業が一時的に増えるとともに，既存の旅行代理店が次々と自社商品のネット販売の取り扱いを開始する契機ともなった。

5) 既存旅行代理店のインターネット利用動向

前述したように，旅行商品のインターネット販売が広がると，旅行代理店のみならず，航空券や鉄道切符，宿泊施設などのサプライヤーが，インターネットを通じて直接顧客へ販売することが可能となった。すなわち，それまで旅行代理店が中心的な役割を占めてきた手配，仲介，代理販売への業務への期待度が一気に下がったのである。このようなサプライヤーによる「中抜き」とも呼べる直販サービスの拡大は，サイトへの集客を高めるとともに，これまで代理店に支払ってきた販売手数料などのコスト削減も可能にした。それまで集客力やICT化コストの関係から旅行代理店に依存せざるをえなかった状況が，インターネットの普及と活用によって，独自の販売方法で顧客に直接アプローチし，ネット上での囲い込みも可能となってきた。

これに対して，既存の旅行代理店各社も旅行情報の収集方法として根強い人気があるパンフレットなどの紙媒体の電子化や携帯電話やスマートフォン対応サイトの立ち上げを行い，インターネットの膨大な情報をもとに希望するオプションなどの素材を自由に組み合わせることができるツアー商品の開発などに取り組んでいる。このようにインターネットを利用した旅行商品販売の強みは，選択肢の多さと検索による自在な抽出機能であり，マスに向けた従来のパッケージツアーから次第に個人指向の強い商品へ売れ筋商品の傾向が移行している現在の市場環境に即したツールである。

しかし，これらICT化の流れは単なる顧客とのタッチチャンネルの代替ではない。情報技術の革新によって，パッケージツアーの作り手の主体は従来の旅行代理店から消費者へと確実にシフトチェンジしている。それは，旅行素材の提供者から商品を自由に組み合わせて直接自身でパッケージをつくることが可能になったからである。このように，購買行動における顧客の自由度が高まる中で，あらかじめ旅行要素をパッケージ構成して販売する旅行商品は，またそれらを販売する旅行代理店には，今後どのような新しい価値を提供できるのかという社会的意義が問われている。それゆえ，旅行代理店におけるビジネスモデルのコンテクスト転換の必要性は，まさにこの点にある。

(3) ニューカマーのビジネスモデルとブランディング

　前述したように，1990年代半ば以降，急速に広まったインターネット通信技術は，旅行代理店の機能や役割を大きく変容させた。これまで代理店が協定制度などを通じて囲い込みを行ってきたホテル，旅館，観光施設や交通機関などとの従来のネットワークがインターネットの普及によって解体され，顧客は自ら旅行代理店を介さずとも，いつでも，誰でも，どこでも，かつ手数料などをかけずとも情報を手に入れることができるようになった。もはや，この次元において旅行代理店が提供できるサービスや商品は，その「企画力」と「付加価値」であり，低コスト化へ傾倒する市場全体の流れを打開し，高付加価値商品の開発に転換を図ることが喫緊の課題である。

　このような時代に求められるパラダイムシフトやコンテクスト転換が旅行商品（コンテンツ）そのものに起こるのではなく，「付加価値」にあると述べる背景には，実は旅行商品の商品特性にも要因がある。旅行商品の特徴は1点目にその「非流通性」，2点目に「不完全性」，3点目に「限界性」があげられる（小林，2010）（図表3-8）。

1）旅行商品の非流通性についての考察

　サービス業においては，工業製品の流通過程と異なり，生産と消費が同じ場所で同時に行われ，消費者が自ら生産の一部になるという特徴がある（Kotler, et al. 2002）。そのために，工業製品などと同じ意義において旅行商品の消費と生産を分離して，流通させるということはできない。また，旅行

図表 3－8　旅行商品特性の分類

1	非流通性	サービス業においては商品の生産と消費が同時に起こるため、分解して流通させることができない。
2	不完全性	旅行商品を消費した代価として得られる経験や体験は、あくまでも予定付随的な商品価値である。
3	限界性	商品企画者がどのような新規開発を行おうとその対象は旅行素材に限られるため、旅行経験を開発し提供することはできない。

出所：小林（2010）を元に筆者作成

素材の提供者と消費者を仲介する旅行代理店の役割は流通である、と称されてきた。しかし、この用語の混同により、旅行商品が価値として提供するものは果たして何であるのかという点を却って見えにくくしてきた（小林，2010）。旅行商品の非流通性により、旅行代理店は旅行中に生産され消費される予定の経験を販売することはできない。よって、商品において本来含まれる「機能価値」と予定付加的な「経験価値」を区分して訴求する必要がある。

2）旅行商品の不完全性に関する考察

周知のように、訪問先がどこであっても人は旅行中にはさまざまな経験をする。また、異文化や新しい土地における人々との交流、あるいは景観から受ける印象などは、必ずしも旅行商品として消費した代価としてえられる経験とは限らない。旅先での偶発的な体験も意味ある経験になる。多くのパッケージツアーは移動手段や宿泊、観光施設などのさまざまな旅行要素を総合的に組み合わせた商品である。しかし、それでも提供価値の一部は予定付随的なものである。その意味では、必ずしも商品が完全なものであるとは限らない。しかし、この商品の不完全な部分にこそ、旅行代理店が独自の付加価値を見い出し、独自の商品を開発する余地が残されている。

3）旅行商品の限界性に対する考察

旅行商品における商品開発とは何かと考えるときには、既存商品の改良なのか、もしくは市場にまだ存在しない根本的な新商品の開発なのか、という2つのアプローチが想定できる。旅行商品の改良は、または既存の旅行素材（コンテンツ）の組み合わせや日程を変更したり、さらにはテーマやターゲット対象などの意味づけを改良したりすることから、提供する価値のコン

テクスト転換を行うことで実現する。

　他方，旅行サービスとしてまだ存在していない新商品の開発は，新しい観光地やリゾート地の開発，もしくはこれまでにないイベントなどを旅行素材として組み込んでいく必要がある。しかし，旅行商品の不完全性とも共通するのだが，それこそ商品企画者がどのような新規開発を行おうと，その開発対象は旅行素材に限られるために，彼らはその旅行経験までも視野に入れて開発し提供することはできない。この開発の限界性は，商品開発の考案においてあらかじめ想定されるべきことである。

　以上の旅行商品特性を踏まえ，高付加価値商品開発に向けた企業の方向転換が求められている。新しい商品開発に向けた1点目の対応は，シニア市場の拡大であろう。周知のように，2007（平成19）年以降続いている団塊世代の大量退職が，旅行産業全体に大きな影響を及ぼしている。そこで，シニア層向けには，旧来の慌ただしい日程スケジュールで名所旧跡を数々巡るコースではなく，1ヵ所に腰を据えて余暇のゆとりある時間を楽しむための長期滞在型旅行を提案することも一案であろう。

　例えば，JTBグループはロングバカンスシリーズを商品開発しているが，滞在をより長期行うほど割安になるプランを販売している。これは，時間に余裕があるシニア世代の顧客にとって魅力的な提案力がある。同時に，訪問先の宿泊施設や観光産業にとっても，長期滞在は，リピート利用に匹敵する顧客囲い込みのための一策として大いに歓迎する傾向にある。

　また，JTBグループのゆとり紀行や近畿日本ツーリストのシニアに優しい宿，クラブツーリズムのゆったり旅などの企画は，いずれもシニア世代の旅行者が抱くさまざまな不安や悩みの解消に着目し，布団よりも寝起きのしやすいベッドのある洋室の確保や，コース設定においても可能な限り歩行距離を短くするなど，高齢者に細心の配慮を払った商品企画になっている。

　顧客（旅行者）の多様化対応は，シニア層だけにとどまらない。商品の企画対象を，例えば，障害者向けにきめ細かいサービスが行き届いたバリアフリー旅行企画にも押し広げていくことが可能である。また，これまでは小さい子供を連れて旅行することを諦めてきた家族連れの顧客を対象として，遊園地などのレジャー施設と宿泊施設を組み合わせた旅行商品開発する延長線で，今や家族の一員と見なされるペットを同行して共に宿泊可能なペット旅

第Ⅱ部　旅行ビジネスの理論編

行の商品開発も増加している。また，宿泊施設や，交通機関でもペット同伴への対応を各社行っているほかに，旅行中の長期不在時のペット預かりサービスも並行して始まっている。旅行代理店に課せられた使命は，過去から現在まで変わらずホスピタリティ（おもてなし）ということに尽きる。このように，いつでも，どこでも，誰にでも，旅行の体験を提供することの再認識から既存商品の改良を行うという発想が求められる。

　高付加価値商品の流れに関連して，富裕層ビジネスは，金融サービス業，不動産業や各種小売業のみならず，旅行業界においても戦略対象として重要な要素になっている。実際に，格安航空券を求める旅行者が多い一方で，豪華客船による高額クルージング旅行など，富裕層向け旅行商品の人気も高まっており，顧客獲得をめぐる各社間の競争は熾烈をきわめている。郵船クルーズが発売した「飛鳥Ⅱ」の世界一周クルーズは，発売からわずか半月で完売した。約3ヵ月の長旅で費用は400万円台から2500万円台までときわめて高額な価格帯になっている。これ以降にも，各社が世界一周旅行クルーズを企画販売するなどの商品は，今後の旅行代理店にとっての大きな収益源になる。このように，時間と費用に余裕がある富裕層市場向けに，長期滞在型やクルーズのように長旅周遊型の旅行商品パターンの開発が進んでいる。

　また，高額旅行商品としてもっとも象徴的であり過去になかった新規商品として開発が進んでいるのが，宇宙旅行である。これまでは夢物語に過ぎなかった宇宙旅行が世界的な傾向として現実味を帯びて，JTBを始めとした宇宙旅行を商品として取り扱う代理店も登場している。

　JTBは宇宙旅行実施の実績をもつ世界唯一の宇宙旅行会社，米スペース・アドベンチャーズ社と業務提携し，日本において宇宙旅行および宇宙関連プログラムの独占代理販売契約を締結した。この提携により，JTBはスペース・アドベンチャーズ社の扱う宇宙旅行の全商品を日本において独占販売することができ，一時的な宇宙体験旅行から，国際宇宙ステーションに滞在する本格的宇宙旅行や月旅行に至るまでの，まさに多彩な宇宙旅行商品の積極的な販売展開を行うことで，関心が高まる宇宙旅行市場の拡大を目指している。

　アメリカのスペース・アドベンチャーズ社は，世界初の民間人観光宇宙旅行をプロデュースし，2001（平成13）年と02（平成14）年には国際宇宙

ステーションに民間人を送り出している。この他に，無重力体験や超音速ジェット機体験などの多彩な宇宙関連プログラムで，すでに1000人以上の利用実績を上げている。価格帯は，ロシア籍の宇宙船に乗り月の裏側を回って地球へ帰還する月旅行商品で約1億ドル，国際宇宙ステーションに1週間滞在する軌道飛行商品で約2000万ドルと，きわめて高額な旅行商品である。

これに加えて，クラブツーリズムは，英ヴァージン・グループの宇宙旅行会社であるヴァージン・ギャラクティック社が販売を始めた宇宙旅行商品の日本販売枠の専売権を獲得し，2014年1月にはクラブツーリズム・スペースツアーズを設立するなど，高額商品の最たるものとして宇宙旅行企画の販売が進行しつつある。

宇宙旅行商品は前述したようにきわめて高額であり，一般顧客にとって実際の購買に結びつくことはほとんど考えられず，販売する旅行代理店にとっても必ずしも営業コストを割くべき主力商品になるとは考えられない。しかし，旅行経験の究極目的は，日常生活から離れた土地や文化風習のもと非日常を味わうことであり，宇宙へ出て地球という球体を眺める体験を獲得することは，外から内を見るという視点のコンテクスト転換をひき起こし，強烈な長期記憶を生むことによって，旅行商品の提供する価値として他に代え難い強い魅力を現出させている。

宇宙旅行によって，1つの星としての地球を外部から眺める経験は相当強烈である。それゆえ，JTBの宇宙旅行の広告宣伝においても，このような利用者の感動の声を前面に押し出した展開を行っている。以上のことから，宇宙旅行は非常に象徴的な高付加価値商品であることが理解できる。

(4) 小括－パラダイムシフトによる価値発現

旅行代理店のビジネスモデルが中間手数料業に依存しているため，低コスト指向による市場全体の低迷が継続している現在の局面は，他の商品市場においてあらゆる商品のコモディティ化が避けられない傾向と連動している。また，前述したように，宿泊施設や交通手段のインターネットによる商品販売は，これら旅行素材をコモディティ化することに一層の拍車をかけている。インターネット販売が消費者に広く支持を得られるのであれば，ビジネスとしては成立し，一定程度の顧客価値を提供していることにもなる。しか

し，ICTを活用した結果，購買行動の利便性や効率性は高まったが，ここには旅行商品の究極目的として経験を提供しようとする意図や戦略性は弱いように見受けられる。こう考えると，消費者が航空券を購入するのは，単に飛行機に乗りたいからではなく，それを手にすることによって旅行の経験を手に入れようとするからである，と説明できる。

以上の議論から，インターネット販売に象徴されるような，旅行素材（交通手段や宿泊施設）が単品で直接販売されることになった背景には，前述した旅行商品の非流通性，不完全性や限界性が関連しているのではないか。そこで，これらのマイナス特性を否定的に捉えるのではなく，商品の機能価値と経験価値を区分して認識することによる，旅行商品そのものの価値を旅行経験の価値にまで高めるというようなパラダイムシフトが大いに求められる。

第三節 「交通ビジネス」のコンテクスト転換
ロジスティックスからデスティネーションへの進化

さて，周知のように旅と交通は密接に結びついている。旅には交通が不可欠であり，交通のあり様が旅そのものを規定する。近代から現代にかけて観光を中心にした旅行が広く普及し，ビジネスとして成立した背景には，交通網と交通機関の発達がある。そこでのビジネスモデルは，運搬に関わる設備投資を合理化し，運賃が利潤を生み出す交通ビジネスであり，旅行はこうした交通機関や宿泊地を計画し手配し供給するエージェント型のビジネスモデルであった。

しかし，このような旅行と交通のビジネスのあり様は現在，価格競争を招き，低マージン化に陥っている。さらに，情報網の発達により存在基盤自体を失いつつある。この問題の本質には旅行における交通が移動のための手段として捉えられ，効率と効果以外の付加価値を提供できていないことにある。

こうした姿から脱するために，旅行における新たな交通ビジネスの捉え方が必要である。これは従来の交通の価値と意味を問い直すための，すなわちコンテクストにおける価値転換を意味する。ここにおいては，人をいわばモノとして運ぶロジスティックスとしての交通から，それ自体で意味をもち，旅のストーリーとなるような目標や目的としてのデスティネーションから捉

えた交通へ，というコンテクスト転換の考察が行われる。

(1) 現代の旅客運送の思想—アウシュビッツが遺したもの

　現代では，旅行ビジネスは範囲を広げて，巨大な産業に発展している。旅行に関連して，旅行代理店等の旅行業だけではなく，ホテルやレストランなどのサービス産業や，バスや電車などの運輸業や，空港や鉄道などの施設整備や建築業など，さまざまな関連するビジネスが存在する。そのなかでも交通は，旅行の定義自体が，ある場所からある場所への移動を意味するように，旅行を語る上で欠かすことができない領域であり，交通ビジネスと旅行ビジネスは密接に関わり合っている。他方で，あらためていうまでもないが，交通は旅行の一部を形成する要素ではあっても，交通と旅行とはまったくイコールではない。交通には日常的な移動や人以外のモノの移動も含み，旅と区別して使われる。

　交通ビジネスには移動手段としての陸海空の旅客交通と物流を対象としており，また輸送事業に関連する広告や駅ナカや道の駅などの商業施設までをビジネス範囲に含んでいる。交通経済学においては，動力，運搬具，通路が交通の三要素と呼ばれている（澤・上羽，2012）。第1の動力とは人力をはじめ動物の力や内燃機関等の運搬具を動かす力を示し，第2の運搬具とは人や貨物を運ぶための用具を示す。現在では車や飛行機など動力と運搬具を一体化したものが多い。第3の通路は陸路や航路，空路等の運搬具が通行する道のことを指している（図表3-9）。

　また，交通の物理的三要素は距離と速度と時間を指しており，特に旅客交通においては，以下のように，人が移動する距離としての通路の長さを利用交通機関の運行速度で割った値が，目的地までにかかる時間となる（澤・上羽，2012）。

$$時間 \; = \; 距離 \; / \; 速度$$

　この算式から，所要時間を短くするためには，分母の速度の値を大きくする必要があることがわかる。さらに，時間を固定化すれば，速度の向上は距離を長くすることになる。こうして，速度の向上のために動力機は開発と改

図表3－9　交通の三要素

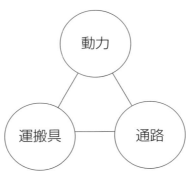

出所：澤・上羽（2012）を元に筆者作成

良が重ねられてきた。そして，人力から馬車へ，さらには自動車から飛行機へと，技術の発展とともに速度が向上し，移動時間は短縮され，移動距離は長くなった。

　これに加えて，交通の経営的な三要素としては経費と，運搬具の容量である施設，運賃・料金があり，以下のように，これらの経費を施設（運搬具の容量）で割った値が運賃の原価となる。

運賃・料金 ＝ 経費 ／ 施設

　それゆえ，運賃・料金を安くするためには，経費の値を小さくするか，運搬具の容量を大きくすることになる。それが，燃料消費量や人件費の効率化や削減という方法や，電車の車両を長くすることや航空機の大型化に結びついていく。

　このように，運搬具は歴史とともに，動力は発展し，次第に大型化し，より多くの人や物資が運ばれるようになった。通路としては高速道路や鉄道網が整備され，島と島を橋が結び，トンネルが作られ，空路は世界中に広がった。こうして，交通ビジネスは大きく発展し，人は移動するさまざまな手段を獲得していった。

　そして，移動することが容易になるとともに，旅は身近な存在になり，現在の観光ビジネスの発展の基盤となった。実際に，旅行代理店のビジネスは，

交通機関の発行する切符と目的地の宿泊を組み合わせたエージェント型ビジネスとして発展した。つまり，観光そのものを大きく発展させたのは，近代以降の交通の発展であり，特に大型輸送を可能にした鉄道網の発達と大型飛行機の開発である。第二次世界大戦後に，アメリカを中心にしたマスツーリズムブームが起き，世界中で身近な存在として観光旅行が広がったのは，戦後の経済的な発展とともに，大量輸送を可能にする交通の発達と，それをパッケージ化して広く販売する旅行業者の存在が大きく影響している。交通の発達が，誰もが手軽に旅行することを可能にし，観光旅行の普及と一般化を推し進めた。

つまり，現代の観光ビジネスの形成には，大量の輸送を可能にする交通の動力，運搬具，通路の発達と整備が不可欠であり，効率性と合理性の追求が根本に存在している。

その起源は，戦時下での，物資や兵士をいかに効率良く戦地に輸送するかというロジスティックスの問題へと結びつく。なぜなら戦時中，もっとも重視されたのは，補給手段として，決められた時間通りに人とモノを大量に輸送することであり，そのための輸送の確保と効率化は戦地での勝敗を決する生命線であり，最大の問題であった[13]。

こうした問題に対してきわめて合理的かつ有効な模範解答を示したのが，ナチスドイツにおける強制収容所への人員の鉄道網による輸送であった。その輸送において，ユダヤ人，反ナチ分子，捕虜等をドイツ国内を始めとして占領地域の各地に設けた約2万ヵ所の強制収容所へ，一説には数百万と言われる人数を"効果的，効率的"に正確に鉄道などの輸送網を用いて移動させた。この人類史上，もっとも悪名高いホロコーストにより多くの人命が失われた。人は人格を剥奪され，単なる数字として扱われた。しかし，皮肉なことに，この強制収容列車が，滞りなく大量輸送を実現した近代輸送における事例となった。

そして，旅や交通とは無縁に思われるどころか，意思や存在すら奪われてしまった，この強制収容列車のあり様が，実は大量輸送という現代の交通に

13　こうしたロジスティックス（兵站）に対する意識の差が，勝敗を大きく分けたとして，当時の日本の軍部における輸送路確保や計画的物資輸送の意識の低さを分析的にとりあげて，戦略的失敗とした先行研究として『失敗の本質』（戸部他，1984）がある。本章では触れないが，こうした点に，西欧と日本における，それまでの交通の発達の歴史的な違いが見てとれる。

受け継がれている。それは，いかに効率良く，まさにモノとして人を目的地に運ぶかが重要視され，移動中はその固有名詞は存在しないものとして扱われる，そのあり様が現在も交通ビジネスに色濃く受け継がれている。戦後における旅行と交通ビジネスの発達には，確かに，戦時中に発達した合理的で効果的な大量輸送の方法論と思想が不可欠であった。これがマスツーリズムを可能にし，旅行は移動手段としての交通とともに加速度的に全世界に広がっていった。

こうして，かつての船や馬車で時間をかけてゆっくりと各地を移動する行為であった旅は，交通の発達とともに，時間で区切られ，短時間で効率良く，安価に移動することが重要視されるようになっていった。それと同時に，社会的特権階級の娯楽であった，時には何年もかけて各地を回る旅の様相を，社会的階層に関係なく，誰もが日常的に行うことができる行為へと変えていった。このように，合理化と効率化を根底として，旅と交通は大衆社会に合った形態でのビジネスとして大きく発展し，すべての人にとっての身近な存在になっていた。

同時に，交通ビジネスは経済活動の一環として，他社との競争状態へと必然的に陥っていく。飽くなき競争は，低マージン化を招き，各社はどこも体力勝負の様相を呈することになる。航空券の価格競争が起こり，乗り物の高速化や巨大化が進んでいく。なかには，航空機の乗客数を増やし，航空券の価格を低く抑えるために，立ったままで乗客の身体を固定して移動することを検討する航空会社まで現れることになる。それは，空間を占有する存在として人をみる点で，戦時下の強制収容列車におけるモノとしての人の移動の思想が忠実に継承されている。

また，合理化策として路線の絞り込みが行われ，人口の多い首都圏を中心とした交通路に集中化する。経済合理性に基づき，不採算路線は切り捨てられ，特に地域交通は絞り込みが行われ，結果的に余計に他の地域からの移動を制限することになる。

こうしたあり様を脱するためには，旅行における交通の意味を新たな見方で捉え直すことが必要である。それは，戦時下の兵站（ロジスティックス）という見方から脱して，交通における新たな旅の意味を生みだすことである。それが，交通そのものが目的であり価値となる旅のスタイルであり，旅その

もののストーリーを生みだす交通としてのあり様である。つまり，出発地と到着地を効率良くつなぐ手段としての移動ではなく，そのもの自体が目的となる，まさに意味をもつコンテクストとしての交通へと，価値転換を行うことを意味する。

(2) ロジスティックスからデスティネーションへのコンテクスト転換

それでは，旅行における新たな交通ビジネスの捉え方とは何か。これが，交通のコンテクスト転換であり，ロジスティックスを起源とし，人をモノとして運ぶトランスポーテーションとしての交通から，それ自体意味をもち，旅のストーリーとなるデスティネーション（目的）としての交通へというコンテクスト転換である。

具体的には，近年注目を集めているJRによる豪華列車での九州や北海道への旅や，客船による豪華クルーズ旅行などが，こうした交通自体を目的化した転換の事例であると考えられる。また，会津と新潟を結んで定期運行されているSLばんえつ物語号によるSLの旅もその1つである。このSLの旅は文字通り，SLに乗ることが大きな目的となっている。この旅においては，磐越西線沿線の山間の森や渓谷といった風光明媚な景色を楽しむ以上の，最大の楽しみは，SL機関車に乗り，途中の駅間でそのSL列車と記念写真をとることにある。全国に多数いる鉄道ファンにとっては，この鉄道に乗ること自体が最大の旅の目的になる。こうした目的に適うように，内装もなるべく往時の姿を偲ばせるように，レトロとモダンを上手く組み合わせたデザインが採用されている。この列車に乗る人にとっては，自らがSLに乗り，その車両の空間にいることが重要な旅の体験であり，そのこと自体が他の交通機関や場所では代替のきかない特別な旅の記憶になる。

このように，交通ビジネスにおける動力と運搬具としての乗り物には，人を強く惹きつける面がある。SLを始め，子供のときに乗った乗り物などは，個人の記憶の情緒的な面に訴える要素が強い。これらは，ブランド認知度を高める有効なブランドアイデンティティ（Identity）の要素である，と言える（原田・三浦，2010）。そうした要素を戦略的に活用することで，地域の観光デザインへと展開していくことが可能である。

例えば，富山県では路面電車を中心にした観光資源化を推進している。広

島や高知では，東京や京都，大阪で廃線となり廃棄予定となった車両を譲り受けて運行し，観光客を引き寄せている。また，列車やバスの車体にその地域に関連する有名人やマンガなどのキャラクターをペイントし，観光資源としてPRする方法も多く見られる。

　しかし，乗り物というコンテンツを中心にした観光PRは地域ブランド化とは言えず，コマーシャルとして一過性のものに終わる可能性も高い。地域ブランド化とは地域全体をブランドとしてデザインすることであり，コンテンツの知名度を高めてそれに頼ることではない。すなわち，コンテンツを起点としつつも，人の体験記憶や五感をひきつけるものや，物語性が全体のコンテクストとして必要になる。

　これは例えば，西欧や東欧の古い都市であるローマやプラハなどにおいて，景観として存在している路面電車であったり，エジプトの砂漠を行くラクダであったり，それぞれの伝統の中で都市や環境と一体化した交通の姿である。具体的にはサンフランシスコという名前を聞いたときに思い浮かぶ都市の姿は，路面電車であり，ケーブルカーである。また，名高い金門橋（ゴールデンゲートブリッジ）は交通手段であると同時に，最大の観光資源でもある。これらは，この街には急な坂が多く，湾に面しているという地理的環境と，古くに拓かれた入植地であるという歴史に深く関わっている。

　このように，都市や町における交通そのものを，空間全体でデザインすることによってブランドが創造できる。乗り物や交通施設というコンテンツを媒介として，個人の情緒的価値に訴えかける経験や，歴史などの物語をそこに創りだすことで，交通は旅の目的になり，輸送のための交通手段から観光そのものである交通へ，と意味を変容させる。これが交通全体をブランド化するコンテクスト創造である。このことによって，旅行における交通ビジネスは価格競争から抜け出すことができる。

(3) エージェント型ビジネスからコンシェルジュ型サービスビジネスへ

　交通を考える前提として，移動と旅行を区別する差異とは何かを明らかにする。それは言い方を変えれば，旅を旅たらしめるための移動の要素とは何かについて考えることである。

　我々は，普段の日常生活の中でも移動を繰り返している。朝起きて会社に

行くのも移動であり，多くの人は電車やバス，車などの交通手段を用いて仕事場に移動する。また，出張が日常的に繰り返される仕事もある。しかし，それらは旅行とは呼ばない。それは目的の違いなのか，当人の意識の差異なのか。旅と捉える場合には，移動にはない別の要素が加わるのか。

　結論を急げば，それはコンテクストの差異である。旅とは元々は日常性とは異なる非日常的で特殊な体験というコンテクストをもっていた。古代においては，共同体から離脱する葛藤とともに旅は存在し，再び元の場所には戻れないという危険が常につきまとっていた。旅とは長い間，冒険と成長の経験を積む特殊な場であり，共同体から外に出る特別な行為であることを示していた（Leed, 1991）。

　それが交通の発達とともに旅は，人によって一生に一度，経験するかしないか，というかつてのあり様でなくなり，特殊性は薄れていった。交通が整備され，旅は安全と安心を確保するようになる。やがて，旅は交通とセットで大量販売される商品になり，日常的に経験することが可能な行為になった。こうして，大衆化と高度消費社会の発達が，交通と旅行ビジネスを発展させ，同時に旅の非日常性を消していき，移動と旅行を区別する境界を曖昧にしていった。

　しかし，こうして旅の特殊性が失われていくことは，また旅の魅力が失われていくことでもある。今や，決められたとおりの旅程で決められた時刻とおりに乗り物に乗って，ガイドブックに書かれたとおりの場所を観光して写真を撮って，そしてお土産を買って元の場所に戻ることが，次第に旅の楽しみだとは感じられなくなっていく。旅が安全と安心が確保された行為として，誰もが手軽に趣味として消費できる商品になればなるほどに，そこには納まりきらない特別な何かを人は求めるようになっていく。

　このような変化は，モノに対する欠乏感を充たしたい，他者と同じものを持ちたいという消費欲求から，自分らしい価値や表現としてのコトに対する欲求へ向かう消費の変化を示している。それは，我々が一方的に与えられるものだけでは満足できなくなり，それゆえ消費自体が自己表現や自己実現のための手段として個別化していくという，消費活動における変化として捉えられる。

　こうして，旅においては旅行会社が企画したパッケージツアーがお仕着せ

のように感じられ，自らだけの経験や価値をもつ旅が求められることになる。そして，これは2つの大きな変化を旅行ビジネスにおいて生みだすことになる。1つは，自分らしさを求める指向に対応した個別化した旅への変化である。もう1つは，予約や旅券手配等の中継型のビジネスから，顧客を起点とするビジネスへの変化である。こうした変化が，オルタナティブ・ツアーや，グリーンツアー，エコツーリズム，アグリツーリズムなどの多様で個別な旅のあり様を生みだしていく。

　例えば，アグリツーリズムやグリーンツアーでは，伝統的なその地域の自然の美に触れ，地域との一体感や自然と暮らしとの調和を感じ取ることをコンセプトとしている。このようなコンセプトをもとにしたスローフード運動では，従来の画一的な消費行動や大量生産大量消費型の生活スタイルを批判して，環境における持続可能性を重視する（原田・三浦，2007）。このように，旅行においても，旅行会社が企画した計画に組み込まれ，観光地間を交通機関で移動するだけの旅ではなく，個人の体験を重視して，旅を創造の過程と捉える見方が支持されるようになっている。これは現代において日常的に繰り返される合理化と効率化，速度重視という価値に対して異なる価値を求める活動である。つまり，お仕着せであることを良しとせず，他からの模倣が困難な，一人ひとりの価値を反映した個別の旅への指向の変化が起きている。

　こうした変化においては，移動としての交通のあり様も大きく変化する。何を選択するかの基準として，個人のライフスタイルにおける自己のこだわりや意味が重視される。それは，合理化や効率化，速度を中心とした移動手段という視点から，移動自体が旅を創造するという視点への変化を意味する。つまり，交通は全体の旅の物語の中に位置づけられ，そして旅を意味づけ，旅を支える要素へと転換する。

　例えば，ヴェネツィアを訪れる旅では，現在は空港からの交通路として，陸路からバスや電車を使って訪れることが便利で合理的な移動方法であるが，交通を舞台として捉えれば，異なる選択肢が浮かんでくる。

　海の交易とともに栄えた海の都を訪れるためにふさしい通路は，やはり船で海上を行く海の交通路であろう。特に，夕方，時間とともに変化していくアドリア海を眺めながら，海を渡る風に吹かれて遠くからサンマルコ大聖堂

の鐘楼が次第に近づいてくる姿を眺める経験は，歴史の物語に身を置く経験になる。そこで，旅行者はアドリア海の真珠とうたわれた往時の都市の姿を垣間見ることができる。さらに，かの地を訪れる人が映画ファンであるなら，船上で頭の中に，マーラーの交響曲第5番とともに，かつてイタリア映画監督ルキノ・ヴィスコンティが描いた映画のシーンが蘇るであろう[14]。

同様に，日本の瀬戸内観光において，今後期待されるのは，瀬戸内の島々と各地をつなぐ海上の航路である。現在の瀬戸内は，地域ブランド化できているとは言い難い状況にある（原田・西田，2014）。それは，瀬戸内が，高度成長期以降，本州と四国を橋でつなぎ交通を確保し，地域の利便性を向上してきたことに起因する。そのことによって，かえって瀬戸内の魅力が失われ，ブランド化を妨げてきたと捉えられる。それは，交通網が陸続きとなったことにより，島と海の視点が失われてしまったためである。

この瀬戸内の最大の魅力は，四国を中心に，数多くの島からなる内陸海としての島と海の景観の美しさにある。また，その海域を古くから多くの舟が行き交い，各地をつないできた歴史性にある[15]。こうした魅力を体感するには，島であることが感じられるように，海域を舟で渡り，各地をつなぐ海上の交通路を中心にした演出が必要になる（原田・宮本，2014）。

元来，この瀬戸内の美を発見したのは，幕末から明治維新の時代に，日本を訪れた欧米からの旅行者であり，多島海としての美を船上から発見し，賞賛したことが起源である（西田・原田，1999）。それまでは瀬戸内という統一した海域は存在せず，その場所はそこに暮らす人々の生活の拠点ではあっても，瀬戸内としての美は存在しなかった。

このように，交通は外部から人を連れてくるため，その交通がその地域の美を発見するきっかけになる。それは，移動としての交通ではなく，むしろ価値を発見する旅の過程である。また，旅における交通の意味とは，日常から非日常へと遷移していく過程である。そのためにも，交通は，目的地に到達するための単なる移動時間ではなく，同時に旅そのものを体現するコンテクストの一部である必要がある。それが，例えば，ヴェネツィアや瀬戸内の

---

[14] 「ベニスに死す」（*Morte a Venezia*）1971年のイタリア・フランス合作映画。トーマス・マンの同名小説の映画化。監督はルキノ・ヴィスコンティ Luchino Visconti di Modrone。なおマーラーの交響曲第5番はその中でのテーマ曲である。

[15] 歴史的に有名な村上水軍や，紀伊熊野や九州とのつながりなどがある。

島々のように，洋上の交通機関としての船であり，これがその地域の美を際立たせる大きな役割を果たしている。

このように，旅を演出するのは，交通機関まで含めた，トータルなデザインであり，そのためのデザイナーは交通会社でも旅行会社でもなく，まさに旅をする本人である。

これからの旅では，旅行者にとっての自己実現の一環として個別化が進み，交通機関も表現の一環として意味をもつようになる。それはこれまでの旅行と交通のビジネスのあり様を変えることになる。なぜならば，近代以降の旅行と交通のビジネスは，その最初から旅や交通を既成のものとして消費者に提供することでビジネスを成り立たせてきたからである。

言い換えれば，かつてはお仕着せとも捉えられる中間業者的なエージェント型ビジネスとして発展してきたが，それが顧客自身がライフスタイルに合わせて主体的に交通や旅を選び，デザインするように変化してきている。これはビジネスモデルをエージェント型ビジネスから，さまざまな選択肢を示し，個人のコンセプト創造に寄り添い手助けするようなコンシェルジュ型のサービスビジネスへ転換することの必要性を示している。

(4) 《小括》＝デスティネーションビジネスとしての交通ビジネス

ここでは，交通ビジネスのコンテクスト転換による価値創造について，そのあり様をめぐって議論を展開してきた。交通ビジネスそのものが旅行と密接に関係しており，今後の旅行のあり様を考える上での重要な要素となることをあらためて確認することができた。

地域ブランドを展開する上でも，交通の要素は大きな役割を果たしており，交通路と乗り物をトータルにデザインすることが，これから強く問われていく。その際には，手段としての交通から，目的としての交通への価値転換を意識する必要がある。それは，合理性と効率性を重視し，人を目的地にいかに早く安価に運ぶかというロジスティックス的な視点から，移動の過程を重視して，歴史性や物語性といったストーリーの一環としての交通を描く視点への変化を示している。そして，その視点をもつことが，これからの旅行ビジネスと交通ビジネスを考える上で重要である。つまり，それはコンテクストとして旅と交通を捉え，旅全体をデザインする視点である。現在では，付

加価値を創造できずに，価格競争に陥っている旅行ビジネスと交通ビジネスの双方において，移動としての交通そのものに対して意味づけし，また旅程自体が価値をもつ旅の創造を指向する新たなビジネス展開が大いに期待されている。

　かつて，旅をすることは日常を離れることを意味していた。それが，やがて馬車から車へと交通機関が発展した際には，そのスピード感を体感することが何よりの快感につながり，自動車による移動はスポーツとして見なされもした。そして次第に，個人でスピードを感じながら移動することが旅の目的であり醍醐味になっていった[16]。

　それが，フォードが実現した自動車の大量生産と低価格実現による大衆化によって，次第に，自動車は動力としての移動手段の意味が強くなっていった。手ごろで便利で，かつ遠くまで行くことができる車の普及によって，それまでの旅のあり様も大きく変わっていった。

　さらに，鉄道交通の発達が大量の物資を運ぶことを容易にし，2つの世界大戦を挟んで輸送の合理性と効率性が推し進められ，物流はロジスティックスとして発展していった。そして，やがて，ジャンボジェット機の登場により，交通は出発地と目的地を効率良くつなぎ，大量の人を運ぶための手段となった。そして，マスツーリズムが生まれ，観光と交通は産業として発展してきた。

　しかし，こうした20世紀の流れは，旅行を普及させると同時に，旅が本来もっていたその特殊性や非日常性を消していった。合理化と効率化の推進は旅や交通を大量消費可能な商品とすることで多くの人の支持を得る一方で，固有の魅力を希薄化させた。それを再び日常的な消耗品としての存在から，特別な旅の姿を取り戻すためには，個々人にとっての自己実現や表現の手段であり目的である旅と交通の姿を示す必要がある。

　これが，近代において，ロジスティックスとともに発展した人をモノとし

16　その間の事情を示すものとして，ミシュランのガイドブックの創刊がある。現在はグルメガイドとして有名なこの本は，元々はタイヤメーカーであるミシュランが，20世紀の始めに，今までにない新たな旅のスタイルとして，車を運転する人のために道路地図やガソリンスタンド，自動車整備工場の場所等の情報をガイドブックとして無償で提供したのが，そのはじまりであった（国末，2011）。その目的はモータリゼーション（motorization）文化を社会に普及するためであり，車を運転し，移動すること自体を旅の目的として捉えていた。当時は車を所有できたのは一部の富裕層のみであり，車で移動するとは特別なことであったからである。

て大量輸送する旅の交通のあり様を見直すことであり，個人を主体とした移動を旅として描くことである。それは合理性と効率性の視点を脱して，個人の感覚や記憶に深く結びついた旅そのものとしての交通を創造することになる。

　また，それは，観光と交通のビジネスを，目的としてのデスティネーションのビジネスモデルとして見直すことである。その姿として，効率化と合理化に基づく集中化による都市中心型の観光や交通のモデルではなく，各自の記憶や体験に結びついた地域に分散した観光や交通モデルの姿が想定される。手段としてのコンテンツとしての交通ではなく，全体のコンテクストとして位置づけた目的としての交通のあり様である。これは，すなわち，個人の感情，経験を重視し，五感（視覚，聴覚，味覚，嗅覚，触覚）に訴えかけて，物語性をコアとした新たな旅と交通のスタイルである（原田・三浦，2010）。そこに，顧客を中心にした新たな旅と交通との関係性が生まることが期待できる。

第四節　「宿泊ビジネス」のコンテクスト転換
デスティネーションマーケティングを超える地域の求心力

　本節においては，旅行のビジネスモデルについて宿泊ビジネスから捉えた，現在旅行代理店が注力しているデスティネーションマーケティングを超えるためのコンテクスト転換についての考察が行われる。これはすなわち，宿泊ビジネスを地域への経済効果を創出させるための価値発現装置としながら戦略的なビジネスデザインを行うためには，旅行代理店のいうところの着地，すなわち旅行ビジネスの単なる客体の位置づけから宿泊ビジネスを脱却させることが不可欠になることを意味する。なお，ここでは宿泊ビジネスを代表して，地域と密接な関係が見い出せる旅館，しかも観光との関係が深い温泉旅館を取りあげた考察を行っていく。

（1）観光からデスティネーションへ，そして地域起点へ

　さて，近年においては，大手旅行代理店を始めとして，多くの大手中央資本による観光ビジネスの政策が，従来のアウトバウンド（outbound）ビジネスから，次第にインバウンド（inbound）ビジネスへと，その軸足を大き

く転換させている。たしかに、観光を基点として考えるならば、発着型ビジネスモデルを基軸にしてビジネスを展開しているビジネス主体にとっては、このインバウンド重視への政策転換は望ましいコンテクスト転換であろう。

しかし、旅行代理店に着地として捉えられた旅館に代表される地域のビジネス主体にとっては、このような政策転換だけではそう大きなメリットを享受できない。そればかりか、場合によっては、単に地域でビジネスを営む彼らを疲弊させたり、地域固有の美しい景観や暮らしに対する悪影響を与えてしまう可能性がある。そこで、地域をデザインするに当たっては、この問題点を回避するための対応が不可欠になるわけである。

それでは、まず新たな戦略として期待できるデスティネーションマーケティングについて、内田（2013）に依拠しながら若干の考察を行ってみる。従来、観光を基点とした事業主体や専門の研究者は、観光の行き先としての対象地のことを観光地というが、この表現には大きな問題が見い出せる。これは、当該地域以外の人々が観光目的からはるか遠方の地に、それぞれ多様な交通手段を使用して出かけるものであるという認識から導出した捉え方である。すなわち、観光地はもっぱら発地に対して着地であるという認識から、どちらかというとやや受身の客体としての観光地という感じがしないでもない表現である。

しかし大事なことは、もしも地域を起点にして考えるならば、観光地となる地域については観光から旅行代理店が収益を獲得する地であるとともに、観光地サイドもそれなりの収益が獲得できて当然であるという認識をもつことである。なぜならば、地域はそこに住まう人々が生活するための暮らしの場でもあり、またこれを支える経済活動の場でもあるからである。そして、この彼らの暮らしの場に、旅行者が楽しめる場である観光地の旅館や飲食店が存在するわけである。言い換えれば、これは地域における地域ビジネスは彼らの暮らしの糧をえるために行われるべきである、という考え方である。

しかし、従来の中央大手資本を主体にする伝統的な観光マーケティングでは、そのように地域を捉えることはしていない。これは、観光の目的地に対する徹底した搾取のためのマーケティングであるといっても過言ではないマーケティングが行われている、ということである。他方、このような問題を含む観光マーケティングに対して、地域が行うべきビジネスは地域が主体

になった地域のためのビジネスを展開すべきなのである。

　これはすなわち，いわば「送り込むマーケティング」から「呼び込むマーケティング」への転換を行うべきであることを意味する。併せて，地域がビジネスの客体であることから主体になるべきことを意味するわけである。当然ながら，筆者の立場は，デスティネーションマーケティングが望ましいものであるとは理解するが，それゆえこれがそれこそ地域がビジネスの主体になるべきマーケティングとして展開されるべきであると考える。

　さて，そうなると，このデスティネーションマーケティングには，地域を起点とした地域のアクターが主体になったビジネスモデルによる事業運営が前提になるマーケティングへと転換する必要が生じてくる。それゆえ，これに対しては，他の地域や海外諸国から多くの訪問客を自地域に繰り返し呼び込めるマーケティング手法であることが期待される。また，これは，ある種の地域起点ビジネスであると考えることもできる。

　なお，筆者は，このようなビジネスのためのマーケティングのことを呼び込み型マーケティングと称している。これに対して，従来の観光マーケティングのことを，デスティネーションマーケティングも含めて「送り込み型マーケティング」と呼んでいる。このように，地域を主体に考えるならば，地域にとっては，送り込み型マーケティングから呼び込み型マーケティングへの転換が行われることが望ましい。

　前者の呼び込み型マーケティングと後者の送り込み型マーケティングとの差異は，地域ビジネスと観光ビジネスとの差異に由来している。これはすなわち，地域にとっては，例えば自身の経営する旅館に何度も同じ顧客が足を運んでくれることか，また同じ地域のほかの旅館に来てくれた顧客に自身の旅館に来てくれるか，このどちらかが期待されていることである。つまり，地域においては地域としてのトータルな顧客管理と顧客のリピート化に向けたホスピタリティ戦略が不可欠になることを意味している。

　そうなると，地域としては地域のビジネス主体と顧客との関係形態は，それこそ「一期一会」[17]ではない長期間にわたる継続的な関係が指向されると

17　これは茶道に由来することわざの1つである。出会いが一度きりのものであることが前提となっている。それゆえ，一瞬を大切に思い，今できる最高のおもてなしをすることになる。旅館ビジネスにおいては，このような緊張感をもった真剣勝負のようなリレーションシップのデザインではなく，もっとゆったりとした，そしてくつろぐような関係，いわば顧客の

いうことが前提になる。これは，例えば，百貨店に見られる家庭外商顧客のように，顧客である当事者のみならず，まさに世代を越えて現在の顧客に続く子供や孫という代々の子孫までもが，引き続き何度も繰り返し訪れてくれるようなリレーションシップを構築することが不可欠な対応となる，ということを意味する。一旦，このような顧客とのリレーションシップが構築されれば，旅館と顧客との間に良好な信頼関係が確立することになり，これを捉えたリレーションシップマーケティングが展開できることになる。こうして，地域の旅館に代表される主体をアクターとした顧客価値創造型のビジネスの構築も実現できる。

　その意味では，旅館業では，例えば"暮らすように旅する"ことができるような拠点としてのイメージを構築しながら，その上で一人ひとりの顧客の心の奥底にまで深く刻み込まれるという，あたかもコンステレーションのような形態での長期記憶の定着が可能になる。

　これこそが，近年とみに話題となっている「おもてなし経営」の実践であるとも言えるし，「おかえりビジネス」であるとも言える。このようなコンテクスト転換が，新たなビジネスを可能とするおもてなし経営やおかえり経営の確立の重要性を示してくれる。

　そこで，呼び込み型マーケティングの展開を可能とするおもてなし経営やおかえり経営を展開している事例として，すでにある程度の成果を現出している2つの温泉街を紹介したい。これらは，熊本県の黒川温泉（原田，2010）と兵庫県の城崎温泉（原田，2012）の2事例である。

　これらはともに個々の旅館のみならず，これらが形成するある種の産業クラスターとしての温泉街を大事にしたマーケティングが確立しているように感じられる。なお，これら2つの温泉街では，いわゆる入湯手形を発行することで，宿泊している旅館の温泉のみならず，前者では他の旅館の露天風呂の利用が，後者では公営の共同湯の利用が可能となっている。

　筆者は，従来から前者の黒川温泉のことを各所で何度も紹介しているが，今回は地域ビジネスの成否を決定するアクター[18]の卓越性についての議論を試みる。周知のように，かつて地図から消されそうになった，まさに閑散と

　　自由度が損なわれないレベルでのそれが，期待されている。
18　苦境に喘ぐ黒川温泉を救ったのは，当時の組合長であった後藤哲也（新明館館主）である。

したほとんど誰も来ない温泉街を，しかもこれといった特徴的なリソースは何もない状況において，地域でそれこそ細々と旅館を営む人々の暮らしを守るために，筆者のいう呼び込み型マーケティングが行われることとなった。そして，これによって，温泉街の再生に成功することとなったわけである。

ここで大事なのは，地域の産業を守る視点から，ここの協同組合に加盟している旅館を一軒も潰させないという地域ぐるみのいわば運命共同体的な運営によってまさに決死の覚悟をもって温泉街の再生に向けた取り組みが行われたことにある。その際には，例えば楽天トラベルのような大手旅行代理店の力を借りることなく，自身の力によってのみ地域の再生計画が実施されたのである。

また，ここでの戦略の特徴はここのメインターゲットが，地元の熊本県の住民ではなく，むしろはるか遠くの東京や関東圏に住まう大人の女性グループに，設定されていることである。

後者の城崎温泉は，長い間ずっと関西の奥座敷としての地位を，瀬戸内海サイドの有馬温泉と覇権を競ってきた温泉街である。ここには，実は温泉街という街機能を大事にする温泉街を見て取れる。ここでは温泉街全体があたかも1つのオープン型の温泉モールとも言えるほどの相貌を見せる空間が確立している。それゆえ，温泉街はある種の大きな旅館のようであり，また各戸別の旅館はそこにある多くの部屋であるかのような佇まいを見せている。

ここでも，古くから優れたアクター[19]がいて，常に城崎の将来を見越した先行的な対応を行うことを街をあげての共通認識として，あたかも城崎温泉が1つの組織としての統合的なマネジメントが行われ続けてきている。それゆえ，近年の町村合併によって城崎は豊岡市の一部となったものの，それでも城之崎という地域ブランドは現在もまったく健在である。そればかりか，今では城崎温泉がある豊岡市というような捉え方も定着しているほどである。

このように，城崎温泉では個別の温泉旅館レベルの企業経営だけではなく，温泉街全体の街経営が，すなわち地域全体の経営が協同組合をコアアクターとしながら展開されている。これこそが，企業経営から地域経営へという温泉街経営のコンテクスト転換である，と考えられる。こうして，地域の価値

---

19 古くから西村屋が温泉街のリーダー的な旅館であり，ここの主人が代々かつての城崎町の町長に選出されている。

の発現に向けた多様な取り組みが行われることで，ようやく大手旅行代理店による観光ビジネスからの脱却が可能になる。これこそが，まさにデスティネーションマーケティングを越えたまさに地域が主体のマーケティングの取り組みである。

(2)「アグリカルチャー」と「温泉ビジネス」とのコラボレーション　　＝「東鳴子温泉」

　さて，地域ビジネスとしての温泉街を繁栄させるための方法としては，温泉街とアグリカルチャー（農業）とのコラボレーションが構想できる。それは，現在我が国の農業政策の転換が行われていることもあり，今後は農業の産業全体におけるポジショニングの向上が期待できるからである。そこで，長い間，ずっと低迷してきたある種の産業クラスターとも言える温泉街，ならびにこの構成要素としての個々の温泉旅館の再生に向けて，農業の活用が有効に機能するという期待が寄せられるようになってきた。

　そこで，このような成功取り組み事例として，ここでは宮城県の鳴子温泉郷の中核的な温泉街である東鳴子温泉をあげ，この東鳴子温泉の地域再生に向けた取り組みの考察を試みる（図表3-10）。なお，これは，かつて筆者の１人である原田などが刊行した『温泉ビジネスモデル』[20]からの影響と，これを踏まえた地域ビジネスのモデル化の視点からの筆者の地域再生に向けた提言なのである（原田・照井，2012）。

　この東鳴子温泉は，東日本大震災の影響によってきわめて甚大なダメージをこうむった。近年，若干の回復基調に乗ったものの，それでも未だに将来は不透明な状況が続いている。だからこそ，今後の温泉街の振興に向けては，長期的な展望をもった施策の投入が要請されている。それゆえ，地域の再生に向けた温泉ビジネスの貢献方法の提示が意味をもつことになる。

　結論を急げば，東鳴子温泉を含む鳴子温泉郷は，郷全体として「農のある暮らしの場」であると言えるが，ここでの牽引役を担っているのが街としての東鳴子温泉である。鳴子温泉郷は，温泉が集積する地域として注目されてきた東北地方においてもきわめて古く，1000年以上も前から知られ，この

20　原田保・大森信・西田小百合編著（2012）『温泉ビジネスモデル ゾーニングとエピソードメイクのコンテクストデザイン』同文舘出版。

図表3-10　東鳴子温泉プロフィール

所在地	宮城県大崎市鳴子温泉
アクセス	JR東北新幹線古川駅～陸羽東線鳴子御殿湯駅下車 徒歩約5分，東北自動車道古川ICより26km
旅館数	12軒
泉質	ナトリウム - 炭酸水素塩泉，58.1度
温泉旅館	旅館大沼，旅館紅せん，勘七湯，高友旅館など
イベント	竹灯篭・光の盆（8月），東鳴子温泉神社祭典（10月）など

出所：原田・照井（2012）

　鳴子温泉郷には，ここで取りあげる東鳴子温泉の他にも鳴子温泉，川渡温泉，中山平温泉，鬼首温泉がある（図表3-11）。

　しかし，甚大な被害をこうむった東日本大震災以前から，すでに顧客離れが進行しており，それゆえ，温泉郷としては農業との関連を捉えた対応を行ってきた。このいわば「農のある温泉」としての特徴がもっとも濃厚に見い出せるのが東鳴子温泉である。それにもかかわらず，ここにおいてはとりたてて特徴のある地域ブランディングが行われてこなかったという経緯がある。しかし注目すべきは，ここにはかの源義経や松尾芭蕉にちなんだ名所旧跡が数多に残されていることである。

　そこで，このような苦境に喘いできた東鳴子温泉を地域ビジネスの推進を行うという視点から，すなわち地域が主体になってデスティネーションビジネスを展開するという視点から捉えた地域再生の可能性を探ってみる。それは，東鳴子温泉が鳴子温泉郷の中では，もっとも優れた田畑や美しい自然が溢れている地域である，と感じられるからである。それゆえ，筆者においては，ここを捉えて農閑期には休養や保養を目的とした湯治文化の再興を指向した地域活性化策を構想することが，長期にわたって低迷する鳴子温泉郷全体の地域経済の再生に対しても多大な成果が期待できる，と考えている。

　このような観点に立脚した地域ブランディングが，「アグリ湯治の温泉」というようなアイデンティティの確立を可能とする。このテーマを捉えてデスティネーションマーケティングを展開していくことで，かなりの長い期間にわたって，しかも毎年のように訪れる顧客が増大することが予見できる。こうして，このような取り組みは，伝統的な湯治文化と自然指向の暮らしとも言えるアグリ体験とのコラボレーションによる地域価値の創造に対して，

図表3-11 東鳴子温泉周辺エリア

出所：原田・照井（2012）

多大な貢献を果たすこととなる。

　また，東鳴子温泉は江戸時代には仙台藩伊達専用の御殿湯があった地でもある。それゆえ，このような歴史的な背景も積極的に利用して，湯治文化を現代にも通用する高品質なスロースタイル[21]の実践拠点として打ちだすことも，東鳴子温泉の地域ブランドの再構築に対して多大な貢献を期待できる。

　しかしそのためには，かなりの努力が地域のアクターには求められる。それゆえ，現在推進しているいくつかの農業活性化のためのプロジェクトを何らかの形態で湯治に結びつけるための地域のネットワーク形成や，それを活用できるプロデュース力のあるアクターの獲得が急務の課題になる。それこそ，前述したスローライフへの憧れの高まりや，健康指向からのビューティライフなどとの結合が進行する中で，大都市圏である仙台の住民との結びつきや，さらには遠く東京圏の住民との結びつきを強化するために，デスティネーションマーケティングに注力すべきであろう。

　とくに，鳴子温泉郷の主たるアクターである鳴子ツーリズム研究会などの活動に代表される地域ビジネス振興のための担い手へのサポートは，地域全体にとっての急務の課題である。それは，ツーリズムによって訪れた顧客を，

21　原田が提唱する次世代型ライフスタイルである。これは，以下の著書において，その全体像が理解できる。原田保・三浦俊彦編著(2007)『スロースタイル－生活デザインとポストマスマーケティング』新評論。

ここでの農業体験にいかに結びつけて，そして彼らを何度も長期間滞在するリピーターへと転換させるかが，東鳴子温泉のみならず鳴子温泉郷全体の地域ブランド力を飛躍的に高めることに結びつけることになり，それゆえ地域価値の増大を可能にするからである。

このような取り組みを行うことで，現在かなりの注目を浴びているいわゆるモダン湯治[22]とはいささか異なる，すなわち日本の生活文化に深く根ざしたアグリ湯治とも言える差別化された固有の対応が可能になる。このアグリ湯治とは，田舎の日常生活を都会人のための非日常的な体験へとコンテクスト転換させるため，既存のコンテンツをそのまま活かした地域価値の創造を可能にする。

以上，ここではアグリツーリズムを温泉ビジネスに結びつけることで，単なる観光ビジネスとしてのツーリズムから，これとは異なる地域ブランドや地域ビジネスの構築に寄与するための方法であるデスティネーション指向のビジネスからアグリ湯治という新たな地域起点のビジネスの構築が披露された。今後においては，鳴子温泉こそが，ここで主張したデスティネーションマーケティングを越えた呼び込み型のマーケティングの有効性が主張された。

(3) スポーツビジネスと温泉ビジネスとのコラボレーション＝「湯郷温泉」

さて，地域ビジネスとして温泉街を繁栄させるためのもう1つの方法としては，温泉街をスポーツビジネスとコラボレーションさせることが考えられる。それは，今後においては，このことが我が国のスポーツビジネスの地域再生に対して再考を促すほどの効果を発揮するからである。それゆえ筆者は，各種のスポーツ関連ビジネスを地域に根ざした地域ベースのスポーツとして各地域の温泉を活用したらよい，と考える。このように，地域における宿泊の場である温泉旅館とスポーツビジネスとのコラボレーションが，地域ブランディングや地域デザインに対して大いに効果を発揮する。

こうした潮流を捉えた成功事例としては，兵庫県の西部・内陸にある湯郷温泉があげられる（図表3-12）。そこで，この湯郷温泉の地域再生に向けた対応について若干の考察を試みる。なお，このことは，かつて原田などが

22　伝統的な湯治では病気を治癒することが目的であるのに対して，肌を中心としたビューティベースの，主に女性をターゲットとしたライフスタイル指向の湯治スタイルである。

第3章　デスティネーション指向へ、そして地域指向や精神指向へ

図表3-12　湯郷温泉プロフィール

所在地	岡山県美作市湯郷
アクセス	JR姫新線林野駅からバス7分、中国自動車道美作ICから6km
旅館・ホテル数	約20軒
足湯	2ヵ所
泉質	ナトリウム・カルシウム塩化物泉、40.2度
温泉旅館	かつらぎ、季譜の里、やさしさの宿竹亭、花の宿にしき園、湯郷グランドホテルなど
観光名所	現代玩具博物館・オルゴール夢館、昭和館、ゆ〜らぎ橋（噴水）、おかやまファーマーズ・マーケット・ノースヴィレッジなど
イベント	雛巡り（3月〜4月初旬）、湯郷丑湯まつり（7月土曜の丑の日）など

出所：西田・原田（2012）

刊行した『温泉ビジネスモデル』[23]からの影響と、これを踏まえた地域ビジネスの視点からの地域再生に向けた提言である（西田・原田，2012）。

　この湯郷温泉は1200年もの歴史をもっていながらも、今では顧客からの多大な支持を獲得できてはない。言い換えれば、長い間ずっと低迷するまさにどこにでもある伝統的なスタイルで運営されている岡山県中部にある温泉、すなわちかつての美作国に位置する温泉街である。この温泉は、ずっと昔から美人湯として著名な温泉であった。しかし、筆者には、現状では湯郷温泉がこのような特徴を地域ブランディングに積極的に活用しているようには見えない。また、温泉街にはそれなりにコンテンツは揃っているのだが、温泉街全体を貫く明確なコンセプトは見い出せない。さらに、コンテンツのクオリティやこれらが発信するメッセージもまさにいまいちという状況でもある（図表3-13）。

　結論を急げば、ここでの主張は、湯郷温泉においてはかの女子サッカー選手のことを表す「なでしこたちの暮らしの場」であるという地域ブランディングが効果を発揮することである。しかし、従来は、国際レースが開催できるオートレース場があることからか、どちらかというと男性中心の街であるというイメージが形成されていた。そこで、この男性中心のイメージを、今後においてはなでしこを捉えながら健康指向の強い若い女性が集う温泉街へ

23　原田保・大森信・西田小百合編著（2012）『温泉ビジネスモデル ゾーニングとエピソードメイクのコンテクストデザイン』同文舘出版。

図表 3-13　湯郷温泉周辺エリア

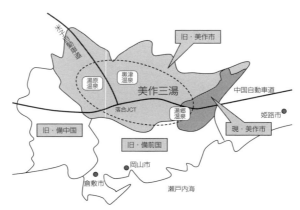

出所：西田・原田（2012）

と転換させることがまさに湯郷温泉の急務の課題となる。

　こうすることで，湯郷温泉は近くにある湯原温泉や奥津温泉という美作三湯の間での同質的競争からの脱却が可能になる。また，このような独自なスポーツ指向によって，湯郷温泉は我が国における伝統的な美人の概念を根本から転換するという，まさにコンテクスト転換を現出させる。これは具体的には，外見的な見栄え指向の美から内面から湧き出る肉体的，精神的美へのコンテクスト転換である。

　つまり，全国からサッカーをきっかけにして数多の若い女性を湯郷温泉に集客することができるならば，湯郷温泉の街自体の景観は華やいでくる。また，このような若い女性客の支持に伴い，結果として若い男性客の増加も大いに期待できる。これは，すなわち，湯郷温泉が伝統的な温泉というコンテンツと，女子サッカーというトレンディな大衆スポーツというコンテンポラリーコンテンツとのコラボレーションによって，新たな地域価値の現出に成功したことを示している。

　ところで，この湯郷温泉にはここに本拠地をおく「湯郷 Bells」に所属する女子選手が日常生活をおくっている地でもある。その意味では，たしかに，湯郷温泉はなでしこが暮らす街である。また，彼女たちの生活を支援するために，地元の温泉旅館を始めとした多くの地域企業は彼女たちにさまざまな

仕事を提供している。その意味では，湯郷温泉はなでしこたちが働く場でもある。

　このような状況を踏まえて，従来から多数見られる伝統的なスポーツ合宿のための宿泊施設との連動も行いながら，ここにあるすべてのスポーツ施設がスポーツを深く愛する人々で賑わせることを指向することも，すなわちスポーツのいわばメッカとしての温泉街を指向することも大事なことなのである。こうした考え方に依拠しながら湯郷温泉の地域価値の増大に向けた統合戦略を構築することが大いに期待される。

　このようなことから，従来型の主に観戦を目的としたスポーツツーリズムに加えて，自身でもスポーツを行うという顧客をターゲットにした，いわば参画型地域ビジネスへのコンテクスト転換が求められることになる。そうなると，地域を主体とした地域のためになるデスティネーションマーケティングの導入が大いに期待されてくる。

　これは，特に新たなコンテンツを開発することなくなでしこの多様な関係性を指向しながら地域再生に向けたデザインを行うという地域である，と言える。つまり，湯郷温泉にある既存のコンテンツをとくにスポーツとの関係を捉えながら新たな地域価値を発現できるようにプロデュースを行えばよいことになる。その意味では，現在の湯郷温泉でもっとも必要とされることはスポーツを捉えてここに新たな価値を発現させる有能なプロデューサーの登場である。

　そのためには，ここに本拠地をおく湯郷 Bells の多くの選手がワールドカップやオリンピックに出場することが不可欠な条件になる。そうなると，今後の湯郷 Bells に対する地元の支援体制をさらに強化していくことが望まれる。

　このように，温泉とスポーツとのコラボレーションは，女子のアクティブスポーツ指向と，若い女性のヘルシービューティ指向の強まりの中においては，次第に多大な期待を寄せられる状況が現出してくる。そこで，全国各地の温泉において，もしも呼び込み型のマーケティングに習得したアクターが増大するならば，ここで紹介した湯郷温泉のような温泉のあるスポーツの街においては，呼び込み型のマーケティングの導入を行うことによって地域価値の発現が可能である。

（4）《小括》＝呼び込み型ビジネスとしての地域ビジネス

　以上，ここでは旅行ビジネスのコンテクスト転換によって現出する地域ビジネスとしての呼び込み型マーケティングへの期待が述べられた。これは，従来の観光マーケティングがややもすると地域を搾取する傾向が見い出せるのに対して，呼び込み型マーケティングでは地域が主体となって行うマーケティングであるために，それこそ地域のために自身の責任でマーケティングが行われている。

　その意味では，他者に搾取されるような受身のマーケティングではなく，多様な他者を巻き込みながら地域に価値が現出するマーケティングが指向される。そして，このようなマーケティングを展開する主体を地域に輩出するならば，次第に地域の価値を増大させるビジネスモデルの創造に結びつくようになる。

　このようにしてビジネスモデルを確立するならば，現状の多くの苦境に喘ぐ地域を再生するために大いに有効的な効果を発揮することが予見される。そこで筆者は，ここにおいて，地域再生のためのビジネスモデルとして呼び込み型マーケティングに依拠したビジネスモデルを指向したわけである。

　これは，単に地域が対象であるビジネスを推進するためのビジネスモデルではなく，むしろ地域が主体になったビジネスを推進することを指向するビジネスモデルでもあると考えられる。それゆえ，このようなビジネスの顧客に対するアプローチは，当然ながら地域のアクターが行うことになる。そして，このようなビジネスにおいてはビジネス主体と顧客とのリレーションシップの強さがビジネスモデルの成否に多大な影響を与える。その意味では，これは，観光ビジネスにおける地域のように，どこであってもよいような着地からの脱却を，すなわち旅行代理店によってたまたま選択される１つの地域からの脱却を意味している。

　こうなると，たとえ当該地域への顧客誘引の担い手としてのエージェント，例えば旅行代理店を利用する場合においても，自らの地域に対して可能な限り多大な価値を与える相手を探し出す努力を行うことに結びついてくる。従来型の観光ビジネスにおいては，旅行代理店が着地を選択するのだが，呼び込み型のビジネスでは逆に地域のアクターが旅行代理店を選択するという，まさにパワーパラダイムの逆転現象が現出する。

もしも，地域がこのようなパワーを保持するようになれば，地域のために地域のアクターがビジネスを展開する機会が増大するようになる。また，こうすることで，従来とは比較にならないほどの価値を地域に対して付与できることにもなる。言い換えれば，これはある種のコンテクスト転換による価値発現のためのビジネスモデルの創造を示している。

　なお，ここで紹介した2つの事例については，この呼び込み型のビジネスモデルが効果的に行使されている，と考えられる。例えば，東鳴子温泉においては，地域のコアビジネスである農業と温泉とのコラボレーションによって地域へのパワーの奪還が行われている。また，湯郷温泉においては地域に根ざした女子プロサッカーチームを捉えてスポーツと温泉とのコラボレーションによって，地域に新たな価値が現出したビジネスが行われている。

　このように，長期的な低迷を続ける温泉街においてさえ呼び込み型のビジネスモデルが効果を発揮している。それゆえ筆者においては，地域において広範囲に展開する多彩なビジネスに対しても，まさに地域を主体とした呼び込み型のビジネスモデルの構築は地域に対して多大な貢献が期待できる，と考える。

《結語》

　本章においては，観光ビジネスに関連して地域のポジショニングの転換を図るための考え方が模索されてきた。これは，主に地域をあたかも大企業の搾取の対象から解放し，地域のために地域価値の増大を図ることを可能にするビジネスの構築を指向するためであった。これは，地域をビジネスモデルにおける客体から主体への転換を実現することを意味していた。

　このような考え方から，本章では地域への貢献も見い出せるデスティネーションマーケティングを地域起点のマーケティングではないと捉えて，これからの脱却が主張された。また，このような地域発のビジネスを考えることなく，地域の再生や開発を推進することは地域価値の現出には結びつきにくい，と考えた。そうなると，地域価値を発現するための旅行ビジネスの展開には，それこそコンテクスト転換が不可欠になる。

　このような問題意識に立脚しながら，具体的には旅行ビジネスを構成する3つのビジネスについてのコンテクスト転換を議論することにした。これら

は，具体的には，第1が旅行代理店ビジネス，第2が交通ビジネス，第3が宿泊ビジネスであった。

　第1の旅行代理店ビジネスにおいては，いくつかの新たなビジネスとその背景についての議論が行われた。この旅行代理店というビジネスは行き先案内と宿泊確保のために必要なビジネスとして発展してきた。その意味では，このビジネスモデルはすべて発地型であったと言える。それが，近年の顧客ニーズの変化に対応すべく，急速に着(地)型ビジネスの可能性が見える状況が現出してきた。

　これらの取り組みは，旅行商品に見られる特徴，すなわち非流通性，不完全性，限界性を越えるための試みであった。しかし，このような取り組みにとっても地域起点の旅行ビジネスの確立には結びつくことはない。それは，発地サイドの旅行代理店が着地サイドの旅行代理店よりもパワー優位の地位を確立しているからである。そこで，国内ビジネスにおいて地域に対して多大な価値を発現できるビジネスモデルの構築が大いに期待される。

　そこで，地域がイニシアチブを発揮する旅行ビジネスの構築に向けて活用が可能であると思われる先進事例の紹介を行いたい。それは例えば，ヨーロッパにおける日本の旅行代理店の受け皿である三木トラベルのようなビジネスである。筆者は，ここのビジネスモデルを我が国の地域にも導入すれば，それこそ地域が主体の旅行ビジネスが実現できると考える。

　筆者がヨーロッパに旅行する際にいつも気がついたのは，たとえ国内でどこの旅行代理店に依頼しても，現地の受け皿の旅行代理店はほとんどが三木トラベルなどの数社であるというような状況になっている。これは，すなわち，発地の旅行代理店は複数の会社があっても，着地の旅行代理店は多くの場合に数社に集中していることを示している。それゆえ，筆者は，このようなビジネスモデルを我が国の地域に活用するならば，かなりの程度で地域起点の旅行代理店ビジネスが実現できると確信するわけである。

　第2の交通ビジネスにおいては，旅行の手段から旅行の目的へのコンテスト転換による高付加価値指向ビジネスの実現が可能であることが主張された。これは近年のJR九州による超豪華列車の登場によってまさに誰の目にも明らかになった。実は，このような試みは，従来から北海道に行くためのカシオペアなどの列車や海での豪華客船などにも見られるように，我が国にお

いてはかなり以前から行われていた。しかし，近年のJR九州の豪華列車が我々に想起させてくれたことは，これが手段の目的化というまさにコンテクスト転換であった。

このような旅行においては，その行き先は交通機関が通る場所に，そして列車から降りる価値がある場所に限定されることになる。しかし，目的化した乗り物とこれから降りて訪問する地域との統合化された計画の構築が不可欠である。そうなると，それぞれの降車地域におけるまさに着地サイドの顧客の受け入れ計画が個別企業の枠を超えた地域全体として統合された計画の策定が可能になる組織の構築が必要になる。

それは，まさに地域のすべての観光コンテンツを自在に編集できるような旅行代理店であり，また地域単位で交通ビジネスとの全面的な連携が可能な旅行代理店になる。もちろん，このようなものは未だ完全な形態では見い出せない。しかし，今後において交通ビジネスが展開する例えばエリア専門代理店のような形態の旅行代理店が現出してくる，と考えられる。

第3の宿泊ビジネスにおけるいわゆる地域主権型ビジネスへの転換方向については，旅行代理店主導でのデスティネーション指向のビジネスからの脱却が，まさに送り込み型のビジネスから呼び込み型のビジネスへの転換が提示された。それは，宿泊ビジネスはそれぞれの地域にあるのだからこそ，地域起点でのビジネスモデルの確立を指向するのは当然なのである。しかし，このような地域ビジネスの主体である宿泊ビジネスが，自身のイニシアチブで多くの顧客とのリレーションシップを未だ構築しえていないのがまさに実態である。

そこで，筆者が考えたのが，自らが顧客との関係性を構築して，それを，マネジメントできる仕組みの構築を行うことによって，同じ顧客に対して何度も来てもらえるような関係性を構築できるリレーションシップを全面的に打ち出した宿泊ビジネスである。それは地域の宿泊ビジネスにおける旅行代理店に対するパワーパラダイムの転換を意味する。

こうすることで，チェーンオペレーション形態で運営される大手宿泊ビジネスとはいささか異なるいわばオンリーワンの価値を保持する宿泊ビジネスの可能性が見えてくる。これは特定の地域に適合した宿泊ビジネスは，実はここはそこにしかありえないという考え方から導出されている。これはまた，

地域の宿泊ビジネスは地域のコンテクストに依拠した事業展開がなされるべきであるという主張でもある。

　以上のように，本章では，旅行ビジネスのコンテクスト転換の方向性が提示された。しかし，これらは地域を主体とした地域ビジネスの展開という視点から見れば，未だに不十分である，と言わざるをえない。それでも，地域デザインの観点から旅行ビジネスを捉えることの意義や可能性についての理解はそれなりに深まった，と期待したい。

（原田 保・鈴木敦詞・宮本文宏・田坂 毅）

■ 参考文献 ■

石森秀三編（1996）『観光の二十世紀』ドメス出版。
伊勢市（2013）『平成25年　伊勢市観光統計【資料編】（pdf）』http://www.city.ise.mie.jp/secure/12124/25shiryouhen.pdf（2014.4.17アクセス）。
井出 明（2013）「被災地を旅するということ」『都市問題』公益財団法人後藤・安田記念東京都市研究所，104巻10号，14～18頁。
稲垣 勉（2011）「マスツーリズム」山下晋司編『観光学キーワード』有斐閣，114～115頁。
内田純一（2013）「《北海道》＝極北のブランドーデスティネーション・マーケティングのコンテクスト転換」原田 保・古賀広志・西田小百合編著『海と島のブランドデザイン 海洋国家の地域戦略』芙蓉書房出版，321～341頁。
大社 充（2013）『地域プラットフォームによる観光まちづくり』学芸出版社。
尾家建生（2008）「地域が活きる着地型観光」尾家建夫・金井萬造編著『これでわかる！着地型観光～地域が主役のツーリズム』学芸出版社，215～222頁。
岡本 健（2013）「コンテンツツーリズムの可能性と課題」『地域開発』589号，2～6頁。
観光庁（2013）『観光白書（平成25年版）』昭和情報プロセス。
観光庁（2014a）「観光庁ホームページ｜ニューツーリズムの振興」http://www.mlit.go.jp/kankocho/page05_000044.html（2014.4.17アクセス）。
観光庁（2014b）「観光庁ホームページ｜旅行業法」https://www.mlit.go.jp/kankocho/shisaku/sangyou/ryokogyoho.html（2014.4.17アクセス）。
国末憲人（2011）『ミシュラン三つ星と世界戦略』新潮社。
クラブツーリズム（2014）「民間宇宙旅行取扱専門会社設立｜プレスリリース（pdf）」http://www.club-tourism.co.jp/press/2014/0106.pdf（2014.4.22アクセス）。
小林裕和（2010）「旅行業における商品イノベーションを引き起こす旅行商品の特性について」『国際公法メディア・観光学ジャーナル』北海道大学大学院国際広報メディア・観光学院，10号，65～70頁。
澤喜司郎・上羽博人（2012）『交通とビジネス 新版 改訂版』成山堂書店。
三陸鉄道株式会社（2014）「三陸鉄道ホームページ｜震災学習列車パンフレット（pdf）」http://www.sanrikutetsudou.com/wp-content/uploads/2014/02/9d95116406cb50c92edbfb77b0d2ca72.pdf（2014.4.19アクセス）。
株式会社ジェイティービー（2013）「JTB宇宙旅行」http://www.jtb.co.jp/space/（2014.4.21アクセス）。
須田 寛（2009）『観光～新しい地域づくり』学芸出版社。
多方一成（2013）『グリーンライフ・ツーリズムへの創造～ニューツーリズムと着地型ツーリズム』芙蓉書房出版。
戸部良一・寺本義也・鎌田伸一・杉之尾孝生・村井友秀・野中郁次郎（1984）『失敗の本質 日本軍の組織論的研究』ダイヤモンド社。
中村恵二（2012）『最新旅行業界の動向とカラクリがよくわかる本』秀和システム。
西田小百合・原田 保（2012）「湯郷温泉」原田 保・大森信・西田小百合編著『温泉ビジネスモデル～ゾーニングとエピソードメイクのコンテクストデザイン』同文舘出版，179～192頁。
西田正憲（1999）『瀬戸内海の発見～意味の風景から視覚の風景へ』中公新書。

日本観光振興協会(2013)『観光の実態と志向(第31回)』日本観光振興協会。
日本旅行業協会(2013)『数字が語る旅行業2013』日本旅行業協会。
橋本亮一(2009)『よくわかる旅行業界』日本実業出版社。
原田 保・三浦俊彦編著(2007)『スロースタイル』新評論。
原田 保・三浦俊彦編著(2010)『ブランドデザイン戦略』芙蓉書房出版。
原田 保(2010)「黒川温泉のブランディング=入湯手形で著名な癒しの温泉街」原田 保・三浦俊彦編著『ブランドデザイン戦略 コンテクスト転換のモデルと事例』芙蓉書房出版, 255〜271頁。
原田 保(2012)「城崎温泉」原田 保・大森信・西田小百合編著『温泉ビジネスモデル〜ゾーニングとエピソードメイクのコンテクストデザイン』同文舘出版, 88〜102頁。
原田 保・照井敬子(2012)「東鳴子温泉」原田 保・大森信・西田小百合編著『温泉ビジネスモデル〜ゾーニングとエピソードメイクのコンテクストデザイン』同文舘出版, 217〜227頁。
原田 保・西田小百合(2014)「《瀬戸内海》=日本最大の"内海景観"ブランド」原田 保・西田小百合・古賀広志編著『海と島のデザイン：海洋国家の地域戦略』芙蓉書房出版, 105〜124頁。
原田 保・宮本文宏(2014)「《淡路島》="はじまりの島"ブランド−」原田 保・西田小百合・古賀広志編著『海と島のデザイン：海洋国家の地域戦略』芙蓉書房出版, 261〜282頁。
松田忠徳(2004)『黒川と由布院〜検証・九州が, 日本の温泉を変えた』熊日出版。
山村順次(2009)『温泉観光の実証的研究』御茶の水書房。
吉田春生(2010)『新しい観光の時代〜観光政策・温泉・ニューツーリズム幻想』原書房。
Kotler, P., Bowen, J. T. and Makens, J. C. (2002) *Marketing for Hospitality and Tourism [3rd Edition]*, Prentice Hall(白井義男・平林祥訳『コトラーのホスピタリティ&ツーリズム・マーケティング』ピアソン・エデュケーション, 2003年)。
Kotler, P., Karatajaya, H. and Setiawan, I. (2010), *MARKETING 3.0: From Products to Customers to the Human Spirit*, John Wiley & Sons.(恩蔵直人監訳・藤井清美訳『コトラーのマーケティング 3.0〜ソーシャル・メディア時代の新法則』朝日新聞出版, 2010年)。
Leed, E. J. (1991), *The Mind of the Traveler: From Gilgamesh to Global Tourism,* Basic Books(伊藤誓訳『旅の思想史〜ギルガメシュ叙事詩から世界観光旅行へ』法政大学出版局, 1993年)。
Schmitt, B. H. (1999), *EXPERIENTIAL MARKETING*, The Free Press.(嶋村和恵・広瀬盛一訳『経験価値マーケティング』ダイヤモンド社, 2000年)。

第4章
地域デザインとライフデザインを捉えた旅行ビジネス理論

《緒言》

　本章の目的は，地域ビジネスの視点から観光を捉えなおし，真に人と地域のためのビジネスとなるにはどうあるべきかを検討し，1つの方向性を提案することにある。このような考えに至った背景には，ここ数年で喧伝されているニューツーリズムや着(地)型観光という新たな観光概念が，真に地域にとってのビジネスになっているのかという懐疑がある。これらは，これまでのマスツーリズムがもたらした地域の疲弊を脱するために，そして観光によって地域を活性化することを志向した新たな観光概念であるかのように主張されている。しかし，これまで行われているニューツーリズムも着(地)型観光も，いまだに発地となる中央からの発想を脱していないものが多く，人や地域を基軸としたものとはなっていないと思われるのである。言葉を換えるならば，自身のポジションを変えずに地域のことを考えていますという「地域のために」とする発想であり，地域の中に入り込み，共に「地域の立場」に立って行動するものには成りきれていないのではないかという疑念である。

　そして，本章の目的を達するための最初の議論として，一般に用いられる「観光」や「ツーリズム」とは何かを検討しなければならない。つまり，人と地域のためのビジネスを考えるときに，この観光という言葉が適切なのかということの検討である。なぜなら，観光という言葉は「光を観る」という意味合いが強く表出していると思われ，レジャーや物見遊山に代表される「見る」「遊ぶ」といった行為が想起されるからである。しかし，例えばニューツーリズムの分野の1つとしてあげられる産業観光や学習観光は，こ

のような意味合いにはそぐわないように思われる．そこでは，「学ぶ」ということに主眼が置かれており，これまでの観光概念を超えているのではないだろうか．また，地域の立場で考えると，必ずしも光となる著名な観光名所があるとは限らないし，訪れる人に感じてほしいものが光だけとは限らないであろう．影や負の部分を見て，感じてもらうことこそが学びに繋がることも少なくないはずである．この視点に立った時も，観光という言葉の違和感が残るのである．

このような問題意識に立ち観光という概念を検討しようとするときに，大きな課題に直面する．それは，観光という概念が一義的に定義されていないということである．観光という言葉の類似語として，さまざまな言葉を見い出すことができる．例えば，旅行，旅，ツーリズム，トラベル，トリップ，ジャーニーなどといった言葉である．そして，観光をはじめとするこれらの言葉の定義があいまいで，人によってその使い方が異なることに気づく．つまり，現状において，観光とは何か，旅行とは何か，そして観光と旅行の関係をどう捉えるのかなどについて明確に規定されているものを見い出せない．この状況では，観光や旅行，あるいはツーリズムという言葉の捉えられ方が人によって異なる危険性をはらみ，共通理解に基づく議論を行うことが難しい．それは，先にもふれたとおり，ニューツーリズムや着(地)型観光といった新たな概念が次々に提唱されている状況において，これらを共通に議論する基盤がないからである．

そこで，以下においては，つぎのような議論を経て，人と地域のためのビジネスとは何かを検討していくこととする．第1節では，観光と旅行に関する一般的な概念について検討を行い，概念の再定義とその体系を示す．続いて第2節では，新たな観光概念として定着しつつあるニューツーリズムと着(地)型観光について批判的に検討することを通じて，新たに人と地域のためのビジネスの可能性を指し示す「コンテクストトラベリズム」という概念を提示する．さらに第3節では，コンテクストトラベリズムと捉えることができるいくつかの事例を検討することで，この新たな概念の理解を深め，人と地域のためのビジネスの可能性を提示する．

第一節 形態と目的を踏まえた旅行概念の再定義
観光、旅行の概念の戦略的再構築の視角から

　観光や旅行に関する概説書において、多くの著者は観光の定義から始めている。現状において、観光とは何か、旅行とは何か、観光と旅行の関係をどう捉えるのか、さらに英語表記であるツーリズム、トラベルなどについて一義的に規定されているものは見い出せず、さまざまな定義が論じられている状況にある。そこで、本節においては、観光と旅行に関する既出の概念について整理と検討を行い、旅行と観光の概念を再定義することを目指す。

　まずは一般的な観光の概念を整理し、これを踏まえて観光と旅行、あるいは関連する言葉についての議論を深める。最終的には、観光や旅行、その他の言葉についての再定義と体系を提示する。

（1）観光についての基本的な確認

　一般に、観光と旅行はどのように使い分けられているのだろうか。観光や旅行に関連する産業を示すときには、観光産業とも旅行産業とも言われる。他方で、観光や旅行にまつわるエージェンシー機能をもつ組織は旅行代理店とは言うが、観光代理店とは言わない。国の指し示す政策は観光立国であり旅行立国ではない。近年、多くの大学で創設されているのは観光学部であり旅行学部ではなく、そこでの学びは観光学であり旅行学ではない。このように、観光と旅行の使用は混在しており、その使用に際して何らからの意図があるのであろうが、定義の違いは何かという点については明確でない。さらに、ツーリズムやトラベル、トリップ、ジャーニーといった観光や旅行に関係すると思われる言葉についても、その意味するところはあいまいである。そこで、既存の観光学についての概説書や教科書において、これらの言葉がどのように定義されているかを概観するところから検討を始める。

　観光の定義を検討する際に、多くの著書が共通に引用している語源がある。それは、易経における「観国之光、利用賓于王」であり、ここでの「光」が意味するものは他より優れたもの、名所であるという解説が一般的である（橋本、2010a；須田、2009；内藤、2009など）[1]。ここから、多くの人が観光という言葉に感じる意味が、他より優れた風景や名所、人、文物などをみ

るという意味で捉えられることが多いことも理解できる。

　このように，観光の語源的な意味はある程度了解できるのだが，その明確な定義となると定まったものが見い出せない。観光についての概説書や教科書の多くは，最初に観光の定義から章を始めているが，このこと自体が観光についての定義がさまざまにあること，それぞれの著者によって定義が異なることを示す証左ともなる。観光という言葉は，時代によって変化していることもあり，その示すところがあいまいで，普遍的で明確な定義や規定がないという点についても，多くの論者が指摘している（大橋，2013；十代田，2011；東，2013など）。

　とはいえ，観光，旅行，ツーリズムなどの言葉の意味するところをもう少し絞り込まなければ，以降の議論が難しい。そこで，観光には広い意味があるということを前提としながらも，各論者による定義の共通点を探りながら，これらの言葉の暫定的な定義づけを試みる。

　最初に観光の定義を示唆したものや，旅行との関係を示したものをいくつか紹介すると，以下のようになる。

　「ここではさしあたって「観光」を「楽しみのための旅行」（travelling for pleasure）と簡潔に定義しておこう」（岡本，2001，2頁）。

　「ツーリズムに該当する日本語は「旅行」であろう。（中略）ツーリズムの一部にプレジャーなどの日本語でいう観光目的が含まれているので，観光はツーリズムの一部である」（溝尾，2009，37頁）。

　「日本で言う「観光とは，人々が非日常的な風物や名所などを訪れたり，気晴らしや保養のため，自宅などの定住場所から一時的に離れて行う自由時間における消費活動」ということになる。次に，日本語で言うツーリズム（ツーリスト）は，観光より意味がやや広く，旅行者と言うニュアンスが強い」（大橋，2013，3〜4頁）。

　「観光を，まず「楽しみを目的とする旅行」として説明しておく」（前田・橋本，2010a，7頁）。

1　しかし，易経の「観」には「示す」という意味もあり，国威を示すという意味でも使われたという説も有力である。また，この易経の文意は時代によって濫用された傾向があり，本来は見て学ぶ（視察）であったものが，見て味わう（鑑賞），見て楽しむ（見物）へと意味上のウエイトが変化したという指摘がある（橋本，2010a）。

第Ⅱ部　旅行ビジネスの理論編

「今日では，「観光とは楽しみのための旅行である」といえる。(中略) ちなみに，旅行には，「観光」以外にも「商用」「家事」などを含むのは周知のとおりである」(内藤，2009，7頁)。

以上から理解できることは，観光とは楽しみを伴うことであり，旅行に含まれる概念であるということである。ここからは，旅行とは何かということが明確にはならないが，とりあえずの観光についての簡単な定義としておく。

続いて，先の引用で観光とともに語られることが多く，旅行としてのニュアンスが強く感じられるツーリズム (tourism) について検討を行う必要があるであろう。ツーリズムについての解説をみると，観光同様にツーリズムも多義的な言葉であるし，その意味するところが変遷していることが見て取れる。代表的な定義は，「ツーリズムは，広義には「通勤・通学以外のすべての旅行がツーリズム」」(溝尾，2009，37頁) とするものであろう。しかし，その語源から辿るならば，ラテン語の「ろくろ」の意味から発したtourに由来し，本来は「巡回」「周遊」を意味し，人びとが巡回旅行することを捉えた語とされている (十代田，2011)。ここから，ツーリズム (tourism) は，広くは旅行を意味するものの，その語源を辿るならば，巡回旅行と定義するのが正しいとすることができる[2]。

さらに，観光や旅行に関する英語表現はツーリズムだけではない豊かな表現があり，観光，旅行の定義を行う上で参考になる。そこで，ここでは旅行に関する英語表記についての整理を行った塹江 (2006，20～23頁) の考察を元に，観光，旅を表現すると思われる英語表記をまとめる。

・sight-seeing	「観光」あるいは「自然の景色・光景を眺めたり，名所を訪れて頭の中に理解していく」こと
・tour	出発点からあちこち周遊して元の場所に帰ってくる行程の旅行
・trip	日程の短い旅行

---

[2] 日本では，観光をツーリズムと表現することが少なくないし，「観光（ツーリズム）」と表現することがあるが，これは大正時代にツーリズムの訳語として観光をあてたことに由来するとされる (岡本，2001)。

- travel   tripに対して，長期的な日程での旅行
- journey   比較的長めの旅行で，必ずしも元に帰ってくるとは限らない
- voyage   船による長い旅
- excursion   目的をもった，主に団体による回遊型旅行，遠足

　先のツーリズムの検討で明らかになったように，その元となる tour は周遊という意味合いが強いことは，ここからも明らかである。他方で，観光を楽しみとしての旅行と定義するならば sight-seeing がもっとも妥当な表現とみることができる。そして，もっとも一般的に旅行や旅を表現する単語としては，travel が適切であると言える。

　以上で，観光についての概説書より，観光，旅行，ツーリズムについての概念を簡単に整理した。再度，確認するならば，

- 観光とは楽しみを伴うことであり，旅行に含まれる概念である
- ツーリズム（tourism）は，本来の語義から照らすと周遊旅行と捉えるべきである
- 旅行という言葉を広く示す表現としては，travel が適当である

ということができる。ここで，観光とツーリズムについては，ある程度の理解が進んだものの，観光を含む旅行の概念がいまひとつ明確になっていない。そこで，次項では観光や旅行について，その意味するところや歴史的な変遷からの検討を行い，さらに議論を深めていく。

（2）旅行と観光の概念についての検討

　さて，一般には観光が旅行に含まれる概念であることは，前項の検討から明らかであろう。以下では，旅行と観光の関係性をどう理解すべきなのか，また旅，旅行という概念はどのように整理できるのか，さらに旅行を指し示すトラベル，ツアー，トリップがどのように異なるのか，という視点で検討を進めていく。

①旅行と観光の関係性は，どう捉えるべきなのか

　前項で整理したように，これまでの観光に関する概説書からは，「観光とは楽しみを伴うことであり，旅行に含まれる概念である」とすることができる。つまり，旅行は観光を包含する概念であるといえる。しかし，既出の議論では，観光と旅行を明確に切り分けて記述している論者は少ない。そこで，まずは観光と旅行の関係性について明らかにしていくことから検討を始める。

　観光と旅行の切り分けが明確でない状況の中で，吉田（2010）は先行研究の整理を踏まえ，旅行形態と観光形態それぞれについて整理を行っている。

- 旅行形態～業務出張旅行，個人観光旅行，新婚旅行・家族旅行，修学旅行，職場旅行，招待旅行，報奨旅行，永年勤続旅行，組織内募集旅行（地域密着型），組織内密着旅行（全国募集型），パッケージツアーおよびメディア募集旅行（吉田，2010，33頁）
- 観光形態～見る，鑑賞する・観察する，癒し，参加する，する・遊ぶ，体験する，買う，食べる，滞在する，出会う（交流），（楽しみとしての）学び（吉田，2010，59頁）

　この整理からは，旅行形態は誰が，どのような目的でという提供方法による分類がなされていることが明白である。つまり，旅行は提供方法，形態として認識されており，そのコンテンツとしては観光ばかりでなく，ビジネス出張や修学，慰安などといった目的が含まれるという整理となる。なので，観光形態は動詞としての行為，つまり提供内容＝コンテンツとして整理されていると見ることができるし，吉田の整理からは「観光は楽しみを伴うこと」という定義を厳密に守っていることがうかがえる。ここからは，

　　旅行（形態）⊃　観光，ビジネス，修学，慰安など（目的）
　　観光（目的）⊃　見る，遊ぶ，食べるなど（行為）

という階層性で整理することができる。このことを厳密に捉えるならば，一般的に観光が観光旅行と同義に捉えられていること，すなわち観光≒旅行として用いられていることには問題があると言わざるをえない。

　例えば，ニューツーリズムの1つとして提起される体験型の旅行は，その

目的は学習や訓練となる。これらは，かねてより行われている修学旅行における旅行目的の拡張形である，と捉えるべきものである。たしかに修学旅行には観光が含まれるであろうが，ニューツーリズムで提起されている体験型修学旅行は，より学習や訓練に重きが置かれたものであり，まさに修学旅行と言えるものである。ここで，観光≒旅行と捉え，修学観光（目的×目的）というように表現されないことは明白である。つまり，観光は旅行の目的であり，観光自体が形態として語られることはない。多くの論者が定義するように，旅行⊃観光という立ち位置から外れ，むやみに観光の概念を拡張することは，混乱をもたらす。

　同様に，ニューツーリズムにおける「ツーリズム」も，tour に語源を持つ本来の意味からすると，むやみな概念拡張がなされた結果であると言えるであろう。このことはニューツーリズムの理解を深めると，さらに明白になる。ニューツーリズムが目指すものは「従来の物見遊山的な観光旅行に対して，これまで観光資源としては気づかれていなかったような地域固有の資源を新たに活用し，体験型・交流型の要素を取り入れた旅行の形態」（観光庁，2014b）とされている。ここから，ニューツーリズムは旅行の形態の多様化を目指したものといえ，新たなコンテクスト開発による事業創造と捉えることができる。となると，ここで用いられているツーリズムは本来の旅行の一形態である周遊ではなく，もっと大きな旅行全般を指す概念であると理解しなければならない。先に見た塹江（2006）の考察に従うならば，ここで用いられるべきは tour ではなく travel ということになる。

　ツアーとトラベルの関係を考える上では，ブーアスティン（1962）の「旅行者（traveler）から観光客（tourist）へ」という議論も参考になる。ブーアスティン（1962）はこの議論の中で，旅行者（traveler）は苦労を伴いながら能動的に人々や冒険，経験を探し求めていたのに対し，観光客（tourist）は受け身で面白いことや楽しみを待っている人である，と定義している。彼の定義を用いてあらためて先のニューツーリズムの定義を解釈するならば，物見遊山的な観光客（tourist）から，体験・交流を求める旅行者（traveler）への転換を指向していると読み取れる。

　以上の検討を踏まえるならば，コンセプトとしてのニューツーリズムは，つぎの言葉で表現するのが相応しいと思える。これは，旅行としての travel

に，主義や学説を意味する接尾語である -ism を加えた新たな概念であるトラベリズム（travelism）ともいうべきものである[3]。つまり，例えば，体験型の新たな旅行商品の開発においては，ニューツーリズムという「新たな周遊旅行」を意味するツアー概念の拡張ではなく，むしろツアーも含めた旅行全般を意味するトラベルという概念へのコンテクスト転換が必要である，と考えている。そこで，旅行と周遊旅行の関係，および旅行目的の概念拡大については，以下のように表すことができる。

> 「旅行（トラベル）」 ⊃ 「周遊旅行（ツアー）」
> 旅行目的の領域拡大としての「ニューツーリズム」
> → 「ニュートラベリズム」へのコンテクスト転換

②旅と旅行はどう違うのか

観光の歴史的な変遷についての記述をみると，そこでは旅から旅行，そして，観光へと移り変わっていく様子がうかがえる。ここでは，旅の歴史を踏まえながら，これらの概念の変遷とその関係性を整理していく。

以下，観光の歴史的な変遷に関しては，前田・橋本（2010b），橋本（2010b），安村（2001），飯田（2012），安島（2009），大久保（2009）を参考にしている。

安島（2009）は，旅と観光の歴史を，「領土拡大の戦争に伴う旅」「宗教的な目的に基づく旅」「商業・貿易の旅」「観光の旅」という整理をしている。たしかに観光史を追っていくと，これらの視点で多くの事象についての整理がつく。

まず，戦争に伴う旅では，アレクサンダー大王の東征があり，日本においては古事記や日本書紀における神武東征，ヤマトタケルの遠征などの逸話がみられる。ここに，古代日本における防人などの兵役も含めるならば，古代における旅の多くは戦争に伴うものであったと見ることができるだろう。これらは，観光という概念では捉えられないのはもちろんであり，まさに旅がもっとも適したものとなる。

3　現時点では「トラベリズム」という言葉は見つからない。ツーリズムと比較して検討すべき概念として提起した著者による和製英語である。

つぎに、宗教的な目的に基づくものとしては、中世における聖地巡礼や日本における熊野参詣などが該当する。実は古代ギリシャ時代にも神殿詣があったようであるが、聖地巡礼という形で語られるのは、1096年からの聖地エルサレムへの十字軍の遠征であり、ローマやサンティアーゴ・デ・コンポステーラ（スペイン）への巡礼であろう。これらは、いずれも、徒歩により行われ、まさに苦行を伴うものであったといえるし、その精神性が重視される。楽しみとともに語られる観光と相容れないものであるのは明らかであり、やはり、ここにおいても旅がもっとも似つかわしい。
　商業・貿易の旅では、マルコポーロの旅や大航海時代と言われるバスコ・ダ・ガマやマゼラン、コロンブスによる航海をあげることができる。日本では、近江商人に代表される行商の旅などがここに含まれる。ここでとくに航海については、voyageという言葉で語られることもあるが、これらの商業・貿易の旅もまさに旅であり、観光ではないことは納得できるであろう。
　そして、観光の旅についてであるが、楽しみを伴うものと捉えるならば、実は古代ローマ時代の温泉への旅まで遡ることができる。また、日本においても、江戸時代における伊勢参詣などは信仰心に根づいた苦行を伴う巡礼の旅というよりは観光的な要素が強かったことがみてとれる。これら、近代以前に観光的な行動が見られた背景には、ローマでは道路が整備され、交通機関（馬車）が発達し、貨幣経済が定着したことがあげられる。さらに日本でも、江戸時代という政治的・経済的な安定による道路整備や貨幣経済の安定があるものの、さらに「講」という共同での旅行積み立てのような相互扶助の仕組みが発達したこともあげられるであろう。ここからは、いまの観光が発達した背景との近似が見て取れる。
　しかし、今に近い形で観光、旅行という概念が定着した始まりは、イギリスにおける「グランドツアー」に求めることができる。これは、17世紀から19世紀にかけて行われたもので、イギリスの貴族の子弟による2年から3年にも及ぶヨーロッパ歴訪の旅であるが、歴訪を捉えてか「ツアー」という言葉が使われている点は注目される。そして、グランドツアーと同じ時代、1829年にはドイツ人のカール・ベデカーによる「旅行案内書」が発行され、45年にはトマス・クックが他人のために旅行手配する旅行代理業を始めている（前田・橋本，2010b）。ここにおいて、旅行という言葉も概念も定着

することになったと言えるだろう。

　ここで，旅と旅行の違いを考えてみたい。たしかに，古代から中世にかけての旅は，戦争に伴う移動や宗教的な背景をもつ移動であり，旅ということはできても旅行というには違和感が伴うことがわかるであろう。例えば，今でも四国巡礼の旅に出るとは言うが，これを指して旅行に行くとは言わないのではないだろうか。そもそも，旅行という概念が一般的になるのは18世紀のことであり，それ以前から行われていた旅を旅行が包含することはあり得ない。しかし，ここにある違和感は，旅行と観光の時代的近接性にあるのであって，例えば移動手段が徒歩なのか近代的な交通手段なのかという違いであるだけかもしれない。すでに議論してきたように，旅行を観光とは別の概念と捉えるならば，旅と旅行を明確に区分する理由は見い出せない。つまり，旅と旅行は完全に同一の概念とすることはできないものの，空間的な移動を伴うという点においては，旅と旅行を明確に区分する根拠は見い出せないのである。

　さて，ここで旅がもつ精神的な側面についても検討をしておきたい。過去における巡礼の旅や，多くの歴史上の思想書などの著者による遍歴については，物理的な空間移動とは別に，その背景に強い精神的なモチベーションが見い出せ，空間移動という行為は精神的な移動という目的を達成するための1つの手段であると捉えることができる。ここから旅は確かにある種の旅行であるが，トラベルという一般的な概念で表せるものではなく，どちらかというと，その長期性や必ずしも発地点に戻ることを想定していないジャーニーという概念で表すことが妥当であると思われる。

　また，ジャーニーという概念も元々空間的移動を示す概念であったはずだが，例えば遍歴や漂泊や彷徨をも指し示すことがあり，旅における精神的な部分が一人歩きし，必ずしも空間移動を伴わず，精神的な移動の側面が強く出ていると思われる。このように考えると，ジャーニーは空間移動という側面が強いと思われるトラベルという旅行概念とは異なる形態の旅行ともいえ，旅行という概念は，トラベルとしての旅行とジャーニーとしての旅行に分別されることとなり，以下のように表すことができる。

「旅」≒「旅行」=「旅行（トラベル）」+「旅行（ジャーニー）」
「ジャーニー」=「空間移動の旅」+「精神遍歴の旅」≒
　　　　　　　　　　　　　「ニューツーリズムの体験型滞在ツアー」
「ジャーニー」≒「漂泊」,「遍歴」,「彷徨」

③トラベル，ツアー，トリップの関係性を考える

塹江（2006）の考察から，旅行と定義されている単語を抽出すると，travel, tour, trip の3つをあげることができる。それぞれの意味を再掲すると，

・travel 　 trip に対して，長期的な日程での旅行
・tour 　　 出発点からあちこち周遊して元の場所に帰ってくる行程の旅行
・trip 　　 日程の短い旅行

となる。ここでは，travel と trip が日程の長さから対比して語られ，tour が概念の異なる言葉として語られている。ここで，それぞれの言葉の意味するところを，もう少し具体的に検討したい。

まず，ツアーであるが，これは周遊旅行をイメージさせるのは明白であろう。一般に，ツアーといえばいくつかの地点を巡りながら元の場所に帰ってくる旅行形態を想起するであろうし，マスツーリズムの悪しき代表とも語られるパックツアーが代表的であろう。ただし，パックツアーのような宿泊を伴うものだけが必ずしもツアーというわけではなく，はとバスによる東京名所巡りのような場合も日帰りツアーという言い方をされる。さらに言えば，ゴルフやカーレースについてもツアーという言葉が使われているように，観光に限らず周遊性の高い移動については，すべてツアーという言葉で括ることができる。このように，ツアーという言葉には明白な定義づけができることから，広く旅行を代表させることはできず，旅行に包含される概念であると位置づけられる。

続いて，トリップであるが，これも日程の短い旅行とあるように，日帰り旅行に近いイメージで使われることが多いのではないだろうか。例えば，お花見旅行のように，日帰りで近場の桜の名所を訪れるような場合にトリップ

という言葉が使われる。また，出張先と往復するようなビジネス出張においてもトリップという言葉が使われるだろう。このように，トリップは短期という概念もあるのだが，併せてtourとの対比でどこか1ヵ所の往復旅行というイメージもある。それゆえ，トリップという言葉もやはり，広く旅行を代表させることは難しく，旅行に包含される概念であるといえるであろう。

最後にトラベルであるが，この言葉は強い制約はなく，旅行を包括的に示す言葉を選ぶとするならば，この言葉がもっとも適したものになるであろう（すでに①においても，この前提で議論を進め，ツーリズムという言葉のコンテクスト転換として，トラベリズムを提案している）。

以上の議論を踏まえるならば，以下のような整理をすることができる。

「旅行（travel）」＝「周遊旅行（tour）」＋「往復旅行（trip）」

（3）形態と目的を捉えた旅行概念の再定義

これまでの議論から，以下のような結論が導出できる。

第1に，観光は旅行に含まれる概念であり，観光と旅行は異なる概念であるということである。一般的には観光旅行を観光という言葉で置き換える場合が見られるが，これは観光と旅行を同義で捉える誤りであり，常に観光の上位概念として旅行を捉えておくべきである。同時に，旅行とツーリズムの関係であるが，ツーリズムもツアーという本来の字義から大きく概念拡張がなされたものであり，近年のニューツーリズムにおける検討を踏まえるならば，旅行を示す概念としてツーリズムを用いることはニューツーリズムを矮小化することになり，トラベリズムへとコンテクスト転換すべき段階にきている。

第2に，旅と旅行はほとんど同義であるということである。古代から中世の旅がほぼ徒歩によるものであることや観光目的での空間移動が珍しかった時代背景による差異により，この時代の旅を旅行というのには違和感があるものの，これは旅行を観光という狭い意味合いで捉えている結果であるとも言える。旅行を観光という概念から離し，何らかの目的によって，住まう場所を離れて住んでいる場所とは異なる場所にでかけるということで捉え直すならば，旅と旅行はほとんど差異がなく，観光を大きく包含する概念として

は，旅も旅行も同義であるといえる。

　第3に，旅行はその基本的な特徴によって，現在の中心的な概念となっているトラベルと，かつての旅の時代の特徴を色濃く残しているジャーニーという2つの概念に分けることができる。トラベルは，再び出発点に戻ってくることを前提としていることに対し，ジャーニーは必ずしも出発点に戻ってくることが前提条件になっていない。さらに，トラベルは空間移動的な側面が強く観光や仕事を包含する意味合いが強いのに対し，ジャーニーはむしろ遍歴，漂泊，彷徨などに代表される精神的移動（変化）をも意味することが濃厚に現出している。このように，トラベルとジャーニーは，その意味するところが明確に異なっている。

　第4に，旅行を包括的に捉える言葉としてはトラベルが適しており，さらにトラベルにはツアーとトリップという2つの概念が併存している。ツアーは，周遊旅行であり，トリップは短期間での往復旅行であるとすることができる。ツアーには，観光旅行以外にもゴルフやカーレースなどで使われているし，トリップはビジネストリップなど，定期的に訪れるイメージを伴う。

　以上を総括すると，旅行（旅）を包括的な概念として捉え，そこには大きくトラベルとジャーニーがあり，さらにトラベルはツアーとトリップにわけられる。これまで，旅行との関係性が明確ではなく，時には旅行と同義にも捉えられていた観光は，旅行の目的の1つとして位置づけるのが妥当であり，ビジネスやその他の目的と並列的に論じられるべきである，と結論づけられる（図表4-1）。今後の本書における議論は，すべてこの定義と体系に依拠して展開される。

第二節　"脱"観光・"脱"ツアーを指向するコンテクストトラベリズム
ニューツーリズムと着(地)型からのコンテクスト転換

　長い間，旅行のほとんどは発地発想による観光旅行であるという状況が続いてきた。しかし，マスツーリズムの弊害や地方の疲弊に直面し，ニューツーリズムや着(地)型観光という新たな議論が進められている。他方で，東日本大震災の被災地訪問や，アニメの舞台を自ら掘り起し地域と一体になって活性化を図るアニメ聖地巡礼など，これまでの発地発想や観光発想では収

図表4-1　旅行概念の全体像の再定義

旅行形態		旅行目的	観光	ビジネス	その他（新領域）
旅&旅行	トラベル（発着型）	ツアー（周遊旅行）	観光ツアー	ビジネスツアー（ビジネスマン）プロフェッショナルツアー（スポーツ，音楽，相撲）	クルージング 市場めぐり 世界遺産めぐり
		トリップ（往復旅行）	観光トリップ	ビジネストリップ（ビジネスマン）プロフェッショナルトリップ（遠征・合宿）	医療 見本市 学習 合宿
	ジャーニー（非発地型）	漂泊 遍歴 彷徨	バックパックの旅	料理人の修行 修行僧の修行 文人の紀行	個人的な精神充実のための漂泊，遍歴，彷徨（芭蕉，西行）

出所：原田（2014）に加筆修正

まりきらない旅行が生まれはじめている。

　そこで，前節で整理した体系をベースに考えた時に，これまで議論されてきたニューツーリズムや着地型観光のアプローチは正しいものであったのか，そして本書が目指す人と地域のためのビジネスに近づくものだったのであろうか，という点について検討を行う。そして，地域の立場からビジネスを考えるコンテクストトラベリズムへの転換を提案する。

(1) ニューツーリズムの再検討

　再度の引用になるが，観光庁によるニューツーリズムの定義をみると以下のようになる。

> 「従来の物見遊山的な観光旅行に対して，これまで観光資源としては気付かれていなかったような地域固有の資源を新たに活用し，体験型・交流型の要素を取り入れた旅行の形態」（観光庁，2014b）

　ここでいみじくも言っているように，観光の対抗概念として旅行という言葉を使っていることが注目される。本書の定義では，観光は旅行の目的の1つにすぎず，旅行には観光以外にもより広範な目的を包含することができる

からである。しかし一方で，ツアーは旅行の一形態に過ぎず，本来は旅行形態であるべき上記コンセプトを，ツーリズムという言葉で表記することは本書の立場からするならば大きな誤謬を抱えることになる。

このような概念上の誤謬はあるものの，では実際にニューツーリズムで想定しているのは，どのような旅行形態であろうか。つぎに，その内容面からの検討を行う。観光庁では，観光立国推進基本計画（平成24年3月30日閣議決定）での記載として，以下をあげている（図表4－2）。

ここから，いくつかの課題を指摘できる。まず，一見してわかるのは，ここにあげられているのはいずれもコンテンツであり，観光資源という視点から脱却できていないのではないかという疑念である。もっと，旅行形態というコンテクスト視点での検討が求められるだろう。また，観光という視点に囚われずに検討するならば，スポーツツーリズムはラグビーの菅平合宿や，プロ野球での春季キャンプに代表されるようにかなり以前から行われていた

図表4－2　観光庁によるニューツーリズム

ニューツーリズムの種類	内容
①エコツーリズム	観光旅行者が，自然観光資源について知識を有する者から案内又は助言を受け，当該自然観光資源の保護に配慮しつつ当該自然観光資源と触れ合い，これに関する知識および理解を深める活動。
②グリーンツーリズム	農山漁村地域において自然，文化，人々との交流を楽しむ滞在型の余暇活動（農作業体験や農産物加工体験，農林漁家民泊，さらには食育など）。
③文化観光	日本の歴史，伝統といった文化的な要素に対する知的欲求を満たすことを目的とする観光。
④産業観光	歴史的・文化的価値のある工場等やその遺構，機械器具，最先端の技術を備えた工場等を対象とした観光で，学びや体験を伴うもの。
⑤ヘルスツーリズム	自然豊かな地域を訪れ，そこにある自然，温泉や身体に優しい料理を味わい，心身ともに癒され，健康を回復・増進・保持する新しい観光形態。
⑥スポーツツーリズム	スポーツを「観る」「する」ための旅行に加え，スポーツを「支える」人々との交流や，旅行者が旅先で多様なスポーツを体験できる環境の整備も含むもの。
⑦ファッション・食・映画・アニメ・山林・花等を観光資源としたニューツーリズム	

出所：観光庁ホームページ（観光庁，2014b）

旅行形態と言えるし，ヘルスツーリズムなどは，さらに古い時代から行われていた湯治に見られる旅行形態であるとも言える。このように考えると，ある意味において，ニューツーリズムの思想は旅行の原点への回帰とも言える。さらに，一見すると新しい取り組みに見えるエコツーリズムやグリーンツーリズムにしても，中島（2010）が整理しているように，エコツーリズムについては1998年に全国組織の「日本エコツーリズム推進協議会」（現・NPO法人日本エコツーリズム協会）が設立されており，グリーンツーリズムについても95年には「農山漁村滞在型余暇活動促進法」が施行され取り組みが行われており，決して新しい旅行形態とは言えない。

他方では，インバウンド面でのニューツーリズムというべきものとして，MICE（国際会議や国際学術会議，国際見本市などの誘致）の推進や医療観光，スポーツ観光，教育旅行などが検討されている（森，2012）。この中で，医療観光やスポーツ観光という言葉には，医療やスポーツ（目的）×観光（目的）という概念の包含関係の混乱が見られるものの，コンテンツとして会議，医療，スポーツ，教育を対象とすることは，いわゆる「楽しみを伴うもの」としての観光概念を超える領域を対象としていると捉えることができるし，新たな旅行への取り組みとして一定の評価を行うことができる。

しかし他方で，これらのニューツーリズムと言われている新たな旅行形態が，どのような性格のものであるのかについて考えておく必要がある。吉田（2010）の指摘にもあるように，エコツーリズムやグリーンツーリズムは，スモールツーリズムとしてしか成立し得ないものだからである。他にも，世界遺産における環境維持問題にもみられるように，これまでのような際限のないマスツーリズムモデルでは，これらの新たな旅行形態にとっては，大きな矛盾をはらんでいると思われるテーマが少なくない。つまり，従来のビジネスモデルでは成立するのが難しいテーマであり，大手旅行代理店にとっては，その採算性の面で矛盾を抱える旅行形態であるとも言える。観光庁の推進によってさまざまな取り組みが行われ，提唱からすでに8年を経るものの，いまだに定着したように感ずることができないのは，このような限界があるからかもしれない。

ツーリズムが過度に観光概念を拡張したものであることは既に指摘してきたが，この言葉によるアプローチは，これまでの観光ビジネスの延長線上で

ニューツーリズムを捉えたいという旅行代理店の思惑もあるのでは，という多少うがった見方をすることもできる。ここでいう旅行代理店の思惑とは，自然や農業，文化，スポーツ，産業施設などを新たな観光資源とみなして集客を行うことで，これまでの名所旧跡を中心とした観光旅行との差別化を行いつつも，いくつかの資源をセットして周遊させることで，これまで運命共同体であった交通機関や宿泊施設と共存するというツアー型観光の枠，つまりは，従来型の観光ビジネスモデルから抜け出さないことである。

　しかし，ニューツーリズムと言われる新たな旅行形態の真の目的を考慮し，その実現を目指すならば，旅行者の体験や学習，精神的な充足ニーズを的確に捉え，それを満たす経験を地元と共に設計し提供していくことが求められるであろう。そこでは，いわゆるレジャー的な楽しみを伴う観光という目的から脱却した旅行概念が求められるし，ましてやハード提供をベースとした旅行でもない。さらに，いわゆるツアー型の周遊旅行ではなく，トリップ型の滞在型旅行が求められる場合が多いであろうし，ジャーニー型の精神充足型旅行への取り組みも必要になるのかもしれない。このようなビジネスモデルは，いわゆる中央に居ながらにして実行できるものではないし，これまでのビジネスモデルのような規模で顧客数や収益を上げることは難しく，効率面では厳しいものになるであろう。だからこそ，中央にある大手旅行代理店が自らが全てを取り仕切ろうとするのではなく，地域を主体として，それをサポートするというスタンスが求められる。

(2) 着(地)型観光の再検討

　ニューツーリズムの議論は，地域活性化との関連性も深い。先にあげた観光庁によるニューツーリズムの定義においても，「旅行商品化の際に地域の特性を活かしやすいことから，地域活性化につながるものと期待されています」（観光庁，2014b）と記されていることからも明らかであろう。そこで出てきた議論が，着地型観光である。着地型観光を定義するならば，「旅の目的地（着地）に所在する旅行業者が企画する旅行を指す（形としては，目的地に発着する「オプショナルツアー」となる）」（多方，2013，20頁）となる。この理念を実現すべく，国土交通省も旅行業法を改正して，地域の観光協会やNPO法人が旅行業に登録できるように規制緩和を進めている（多

方，2013)。

　このような着地型観光であるが，その実効性を検討する際は，いくつかの側面からの検討が必要になる。1つは，真に着(地)型で旅行商品の造成ができたとしても，それで発地からの十分な集客ができ採算がとれるのかという問題であり，もう1つは大手旅行代理店での着(地)型観光への取り組み姿勢である。

　採算性の問題については，吉田（2010）が収益性の観点から事業そのものが成立するかが大きな課題であるし，既存の事業についても採算ベースには程遠い状態であったり，試行錯誤の段階で継続性が不明なものが少なくないとしている。そこには，実質的に着地にある旅行代理店において旅行商品の造成が行われたとしても，どうやって大消費地へ告知し，魅力を伝え，集客に結びつけるのかという課題や，実際に採算が取れるのかという課題が残されている。

　採算性の課題とも大きく関係してくるのだが，着(地)型商品に対して大手旅行代理店とどのような関係を結ぶのかという課題もある。さきほどの多方（2013）の着(地)型観光の定義でもいみじくも指摘しているとおり，形としては目的地で発着するオプショナルツアーとしての見え方とならざるをえない側面がある。例えば，着(地)型観光の成功事例として紹介されることの多い南信州観光公社[4]の場合，ランドオペレーター[5]の役割に徹して発地側の旅行代理店との関係性を重視している。すなわち申し込みは旅行会社経由でないと受けつけず，着地側のオペレーションはすべて公社が窓口となるという役割分担が成功要因であると分析されている（吉田，2010）。

　また，地域主体ビジネスの成功事例として取り上げられる黒川温泉は，旅行代理店と連携することなく，直接市場へと発信することで成功を収めた事例として紹介されている（原田，2010）。しかし，この黒川温泉についても，本来は団体客やツアーには向かない温泉地であるにもかかわらず，評判が高くなったことによって，それまで見向きもしなかった旅行代理店がパッケー

---

[4] 1995年，飯田市では体験学習を目玉とした修学旅行誘致を開始，その後順調に受け入れが進むに伴い2001年に自治体と民間出資による第三セクターとして公社が発足した（吉田，2010）。
[5] ランドオペレーターは着地にて宿泊施設や交通手段，観光施設などの手配を行う会社。ランドオペレーターを介さない場合，発地の旅行代理店がそれぞれの機関に直接手配を行うことになる。

ジツアーを創り出したことが指摘されている（吉田，2010）。

　以上の整理から，着（地）型観光が機能するためには，地域のアクターが主体性をもって大手旅行代理店との関係を結んでおくことが必要であることがわかる。すべてを自分たちで行おうとするのではなく，大手旅行代理店との良好な関係性を結び，例えば顧客開拓については主体性を保ちながらも協力を仰ぐということも必要であろう。あるいは，地域と顧客が直接結びつくことも可能なインターネットの時代であることを背景として，いくつかの地域が共同で WEB サイトを運営することなども検討に値する。

　他方で，大手旅行代理店においても，これまでの発地型のビジネスモデルの発想から脱却することが求められる。これまでの有名観光地で見られたような，地域が顧客であふれることが地域の活性化ではない。その地域の特徴を損なうことのない，適度な賑わいこそが持続的な地域の活性化につながるのである。黒川温泉の例をみるならば，せっかく地域が主体となったビジネスモデルを育てても，中央からの発想で集客できそうな有望な観光資源が見つかったならば，地域の実情を顧みずに，パッケージツアーに組み込んで送客してしまおうという，大手旅行代理店の意図がうかがえる。これでは，これまでの発地による地域収奪ビジネスのままであり，地域ビジネスを毀損することにつながり，着（地）型観光が目指した理念を損なうものであると指摘せざるをえない。

　前項で検討したニューツーリズムと本項での着（地）型観光をあわせて考えるならば，いまこそ各地域は，人びとの豊かな経験やエピソードメイクを促すような新たな旅行形態を，地域が主体となった，地域のための，地域が起点となった真の地域ビジネスとして開発し，提供していくことが求められているのである。そして，大手旅行代理店も，これまでのビジネスモデルに囚われることなく，地域が主体となったビジネスを育成する手伝いをするという視点に立つことを忘れてはならないだろう。1つひとつの地域の収益面での魅力は小さいかもしれないが，日本全国に魅力的な地域が増えることで，これまでのような有力観光地に顧客が集中する状況を緩和することができるだろうし，一人ひとりの顧客のニーズに沿った豊かで高質な顧客体験を提供できるようになる。このような発想に立つことが，大手旅行代理店には求められている（図表4-3）。

図表4-3　大手旅行代理店から地域アクターへの主体転換

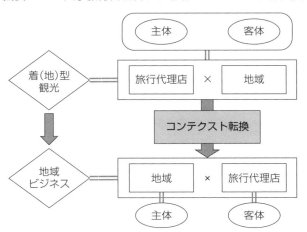

出所：原田（2014）

(3) コンテクストトラベリズムへのコンテクスト転換

　ここまで，ニューツーリズムと着（地）型観光について個別に検討してきたが，以下では相互の関係について確認する。そして，これまで本来の意味を超えて概念拡張がなされてきた観光やツーリズムについての再定義を踏まえた，新たなビジネスモデルの提案を行うこととする。

　ニューツーリズムの核心は，従来の物見遊山的な観光旅行に対して，体験型・交流型の要素を取り入れた旅行の形態を目指すことにある。これは顧客ニーズへの対応とも置き換えることができ，物見遊山＝周遊的な観光から，体験・交流型＝滞在的な旅行へのコンテクスト転換であるとすることができる。そして，着（地）型観光は，旅行を旅の目的地（着地）に所在する地域に取り戻すことから，事業ドメインが発地＝アウトバウンドから，着地＝インバウンドへのコンテクスト転換であるとすることができる。この整理を，2つの軸の掛け合わせによって具体的に図示すると，以下に示す図表4-4のようになる（もちろん，個別にはこの領域を超えてポジショニングされるものもある）。

　さらに，このような概念フレームにおいて，これまでのニューツーリズムと着（地）型観光が目指してきた領域を示すと，以下のようになる。

図表4-4　顧客ニーズ軸と事業ドメイン軸による整理

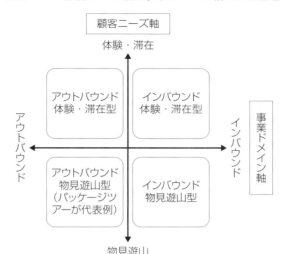

出所：原田（2014）に加筆修正

・ニューツーリズム＝第1象限＋第2象限
・着(地)型観光＝第1象限＋第4象限

　つまり，第1象限＋第2象限＋第4象限という広範な領域が，新たなビジネスモデル領域となる。そこで，ここではこれらの新たなビジネスモデル領域を「コンテクストトラベリズム」として設定することとする（図表4-5）。
　コンテクストトラベリズムについては，以下のように理解してほしい。まず，コンテクストは，通常は文脈や脈絡と言われるものであるが，商品やサービスに関わるビジネスでは商品やサービスを顧客に提供する方法である。そして，これがコンテンツである商品やサービスの価値を発現したり，増大したりする価値発現創出装置になっている[6]。そして，第1節で検討，再定義した内容を踏まえるならば，旅行がトラベル（発着地がある）とジャーニー（発着地の存在は問わない）に分別され，さらに前者のトラベルが周遊型の

---

[6] コンテクストについての，さらに詳細な内容については，以下の著作を参照していただきたい。
　原田 保・三浦俊彦・高井透編著（2012）『コンテクストデザイン戦略　価値発現のための理論と実践』芙蓉書房出版。

図表4-5 コンテクストトラベリズムの概念

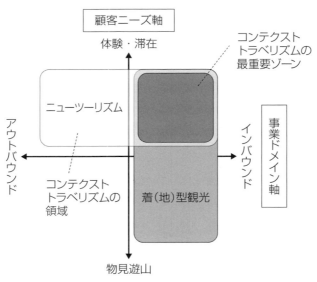

出所：原田（2014）に加筆修正

ツアーと往復旅行であるトリップから構成される概念であることから，これまで一般に使われてきた観光やツーリズムの代わりに，広義の旅行を捉えたトラベリズムの語を使うことが妥当であろう。

このコンテクストトラベリズムは，既述のように広い領域を含む概念となるが，なかでもニューツーリズムと着(地)型観光が交わる第1象限である，インバウンドの体験・滞在型トラベルが，今後もっとも期待されるゾーンであることがわかる。さらに，ここで図示されているのは主に（狭義での）トラベル領域であるが，もう1つの精神的な色彩の強いジャーニーもコンテクストトラベリズムの対象と考えられる。

さて，ここで，既存のニューツーリズムの領域を再確認することで，コンテクストトラベリズムが目指すべき領域の1つの方向性として示していきたい。図表4-2で整理した観光庁によるニューツーリズム領域の整理はコンテンツの視点に立ったものであり，コンテクストという視点からは距離がある。そこで，数多あるニューツーリズム論から比較的コンテクスト視点からの整理を行っているものとして評価できる須田（2009）の整理から，ニュー

ツーリズムと明示している領域を以下に列挙する。

①体験行動型観光
　ex. ショッピングツーリズム（買い物観光），スポーツツーリズム（運動観光），ヘルスツーリズム（健康観光），ウォーキング
②学習型観光
　ex. ミュージアム観光（美術館，博物館観光），エコツーリズム（環境観光）
③こころの観光
　ex. 宗教に関わる観光，グリーンツーリズム（緑の観光）

　この整理では，「○○観光」という表記に示されているとおり，既存の観光の枠からニューツーリズムを捉えようとしている，つまり新たな観光資源の高度化という視点で捉えている点は本書の主張とはギャップがあり，また具体的な例示がいささか狭い設定であるという指摘をすることができる。しかし，大きな方向性として体験，学習，心という領域があることについては，異論がなく示唆に富むテーマ設定であると言える。
　ここで，それぞれの○○観光の表記を以下のように読み替えることで，コンテクストトラベリズムとしての主要領域としての理解が進むであろう。

　　①体験行動型観光　　→観光地で何らかの体験を行う旅行
　　②学習型観光　　　　→観光を通じて何かを学べる知識志向の旅行
　　③こころの観光　　　→精神的なものに観光を集中させる旅行

　また，このように観光を旅行という言葉で置き直してみると，いずれも以前から旅行の中心的な目的であり原点であるということもできる。以上から，コンテクストトラベリズムは，脱観光であり，旅行への原点回帰であることが理解できるであろう。
　さらに，着（地）型観光に代表される地域ツーリズムの検討も行っておく。マスツーリズムに代わる有望な事業領域として地域ツーリズムが喧伝され，その代表的なものとして着（地）型商品がクローズアップされている（余暇文

化振興協会，2010)。ここで，コンテクストトラベリズムを考慮しつつ，地域ツーリズムの本質を明らかにしていきたい。

先に検討したように，着(地)型観光は着地となる地域が主体となって取り組むべき活動であるが，現状ではなかなか着地となる地域が主体を取ることが難しく，大手旅行代理店のスタンスによってはこれまでの観光ビジネスに取り込まれ，結局は地域からの収奪が行われるという課題が見られる。この点を考慮するならば，着(地)型観光に代表される地域ツーリズムが真に地域のためのビジネスとなっているのかという疑念が生じる。本来，地域ビジネスは，地域が主体となって，地域を起点にビジネスが展開されるべきものであろう。この視点に立つならば，いまの地域ツーリズムの現状は地域ビジネスとは捉えがたい状況にある。

着(地)型ビジネスモデル（現状，起点は地域にない）
≠地域ビジネスのビジネスモデル（起点は地域にある）

地域ビジネスを考える上では，現状の着(地)型ビジネスモデルが地域ビジネスのビジネスモデルではないということを認識することから始めなければならないだろう。理想とするのは，大手旅行代理店の力を借りずに，自らビジネスモデルを構築し，さらには自ら固有のダイレクトモデルを構築することによって市場開拓を行った黒川温泉のビジネスモデルである。地域ビジネスとは何なのか。それは，地域が主体をとり，地域が起点となり，地域のために行うビジネスモデルであることを再度認識し，積極的に推進することで地域に価値を現出させるビジネスである。

新概念としてのコンテクストトラベリズムの深耕
ニューツーリズムと着地型からのコンテクスト転換

これまで，旅行と観光の概念整理と，近年新たな観光形態として注目されているニューツーリズムと着(地)型観光の検討を通じて，これから真の地域ビジネスを目指すためには，コンテクストトラベリズムへのコンテクスト転換が必要であると主張してきた。

それでは、コンテクストトラベリズムとは、どのようなものなのか。本節では、現在すでに見られるいくつかの事象から、コンテクストトラベリズムについて具体的に考察を行い、この新たな概念の理解を深めていく。

(1) 体験・滞在型のインバウンドトラベル

　まずは、コンテクストトラベリズムの重点領域となる体験・滞在型のインバウンド（着(地)型）旅行について、すでに成功例として取り上げられることの多い2つの事例を通して、現実的な理解を深めていく。取り上げる事例は、1つが長野県飯田市の南信州観光公社の体験型旅行の推進[7]であり、もう1つは小笠原諸島のエコツーリズム[8]である。

①南信州観光公社による体験型旅行

　長野県飯田市にある南信州観光公社の新たな旅行形態への取り組みは、国が観光立国やニューツーリズムへの取り組みを始める以前である1995年から始まっている。それは、通過型観光地から滞在型観光地への転換を図るために、体験型の修学旅行を誘致するというものであった。今では、400軒以上が参加している農家民泊による宿泊型の教育旅行も実施しており、修学旅行以外の団体も多く受け入れるに至り、補助金などに頼らない経営を実現している。この事業は、参加者側から見ると地域に暮らす人々の中に深く入り込み援助や指導を受けながら感動体験を共有することを目指し、農家にとっては普通の生活や生産活動の中に参加者を招き入れることによる活性化と、双方向でよい刺激を与えながら活性化することを目的としていると言われる（大社，2013）。まさに、コンテクストトラベリズムの1つの方向性である参加者には体験と滞在を、地域には活性化と収益をという善循環が実現している事業であるといえる。

　しかし、すでに見てきたように着(地)型観光の課題は事業が順調に立ちあがるかどうかにある。とくに、集客をどうするのか、大手旅行代理店との関係をどう構築するか、極論すれば、いかに利用されないようにするかにある。

---

[7] 株式会社南信州観光公社の取り組みについては、大社（2013），吉田（2010），近藤（2008）を参考にした。
[8] 小笠原諸島のエコツーリズムの取り組みについては、海津（2010），森下（2012）を参考にした。

この点で中心を担ったのが南信州観光公社であり，吉田（2010）の分析によると，地域の窓口を公社に一元化することで旅行代理店から地域への直接的な関与が行われないようにしたこと，一方で送客に関しては旅行代理店に一任することで競合関係をとらなかったことが，成功要因としてあげられている。つまり，主体性を維持しながら旅行代理店との距離感を適正に保つ仕組みを作り上げたことにあるといえる。

南信州観光公社は，2001年に5市町村と10の地元企業・団体の出資によって設立され，同時に旅行業3種に登録，04年には旅行業2種登録を行い，その後も出資市町村が増え連携地域の全18市町村が参加するに至っている。このように行政と民間が連携していることに加え，体験型旅行という商品を売るノウハウをもった元旅行代理店スタッフが参加したことも，成功要因となっている。

ここでは，その理念や目的は元より，地域が主体となり，さらに起点となり，地域のためのビジネスモデルが確立された地域ビジネスが実現しており，コンテクストトラベリズムの1つの実現形として捉えることができる。

②小笠原諸島でのエコツーリズム

2011年，小笠原諸島は世界自然遺産に登録されることで注目を集め，それまでに比べ1.5倍以上の観光客が訪れることになった。しかし，小笠原における自然保護やエコツーリズムへの取り組みもこの時に始まったものではなく，1988年のホエールウォッチングの開始の時まで遡る。この時からの取り組みが，「自然環境を保全しながら観光利用し，地域の振興を図る」（森下，2012，5頁）ことに積極的に取り組み，エコツーリズム実践の先駆けとなっている。

きっかけは，本土のクジラ愛好者からの要望であったというが，これに応えるべく村が事業として位置づけ，取り組みを始めている。小笠原の独自資源であるクジラを観光資源として事業化を進めるために，村は先行地としてのハワイ・マウイ島で視察を行い，それを参考に事業化を推進し，手引書の作成，遊漁船主へのレクチャーを行った。この時の準備がやがて，村が事務局となった1989年の「小笠原ホエール・ウォッチング協会」の設立，97年の「ホエール・ウォッチングの自主ルール」にまとめられることにつながり，

現在に至っている。このようなベースがあることで、「小笠原カントリーコード」制定や、世界遺産に登録された後の「小笠原陸域ガイド制度」の制定などにスムーズに結びつき、世界遺産登録による観光客の増加にも対応ができていると言える。

海津（2010）は、小笠原でのエコツーリズムの成功要因をいくつかあげている。これらは、まずはホエール・ウォッチング事業については村という「官」主導から「民」が主体で動く健全な着（地）型観光へと発展したこと、そして協会においては地域住民、研究者、行政、旅行業者、観光者の5つの主体が連携できたこと、さらに資源を監視する調査研究機能をもち、ルールをつくり、伝え手を教育し、観光者をその活動に巻き込んでいくという循環の仕組みを地域が構築できたことである。

たしかに、観光客が増えることによる外来種のリスクやゴミ問題などで、小笠原の自然資源がその価値を失うことは、観光も地域社会も損なわれてしまうことになる（海津、2010）。観光が小笠原の基幹産業となっており、多くの住民が観光に関わっていることは疑いない。しかし、世界遺産の制約もあり、いまでは島内の多くの山も海も専門ガイドを伴わなければ立ち入ることができない。小笠原を訪れるとわかるのだが、このような制約もあるからこそ、そこに住む人々は島を訪れる人を大切にしていることを実感することができる。多くの観光地で見られる地域と観光客の関係とは異なる空気感がある。

このような理想的ともいえる地域ビジネスが実行されているのは、小笠原にとっての自然資源がどれほど重要なのかを地域が理解をし、地域が主体となって、地域が起点になり、さらには官に依存せずに民も一緒に活動していることが根底にあるからであろう。ここにも、コンテクストトラベリズムの1つの実現形がある。

以上、南信州観光公社と小笠原の事例を見てきた。しかし、この2つの事例における集客数は、いわゆる大観光地の集客数とは比べものにならないだろう。南信州においては、2008年の体験プログラム利用者数は2万人弱（のべ5万人）、小笠原では世界遺産登録の11年で来訪者数は2万人強に過ぎない。しかし、この規模であっても、しっかりと地域に根付くことで、地域に価値をもたらしていることがうかがえる。

最後に，2つの事例に共通している点をいくつか整理したい。まず，最初は官が主導的な立場を取っているものの，次第に民間も積極的な関与を行うようになっている点があげられる。地域が主体になるということの意味は，このように，官に依存するのではなく民間も積極的に関与することにあるであろう。ついで，官と民間事業者，さらには小笠原における研究者などを含めた広範囲な関与者によって運営組織が構成されている点も見逃せず，そこを訪れる参加者（旅行者）も重要な構成要員となる。さらに，地域外の関与者とも適度な距離を保ちながらも，共同行動をとっていることも重要であろう。

　このように，地域ビジネスを成功させるためには運営面でのポイントが多く，この点が鍵になることは否定できない。しかし，その成果を地域が実感できることが，持続的な活動に結びつくことも忘れてはならない。南信州では住民の若返りや病気予防にもつながり，さらには住民間での交流による地域活性化に繋がっている（近藤，2008）。小笠原においても，島を訪れる人が増加し，活性化することが，島民への経済的還元に結びついているという（海津，2010）。地域ビジネスとは，このように，地域が主体となり，起点となるのはもちろん，その果実を得るのは決して中央資本ではなく，地域であり，地域の住民であるという視点も重要である。

(2) 光だけではない影も捉える"脱"観光型トラベル

　第1節でも整理したとおり，観光という言葉にはその語源的な意味合いもあり，「光を観る」というイメージが色濃くあるのではないだろうか。つまり，観光が示す概念は，優れた風景やもの，人，文化を観るための旅行であり，そこには概ね楽しさ，あるいは感動（それもプラスの感情）を伴うことになる。観光が指し示す意味合いがこのようなものだとするならば，観光の対象が光であり，楽しさを伴うものが中心になるのも当然の帰結であろう。

　しかし，コンテクストトラベリズムにおいては，観光はその目的の1つでしかなく，ビジネスにおける移動や，体験や学び，さらには精神的な側面も対象としている。そして，ひとたび観光という制約を取り除き，体験や学び，精神的な側面を中心に考えるならば，その対象はこれまでの光となる資源ばかりではなく，対極となる影も含まれることに気づくであろう。たしかに，

これまでも広島の原爆ドームや鉱山や炭鉱跡の産業遺構などにおいて，必ずしも光とは捉えきれない，影の部分をもつ資源も観光の対象となっていたことは否定しない。しかし，コンテクストトラベリズムの対象は光を観るものだけではなく，影から学ぶことも含まれるという視点に立った時に，他にも多くの人に知ってもらうべき影の遺産はあるだろうし，例えば広島の捉え方も違ったものになるのではないか。以下では，この視点に立って，コンテクストトラベリズムについて検討を行う。

　実際，観光学の領域では，新しい概念として「ダークツーリズム」が注目されるようになっている。気鋭の社会学者である古市憲寿が，一般誌である『新潮45』において「「ダークツーリズム」のすすめ」という記事を掲載するほどに，この概念は注目されている。井出（2013）によれば，ダークツーリズムは20世紀末にマルコム・フォーレー教授とジョン・レノン教授によって提唱された概念であり，「災害や戦争などの人類の負の記憶を巡る観光の新しい考え方」（井出，2013，14頁）である。これまでは，アウシュビッツ収容所やチェルノブイリ発電所などが，その対象として研究されてきている。

　我が国において，にわかにこの概念が浸透してきたのは，2011年に発生した東日本大震災を契機とするという。例えば，思想家の東浩紀らが「福島第一原発観光地化計画」という活動を展開し，そのバックボーンにダークツーリズムの考え方があることを明記している（福島第一原発観光地化計画，2014）。これはあるいは，三陸鉄道で行っている「震災学習列車」（三陸鉄道，2014）も，この考え方に沿ったものである，と言えるだろう。また，被災地では後世に津波の記憶を伝えるために，震災遺構を残すべきかどうかを検討していたことも記憶に新しい。

　本書での議論からするならば負の遺産に対してツーリズムという言葉を使い，観光の視点で捉える考え方は肯定できず，またダークツーリズムという言葉自体の響きについての是非がある[9]ものの，これらの点についてここでは議論しない。本書において考えなければならないのは，その概念である「負の記憶を巡る」ことが，コンテクストトラベリズムの対象になりうると

9　井出が東日本大震災について「ダークツーリズム」という言葉を使った論文に対して，情緒的な意味において，この言葉を使うこと自体に多くの批判を受けた（井出，2013）。

いうことである。すでに，広島の原爆ドームや沖縄のひめゆりの塔など十分に観光地化した施設もあるが，広島も沖縄も負の記憶を巡るという視点に立つと，今とは異なる捉え直しができるのではないか。そこで以下では，広島と沖縄を事例にして「負の記憶を巡る旅」という視点から，これまでのいわゆる広島観光や沖縄観光からの捉え直しを行ってみたい。

広島といえば，まずは爆心地である原爆ドームを訪れることになるだろう。しかし，澤野他（2011）による『観光コースではない広島』を見ると，広島市内には原爆ドーム以外にも，碑や像などのモニュメント，さらには被爆建物が未だに多く残されていることを知ることができる。掲載リストによるならば，被爆建物が89，被爆橋梁が6，そして被爆樹木が55を数える。また，被害の地としてみる広島とは別に，ここから少し足を伸ばすことで海軍のまちであった呉に至ることができ，ここでも軍にまつわるいくつかの建造物を見ることができる。

沖縄についても，まずはひめゆりの塔と平和祈念公園が思い出されるだろう。ところが沖縄についても，新崎他（2008）による『観光コースではない沖縄』を見ると，ほぼ全土にわたり，碑や壕などの戦跡が残されていることを知ることができる。さらに，あらためて考えさせられるのは，沖縄ではいまだに多くの米軍基地が残されているということについてである。このことを考えるときに，ダークツーリズムの概念であった「負の記憶」だけではなく，今ここにある「負」「影」についても学ぶことの大切さに気づかされる。コンテクストトラベリズムで負や影を捉えるならば，過去としての記憶ばかりでなく，今ここにある現実もあわせて検討することが必要であろう。

そして，今回資料とした2冊の書籍をみて気づくことは，著者たちのすべてが地元在住者だということである。地域ビジネスにとって大切なことが，地元の資源をどれだけ掘り起こし，そこに意味づけをすることができるかであることを考えると，やはり地元に住み，その歴史を踏まえながら，日々地元のことを考えている人による発想が不可欠であろう[10]。中央から見て気付くことができる象徴性の高いものだけが，地域ビジネスの資源になるわけで

---

[10] しかし一方で，地元にいるからこそ，その価値に気付かないという側面も否めない。地域に埋もれている知を掘り起こすと同時に，外部の視点で価値の評価を行うことも必要であることには留意したい。

はない。ある意味，地域ビジネスにおいては，地域のことは地域の人たちが主体となって考えることはあたりまえなのだが，これまでは中央から見た地域という立ち位置で資源についての検討が行われ商品の造成が行われていた点も否めない。コンテクストトラベリズムを推進していくためには，このあたりまえのことに，いま一度立ち返ることが求められるだろう。

　最後に，負の記憶や現在を巡るというコンセプトで取り上げることが可能な地域を列挙すると，広島同様被爆地として記憶される長崎，太平洋戦争の激戦地として今でも多くの戦跡が残る小笠原諸島，さまざまな議論はあるものの多くの戦没者が祀られる靖國神社，東北と同様に震災に見舞われた阪神・淡路，大事故の現場として記憶を留めなければならない御巣鷹山，さらには各地に残される負のイメージを伴う旧鉱山や炭鉱などの産業遺構，工事の過程で犠牲を伴った黒部ダムや青函トンネルなどをあげることができる。このように，このコンセプトは，かなり広い範囲での適応が可能なものとなる。

(3) 物見遊山ではない，精神性を重視した聖地巡礼トラベル

　さて，旅の起源を見たときに，巡礼や参詣が重要な役割を担ってきたことは既に確認した通りである。これは，海外でも日本でも同様に見られることであり，人類にとって普遍的な価値であることがうかがえる。さらには，現代においても四国巡礼の旅への注目は高まっており，パワースポットという言葉で置き換えられることもあるが，聖地がブーム的な位置づけにあるとも言える。近年では，式年遷宮による伊勢神宮と出雲大社への注目が記憶に新しい。多くの関連書籍が出版され，テレビもこれらを特集した番組が多く放映され，これに触発され関心を抱いた人たちが両社を訪れている。このように，多くの人が聖地に注目するようになった背景には，何があるのであろうか。まずは，聖地とは何かについて確認を行い，これをコンテクストトラベリズムにおいて，どう読み解くかについて検討していく。

　山中（2012）は現代の聖地についての分析を行っている。まず，聖地については「至福の喜びと深い満足感を与えてくれる場所，それが聖地だった」（山中，2012，1頁）としている。ここで過去形を使っているのは，今では作られた聖地が増えているため，その定義をどう捉えるかを考え直す必要が生じているからである。そして，聖地は社会的に構築されるものとして，聖

地が聖地となるためには，その場所が社会的に特別なものとして意味づけられ，聖地として枠づけられ，名前を与えられることが必要だとする。さらに，多くの聖地は開かれた消費空間へと移行し始めていると指摘している。

たしかに，現代はさまざまな場所が新たな聖地として，突如あらわれ消費されることがある。例えば，明治神宮の「清正井（きよまさのいど）」などがこの事例にあたる。この点からすると，先の山中の整理は十分理解できるものであるし，コンテクストトラベリズムにおける聖地巡礼を考える際に有用なフレームとなる。すなわち，聖地としてはやはり至福の喜びと満足感を与えられる場所であることが必要条件となる。しかし，過去から聖地として知られている必要はなく，意味を与えられ，枠づけられ名前を与えることで，現代における聖地となることができる。この考え方は，まさに地域デザインにおけるゾーンデザインの考え方であるコンセプトを定めてゾーニングを行うことと，ほぼ等しい考え方である。この方法論を参考にするならば，地域の資源が聖地となることも可能になろう。

以上から，聖地の本来の意味，そして現代における新たな聖地が，いかに作り出され消費されるかは理解できたであろう。そこで，聖地巡礼の中でも，近年とみに注目されている「アニメ聖地巡礼」を事例としながら，コンテクストトラベリズムにおける聖地巡礼についての詳細を検討していく。

まず，アニメ聖地巡礼がどういうものなのかについて，岡本（2013）に依拠して確認を行う。岡本はアニメ聖地巡礼について，「アニメの背景となった場所を訪れ，アニメに登場するのと同じアングルで写真を撮影する。大河ドラマ観光とは異なり，マスメディアや地域サイドが行う体系的な情報発信がなくとも，熱心なファンがアニメの背景のモデルとなった場所を探し出し，情報発信を行うことから旅行行動が生まれる」（岡本，2013，3頁）としている。まさに，アニメの舞台として意味を与えられ，枠づけされ，名前を与えられ，それを消費しているのがアニメ聖地巡礼とすることができるであろう。さらに，そのアニメファンにとって，その場所は喜びと満足を与えてくれる地でもあり，このことは先ほどの山中のフレームにあてはまる。

ここで，アニメ聖地巡礼の舞台として有名になった埼玉県久喜市鷲宮の事例を，今井（2012）に依拠しながら確認する。鷲宮は，アニメ「らき☆すた」の舞台となった地である。ただし，アニメにおいては鷲宮が舞台で

あると明示されているわけではなく，アニメとして放映されることによって鷲宮がアニメの舞台であることに気づいたファンがその地を訪れるようになることで，鷲宮が注目されるようになった点を留意したい。これは，決してメディア側や地元自治体から情報発信したものではない。そして，一部のファンが鷲宮を訪れネット等を通じて情報発信することにより，アニメ雑誌が付録を通じ鷲宮と「らき☆すた」の関係を知らせ，多くのファンが知ることとなる。当初は，地域の人たちもアニメファンが押し寄せることに困惑していたが，商工会が訪れるファンをボランタリスタッフとして巻き込むことによって，イベントやグッズの開発につなげている。このような取り組みが，やがて地域を巻き込んだイベントや，伝統文化との結びつきに発展し，アニメと地域が強く結びつくようになり，さまざまなイベントが継続されている。

　ここで注目したいのは，「町に「らき☆すた」の物語が前景化していくにつれて，そこを訪れるアニメファンは，「自分がこの町に受け入れられている」という感覚を強く感じるようになっていった。そこには，「異郷」を垣間見る観光者から，「自分の帰るべき場所」を見つけた巡礼者に至る展開が示唆されているように思われる」（今井，2012，149頁）という今井の指摘である。この事例からは，聖地巡礼においては，地域が巡礼者と一緒に創りだしていくという過程の重要性がうかがえる。元々は異郷を訪れる観光者であった彼ら（アニメファン）の地域への関与を高めると同時に，地域も積極的に彼らとの関わりを高めていき，最終的には彼らが「帰るべき場所」とまで思える関係を構築することが重要であろう。

　ここで大河ドラマなどによるロケーションツーリズムとの差異を考えなければならない。岡本（2010）の分析によれば，まずは何に関心をもつかという点での差異が大きいという。ドラマの舞台を訪れる人は，歴史上の人物や出演者への関心から，彼らがいた場所を消費することが地域を訪れる目的であり，地域への関心はさほど高まらない。他方で，アニメの場合は，そもそもアニメと地域の結びつきが現実ではないので，そこに舞台としての確認作業が入ることで地域への関心が高まる。さらに，ロケーションツーリズムは，地域やマスメディア主導によって大々的に訴求を行うが，アニメの場合[11]は

11　しかし最近では，鷲宮などの成功事例を見た地域が，自らアニメの聖地として位置づけ，メディア等で告知を行うことで集客を図るという，これまでの観光視点であるロケーションツーリズムに近い形で展開している例も見受けられる。

基本的に巡礼者が自ら情報発信を始め、それが他のファンを巻き込みながら情報が形成されるという特徴がある（岡本，2010）。いずれにしても，始めから情報環境を構築しないこと，それによって巡礼者が主体的に関与を高め，地域自体への関心を高めることが重要になる。このような関係性は，まさに聖地化をもたらすため，簡単に崩れる関係にはならない。

聖地巡礼という視点に立つとき，本来の意味での聖地性をもった地域への旅により，精神的な充足や喜び，満足を感じるという形態がある。この場合，その地域は長い歴史により培われた聖地性があるので，その意味づけを広く伝えることで地域ビジネスとして活用することができる。しかし，アニメ聖地巡礼で見られたように，元々は聖地性がない場所であっても，ある人たちにとって意味のある場所であり，そこが自分の帰るべき場所であると感じられるまでに地域が一緒になって築き上げることによって，聖地となることができるのである。この場合，その場所の意味性を他者があらかじめ定義してはならない。それでは，自己とその場所の関係性を構築する過程が阻害され，単に消費する場所にしかならないからである。他動的な部分が多分にあるものの，この点に注意しながら，新たな聖地を構築して，地域ビジネスとして展開できる。

（4）海外からのインバウンドトラベル

2020年，東京でのオリンピック開催が予定されている。そこに向けて，外国人のインバウンドを積極的に進めなければならないし，彼らを受け入れる体制も整えなければならない。では，これまでの観光ではなく，コンテクストトラベリズムの視点でみたときに，海外からのインバウンドにはどのような対応が求められるのか。いまだに，ゴールデンルートと呼ばれる東京－富士山－京都－大阪であり，ショッピングであり，観光なのか。ここでは，これからのインバウンド対応について考えていく。

最初に，インバウンドでの旅行状況について概観しておく（以下のデータは，観光庁（2014a）による2013年の調査結果であり，観光目的での旅行者に限定したデータである）。

まず，団体旅行か，個人旅行かについて確認すると，団体ツアーを利用して参加した割合は38.4％，対して個人旅行は61.6％となっており，国内での

旅行と同様に個人旅行の割合が高い。ただし，国別による違いが大きく，中国の60.3%，台湾の53.8%などの東アジアからのインバウンドで団体旅行が多い傾向にあり，他方で欧米ではほぼ9割が個人旅行である。銀座や秋葉原を歩いていると，大型観光バスが停車している光景に出くわすこともあり団体旅行客が多い印象を受けるのだが，これは主に東アジア圏からのインバウンドの場合と考えられ，欧米からのインバウンドについては，実は9割もが個人旅行あるということに注意をしなければならない。

　さらに，パッケージツアー利用客（30.4%）と個人手配客（69.6%）での平均泊数を見ると，パッケージツアー利用客では4.7日であるのに対し，個人手配客では15.1日にも達する。また総支出額では，パッケージツアー利用客では約18万4000円に対し，個人手配客では約23万4000円となる。滞在1泊あたりに換算すると，パッケージ客は約4万円に対し，個人手配客は約1万5000円となる。ここからは，パッケージ客が多くの買い物をしていることが想定されるし，他方で個人客の金額はほぼ交通費と宿泊費として消費される金額となっていることから，旅そのものを楽しんでいると見ることができるであろう。

　以上から，欧米を中心に，個人での長期間にわたる滞在旅行が多いという実態を確認できた。ここにおいても，いわゆるマスツーリズムのビジネスモデルで団体客対応を行っているのでは，顧客のニーズと乖離する可能性がうかがえる。国別の傾向が明らかであるため，特に欧米からの旅行者に対しては，マスツーリズムモデルはまったく機能しないことが理解できたであろう。

　それでは，インバウンド観光者，中でも個人客は日本において，どのような地域や対象を好んでいるのであろうか。シャウエッカー（2014）は，インバウンド旅行者向けの日本ガイドであるWEBサイト「ジャパンガイド（http://www.japan-guide.com/）」で行った顧客満足度ランキングを元に，外国人が選んだ日本百景を示している。このランキングを参考として，個人客の志向を検討する。

　最初にジャパンガイドの属性を確認しておく。このサイトは1996年に開始されたものであり，2013年7月時点では1ヵ月で約190万人のユーザーが訪れ，約800万のページビューがある。主なユーザーは英語圏に住む人，または英語を話す人で，どちらかというと個人旅行指向の人に利用されてい

図表4-6　外国人が選んだ日本百景（1〜20位）

順	日本百景	所在地	順	日本百景	所在地
1	白川郷の合掌づくり	岐阜県	11	さっぽろ雪まつり	北海道
2	宮島	広島県	12	恐山	青森県
3	乳頭温泉郷	秋田県	13	東大寺	京都府
4	清水寺	京都府	14	青森ねぶた祭り	青森県
5	出羽三山	山形県	15	平和記念公園	広島県
6	伏見稲荷大社	京都府	16	金閣寺	京都府
7	屋久島	鹿児島県	17	立山黒部アルペンルート	富山県
8	高野山の宿坊	和歌山県	18	高山祭	岐阜県
9	姫路城	兵庫県	19	富士登山	山梨，静岡
10	西表島	沖縄県	20	吉野山の桜	京都

出所：シャウエッカー（2014）

る（シャウエッカー，2014）。このようなサイトなので，以下で検討する満足度ランキングが，今回注目している個人旅行を行う欧米人の傾向に近いと判断できる。また，順位づけに関しては，満足度を基本として訪れた人数を加味したものとなっている。以上のようなランキングの結果，1〜20位を示すと表のようになる（図表4-6）。

　この順位を見ると，一般的な印象とは異なるランクとなっているのではないだろうか。いわゆる有名観光地が上位にあがっていないことに気づくだろう。1位が白川郷というだけでもだいぶ意表を突く。さらに，出羽三山や高野山といった修験の山がトップ10に入っているし，温泉のランクインは草津温泉ではなく乳頭温泉である。しかもこれらは，一般的に見ても，かなり行きにくい場所にあるという特徴もある。なぜ，このようなランキングになっているのだろうか。サイトの主宰であるシャウエッカーによると，満足度が高いスポットは「伝統的な日本」「日本の自然」「スピリチュアルな日本」であり，トップ10で言うなら，伝統は白川郷と乳頭温泉，姫路城，自然は屋久島と西表島，スピリチュアルは出羽三山，高野山，宮島，清水寺，伏見稲荷大社と分類される（シャウエッカー，2014）。

さらに，個別のスポットの評価を見ていくと，上記の大きなコンテクスト以外では，田舎の風景，おもてなし，浴衣，圧巻，繊細，美，ミステリアスなどのキーワードが浮かびあがる。昔ながらの日本，日本ならではのものに対する志向が強く，精神的な部分での充足を求めている傾向が強くでていると言えるのではないか。

　たしかに，中国の団体ツアーに見られるような買い物ツアーへの需要もまだまだ根強いだろう。しかし，彼らにしてもさらに生活が向上し，何度か日本に訪れるようになると，欧米からの個人旅行のような目的に向かうことになるのではないか。地域の特徴や自分たちでは気づかない魅力を掘り起こし，日本という大きなコンテクストにのせ，体験や滞在ニーズに応えていく。このような，まさに本書で提案しているコンテクストトラベリズムが，彼らの満足度向上の鍵になることが理解できる。

　さらに，インバウンドの視点では，観光以外のインバウンドも重要な要素になる。ここには，ビジネスや最近とみに注目されている医療も含まれる。先にあげた観光庁（2014a）において，訪日外国人の主な来訪目的を見ると「観光・レジャー」が過半数を占めるものの，「業務（展示会・見本市／国際会議／社内会議／研修／商談等その他ビジネス）」目的も30.2％を占めている。観光に囚われずに，トラベリズムという広い視点から見るならば，このような観光以外のインバウンドについても，どう対応していくのかを検討することが求められる。

《結語》

　本章では，まず旅行と観光についての検討を通じて，これらを再定義し，新たな体系を提示することから始めた。ここから明らかになったのは，観光とツーリズムという言葉は，これまであまりにも概念を拡張してきたことによって，大きな混乱を来していることである。例えば，観光についての新たな考え方に基づく方向性を検討するとしても，光を観るという本来の意味からの束縛と，あまりにも大きすぎる，つまり人によって捉え方が異なる概念によって，正しい検討を行えない状況にあった，と言える。このことは，ニューツーリズムについての再検討を行う過程において，とくに明らかになったと言える。

ニューツーリズムの本来の指し示すところは，これまでの物見遊山的な観光ではなく，体験型の旅行を検討することにあった。しかし，ツーリズム＝観光という囚われから，検討の方向性が新たな観光資源というような枠の中で行われ，結果的に新たなコンテンツを探しているという状況に陥っている。また，ニューツーリズムと共に語られることの多い着(地)型観光についても，いくつかの成功事例は見られるものの，やはり従来の観光ビジネスモデルに囚われている面が否めず，その弊害を指摘してきた。つまり，着地において新たな商品を造成したとしても，大手資本がパックツアーに組み込むことで，結局は地域ビジネスから乖離してしまう。

　旅行と観光の概念の整理と新たな体系化の下で，これまでのニューツーリズムと着(地)型観光の本来の目指すところについての検討を踏まえて，人と地域のためのビジネスとして本書が提案しているのが，コンテクストトラベリズムである。まず，観光やツーリズムではなく，これらを含む大きな概念としては旅，旅行が相応しく，観光は旅行の目的の１つであるという原点に立ち返ることの提案である。そして，ニューツーリズムや着(地)型観光が本来志向していた脱観光をも，この中で包含していこうという意思も含んでいる。さらに，自然，文化，産業，学習などといった観光の対象としてのコンテンツを考えるのではなく，体験，学び，心といったコンテクストでトラベルを考えることが必要であるという意味も込めている。まとめるならば，本来の意味での観光ばかりではなく，多様化している旅行の目的に応えるべく，一人ひとりの体験や学び，こころの充足に対応すべく旅を提供していくことが求められ，ここにコンテンツツーリズム的な発想から，コンテクストトラベリズムへの転換の必要性が明確になる，と思われる。

　具体的にコンテクストトラベリズムを考えていくならば，まずは体験型で滞在型のインバウンド（着(地)型）ビジネスへの取り組みが重要になる。そして，これまでの光を観る観光に囚われずに負や影の部分にも積極的に注目し，そこから参加者が学び感じることの重要性も指摘できる。さらに，旅の原始的な形態ともいえる聖地巡礼に新たな光を与えることで，そこに至ることの喜びや満足感を得る，そして帰るべき場所と思える場所を提供することも，１つの提案となる。また，インバウンドの状況を見ても，欧米からの旅行者を中心に個人旅行が増えていることに着目し，彼らのニーズが真の日本，

伝統であり，自然であり，精神性であることの理解も求められる。

　コンテクストトラベリズムの実現で目指すべきは，地域が主体となり，地域が起点となり，地域のために行うビジネスである。そして，マスツーリズムのビジネスモデルであった経済合理性や効率性とは異なる，それぞれの地域の特徴を踏まえ，それぞれの地域に見合ったビジネスとなることが求められる。参加者にとっては画一的で物見遊山型の観光ではない，精神の充足も満たされるような旅行であり，地域にとっては個々人の積極的な参加により，より健康で充実した生活が送れるようになること，かつ経済的な分配も適切になされることが理想である。そのためには，再三指摘するように地域が主体となることはもちろんであるが，これまでの観光の主体をなしてきた大手旅行代理店が，これまで培ったノウハウを元に地域のサポートに回るということの重要性も忘れてはならない。

　そうなると，これまでの観光やツーリズムからトラベリズムへの転換，観光資源視点でのコンテンツ主義から体験や学び，精神的充足といったコンテクストへの転換，そして中央資本の大手旅行代理店から地域の人々への主体転換，人と地域のためのビジネスとなるためには，いくえにもわたるコンテクスト転換が求められてくる。

（原田　保・鈴木敦詞）

※本章は，地域デザイン学会誌『地域デザイン第3号』に掲載された，原田（2014）「「ニューツーリズム」と「地域ツーリズム」のコンテクスト転換－「ツアー概念」から「トラベル概念」への原点回帰」を元に，大幅に加筆・修正を行い，新たに書き下ろしている。

■ 参考文献 ■

飯田芳也（2012）『観光文化学－旅から観光へ』古今書院。
井出　明（2013）「被災地を旅するということ－ダークツーリズムの可能性」『都市問題』104巻10号，14～18頁。
今井信治（2012）「鷲宮神社－世界に発信されるアニメの聖地」星野英紀・山中　弘・岡本亮輔編著『聖地巡礼ツーリズム』弘文堂，146～149頁。
大久保あかね（2009）「観光史　日本（1）飛鳥時代－昭和時代前期」溝尾良隆編著『観光学全集第1巻　観光学の基礎』原書房，141～165頁。
大社　充（2013）『地域プラットフォームによる観光まちづくり』学芸出版社。
大橋昭一（2013）「観光の本義」大橋昭一編著『現代の観光とブランド』同文舘出版，3～10頁。
岡本　健（2010）「コンテンツ・インデュースト・ツーリズム：コンテンツから考える情報社会の旅行行動」『コンテンツ文化史研究』3号，48～68頁。
岡本　健（2013）「コンテンツツーリズムの可能性と課題」『地域開発』589号，2～6頁。
岡本伸之（2001）「観光と観光学」岡本伸之編著『観光学入門』有斐閣，1～29頁。

海津ゆりえ（2010）「サスティナブル・ツーリズム－環境保護と地域経済を結ぶ観光」高橋一夫・大津正和・吉田順一編著『1 からの観光』碩学社，128～142頁。
観光庁（2014a）『訪日外国人の消費動向 平成 25 年年次報告』国土交通省観光庁。
観光庁（2014b）「観光庁ホームページ｜ニューツーリズムの振興」http://www.mlit.go.jp/kankocho/page05_000044.html（2014.7.12 アクセス）。
近藤政幸（2008）「体験交流開発型 事例1：南信州観光公社」尾家建夫・金井萬造編著『これでわかる！着地型観光－地域が主役のツーリズム』学芸出版社，106～111頁。
澤野重男他（2011）『観光コースでない広島－被害と加害の歴史の現場を歩く』高文研。
三陸鉄道（2014）「三陸鉄道ホームページ｜震災学習列車」http://www.sanrikutetsudou.com/2014/02/%e3%80%8c%e9%9c%87%e7%81%bd%e5%ad%a6%e7%bf%92%e5%88%97%e8%bb%8a%e3%80%8d%e3%81%ae%e3%81%94%e6%a1%88%e5%86%85.html（2014.7.13 アクセス）。
シャウエッカー，ステファン（2014）『外国人が選んだ日本百景』講談社。
須田 寛（2009）『観光 新しい地域づくり』学芸出版社。
多方一成（2013）『グリーンライフ・ツーリズムへの創造』芙蓉書房出版。
十代田朗（2011）「基礎知識編－観光とは－」原田順子・十代田朗編著『観光の新しい潮流と地域』放送大学教育振興会，11～29頁。
内藤錦樹（2009）『観光活性化のマネジメント』同文舘出版。
中島 智（2010）「持続可能な共生社会を目指す観光ビジネス」谷口知司編著『観光ビジネス論』ミネルヴァ書房，167～184頁。
新崎盛暉他（2008）『観光地ではない沖縄（第四版）』高文研。
橋本俊哉（2010a）「コラム：「観光」の意味の変遷」前田 勇編著『現代観光総論 改訂新版』学文社，15～16頁。
橋本俊哉（2010b）「観光の日本史」前田 勇編著『現代観光総論 改訂新版』学文社，27～34頁。
原田 保（2010）「黒川温泉のブランディング＝入湯手形で著名な癒しの温泉街」原田 保・三浦俊彦編著『ブランドデザイン戦略 コンテクスト転換のモデルと事例』芙蓉書房出版，255～271頁。
原田 保（2014）「「ニューツーリズム」と「地域ツーリズム」のコンテクスト転換－「ツアー概念」から「トラベル概念」への原点回帰」『地域デザイン』第3号，23～55頁。
東 悦子（2013）「観光という言葉の成り立ちと意義」大橋昭一編著『現代の観光とブランド』同文舘出版，11～19頁。
福島第一原発観光地化計画（2014）「福島第一原発観光地化計画チャンネルホームページ」http://ch.nicovideo.jp/fukuichikankoproject/（2014.7.12 アクセス）。
古市憲寿（2012）「「ダークツーリズム」のすすめ」『新潮 45』31 巻 12 号，102～105頁。
塹江 隆（2006）『観光と観光産業の現状 改訂版』文化書房博文社。
前田 勇・橋本俊哉（2010a）「観光の概念」前田 勇編著『現代観光総論 改訂新版』学文社，5～14頁。
前田 勇・橋本俊哉（2010b）「観光の世界史」前田 勇編著『現代観光総論 改訂新版』学文社，17～25頁。
溝尾良隆（2009）「ツーリズムと観光の定義」溝尾良隆編著『観光学全集第1巻 観光学の基礎』原書房，13～41頁。
森 宏之（2010）「ニューツーリズムの推進」ニューツーリズム読本編集委員会『ニューツーリズム読本』友月書房，14～16頁。
森下一男（2012）「小笠原諸島の自然と小笠原村の将来－自然環境保全と村の元気につながる観光とのバランス」『観光文化』第36巻4号，2～6頁。
安島博幸（2009）「観光史 外国編」溝尾良隆編著『観光学全集第1巻 観光学の基礎』原書房，81～139頁。
安村克己（2001）「観光の歴史」岡本伸之編著『観光学入門』有斐閣，31～71頁。
山中 弘（2012）「概説 作られる聖地・蘇る聖地－現代聖地の理解を目指して」星野英紀・山中 弘・岡本亮輔編著『聖地巡礼ツーリズム』弘文堂，1～11頁。
余暇文化振興協会監修（2010）『ニューツーリズム人材育成講座テキスト（改訂第二版）』財団法人余暇文化振興協会。
吉田春生（2010）『新しい観光の時代』原書房。
Boorstin, D. J. (1962), *The Image: What Happened to the American Dream*, Atheneum.（星野郁美・後藤和彦訳『幻影の時代――マスコミが製造する事実』東京創元社，1964）。

第Ⅲ部

期待領域の展開編

第5章
コンテクストトラベリズムのための発想転換

《緒言》

　ここまでですでに周知であろうが，ここでは今後には大いに期待できるコンテクストトラベリズムによって表せる旅行ビジネスについて，「コンテクストとしての旅行」と「コンテンツとしての旅行」に分別しながら，若干の論述を行いたい。そして，これらの提示を踏まえて，現在，とみに注目度をあげているデスティネーションビジネスの新たな展開についての基本的な考え方も披露したい。

　ここでは，旅行の目的に対するコンテクスト転換に重点を置いた場合の旅行をコンテクストとしての旅行，旅行の着地に対するコンテクスト転換にウェイトをおいた場合の旅行をコンテンツとしての旅行，と定義する。なお，前者は，例えば「気分転換」のために計画される旅行が，後者には，例えば「着地到達」のために計画される旅行である。

　また，前者の場合には，着地としての特定の場所については二次的なものであり，あくまでも気分転換が行えることが第一義的な目的である。他方，後者の場合には，何のために旅行に行くのかが第一義的であり，あくまでもどこに行くのかが第一義的な目的である。これらの差異は，旅行に関わるビジネス主体に対して多大な影響を与えることになる。

　例えば，地域の旅館やホテルに代表される宿泊ビジネスについては，例外としてのチェーンオペレーション展開企業を除けば，おそらくすべてのビジネス主体は，顧客にはどうしても何度も同じ所に来てもらうことが必須の課題になる。これに対して，例えば旅行代理店については，おそらく可能な限り多くの着地に行かせることが必須の条件になる。

こう考えると，旅館やホテル，あるいはテーマパークのような特定の地域と密接不可分であるトポス（topos）型のビジネスは，どちらかというとコンテクスト型トラベリズムで語るべき事業領域になる。これに対して，大手の，例えばJRや航空会社に代表される旅客輸送業については，行き先に関係なく，輸送機関を利用してもらえばそれでよいことになる。場合によっては，輸送機関で過ごすこと自体が目的になる場合も数多く見い出すことができる。

　このような問題意識から，本章では以下のような考察が行われる。第１にコンテンツビジネスとコンテクストビジネスの比較と転換について確認し，第２にコンテンツビジネスとしての産業視察旅行の事例を紹介する。第３に地域ビジネスの１つとしての観光経営に有効な地域資源について整理し，第４にデスティネーションマーケティングからさらにコンステレーションマーケティングに概念を展開させ，人間を起点としたビジネスの現出をデザインする。

第一節　コンテンツビジネスとコンテクストビジネスの比較と転換
主体としての顧客の尊重と個別ニーズを捉えて

　旅行の目的に対するコンテクスト転換に重点をおいた「コンテクストとしての旅行」は，かつての日本でよく見られた一般的なものであった。日本がまだ豊かでない時代には，大衆は余暇の過ごし方に慣れておらず，旅行といえば旅行代理店が企画した最大公約数的な内容の団体旅行が多かった。そこでは，団体が大型バスで移動し，ぞろぞろ並んで歩いて同じルートを集団で周り，宿泊先では大食堂や広間で団体が同じ浴衣を着て同じ料理を食べて大部屋で同じ布団を並べて寝る。このような旅行を商品として見た場合には，規格品の大量消費モデルと言えよう。

　その種の旅行においては，顧客にとっては気分転換が目的なので，行き先はどこでもよかった。着地に特別なことを求めてはおらず，日常の義務や責任から離れて顧客の立場で寝食や外出の世話をしてもらえば充分だったのである。また，着地側にとっては，顧客は旅行代理店が送り込んでくる消費体でしかなく，お土産の品をいくら買ってくれるかといった金額が着地の関

心事であったため，訪れる人々が誰であっても構わず数で捉えていた。

　これに対して，旅行の着地に対するコンテクスト転換にウェイトを置いた「コンテンツとしての旅行」においては，顧客が行き先や輸送機関を指定しての旅行であるため，顧客の主体的な嗜好が旅行の起点となる。着地側のサービス提供者もまた，交流の対象としてターゲットとする顧客の質を選んでいる。こうした旅行においては，顧客が望む体験は具体的なものとなる。単に「自然を満喫したい」といったあいまいな目的ではなく，その地域にしかない固有のものを求めて行き先を指定した旅行である。

地域産業を活かしたコンテンツビジネスの重視
新領域としての産業視察旅行への取り組み

　「地方創生」と言われ，全国一律の開発ではなくその地域の気候・地形・特産品など地域の特性を活かした地方産業の活性化が近年盛んなものの，多くの地域・自治体は未だ試行錯誤の段階にある。このような地域・自治体のリーダーが抱える先進的な他地域を訪れて成功事例を学びたいというニーズに対応した「地方活性化事例の視察ツアー」は，まさに行き先や見たいものや聞きたいことがはっきりしている旅行の着地に対するコンテクスト転換にウェイトを置いた「コンテンツとしての旅行」である，と言える。

　地域の特色ある産業がもたらした観光資源の事例を紹介する。

(1) タオル美術館（愛媛県今治市）

　瀬戸内海に面した愛媛県今治市は，中国地方と四国地方を結ぶ橋「しまなみ海道」の四国側の玄関口である。広島県と愛媛県の間の島々をゆっくりと渡りながら瀬戸内海の景観を楽しめることから，自転車愛好家の来訪が絶えることがない。最近では，今治のゆるキャラ「バリィさん」の2012年ゆるキャラグランプリ優勝が全国の注目を集めた。

　そんな新しい話題が豊富な今治であるが，多くの人々によって認識されている今治の顔といえば，やはりタオルの産地としての古くて新しいブランドであろう。タオルの生産に適した気候条件から，今治はタオルの産地120年の歴史を誇る。その歴史と伝統に加えて2007年に四国タオル工業組合が，

今治タオルをブランディングするための「今治タオルプロジェクト」事業を始めた。ここでは独自の品質基準に基づく検査に合格した今治産のタオルを「今治タオルブランド商品」として認定し、これによって高品質ブランドとしての認知度を高めている。バブル期には、海外の有名ブランドロゴの入ったタオルがもてはやされたことがあったが、今治は、産地をブランド化するマーケティング手法をとり、現在約100社といわれる地元のタオルの作り手が、四国タオル工業組合の組合員として地域の高品質タオルとしてのブランディングを支えている。

品質検査に合格した地元産商品に、組合の「認定マーク」をつけて認定商品であることを表示できる地域ブランド戦略であるが、その認定マークのロゴ（図表5-1）にも工夫が凝らされている。「今治タオルプロジェクト」に起用された東京のアートディレクター、佐藤可士和は、今治のアイデンティティを白地に太陽の赤と瀬戸内海の青で表現した。赤は昇りゆく太陽と産地の活力、青は波光煌めく海と（タオル生産時に使われる）豊かな水、白は空に浮かぶ雲とタオルのやさしさ・清潔感をイメージしたという。今治という狭い地域でタオルという限定された商品を使った、言わば非常にローカルな地域ブランディングにヨソモノを加えるオープンイノベーションを成功させたことは、これから地域活性化を図る他地域にも手法のヒントを与えるものであった。

図表5-1　今治タオル　ロゴデザイン

正方形と円に囲まれた部分は赤で太陽を、その下の3本の横線は青で海を表現している。
出所：四国タオル協同組合（2014）

四国タオル工業組合は，今治タオルの情報発信を海外でも本格化している。英国では，2014年9月にロンドンの見本市に初出店を予定しており，日本でのブランド戦略を担ってきた佐藤可士和が引き続きプロデューサーとして参加，海外メディアなどに対して今治タオルの良さを伝えていく。15年2月にはバーミンガムのイベントにも出展し，これらの場で反応を見ながら，英国に海外発のアンテナショップを開店することも検討中である。アジアでは，シンガポールのイベントに14年3月に続いて15年3月にも出展し，経済成長著しい新興国でのブランドの浸透を狙っている[1]。

　日本の職人たちの手によって製造されたタオルの肌触りや吸水性が，これらの海外の場で外国人に触れられる機会が増えるのと同時に，海外においてこれまで決して認知度が高いとは言えなかった今治の地名がタオルのブランド名となって発信される。「Imabariといえばタオル」として，地名も外国人に認識されていく効果は想像に難くない。

　今治市内のタオル美術館をはじめとして，今治タオルは，地域の観光資源としても活用されている。今治では，タオルを地域のブランドとして確立させたことにより，第2次産業であるタオル製造業が第3次産業である観光業にも貢献している。

(2) 工場見学と美術鑑賞（徳島県板野郡板野町・徳島県鳴門市）

　「ポカリスエット」「カロリーメイト」の商品名で知られる医薬品・食料品メーカーである大塚製薬株式会社は，徳島県に本社を置く企業であり，地域での研究開発・生産のみならず，県の観光資源としても注目されている。

　徳島市内および鳴門市内から車で西に約30分の郊外にある大塚製薬徳島板野工場は，大豆を原料とした菓子「SOY JOY」「ソイカラ」や医薬品を生産する「生産拠点」としての顔と，ファミリー客や小学校の遠足などの団体客が近隣の他県から毎年工場見学に訪れる「定番観光コース」としての顔がある。緑豊かな工場敷地内に野生生物が生息する林やビオトープを設置したり，菓子工場を一般客の見学を前提とした劇場型工場にすることにより，社外の人々にもオープンな「大塚パーク」として地域に貢献し，会社や自社製

1　日本経済新聞「今治タオル海外出展加速」(2014年7月8日，朝刊四国経済41面)。

品に親しみを感じてもらおうという戦略である。

　工場敷地の隣には，広大な公園と科学館を擁する徳島県立あすたむらんど徳島があり，駐車場は，親子連れの車や，幼稚園や小学校の遠足のバスでいっぱいになる。午前中に大塚の工場を見学して，昼は隣のあすたむらんどの芝生広場で弁当を広げ，午後はあすたむらんどの広場や遊具で遊んで帰る，そんな官民の施設の連携プランが可能となり，訪問客の利便性向上の相乗効果を生み出している。大塚製薬が一民間企業にとどまらず，地域の一部として溶け込んでいることと，県立のあすたむらんどの駐車場と公園の入場料が無料である（科学館の入場は有料）ことから，誰でも気軽に訪れることができる地元のレジャー施設としてリピート客を集めている。

　また，兵庫県から明石海峡大橋を渡って淡路島を経由して大鳴門橋を渡り，四国へと至る玄関口となっている徳島県鳴門市には，大塚製薬グループが設立した大塚国際美術館がある。西洋画を鑑賞できる観光名所として，個人旅行や接待にも利用されている。鳴門海峡に発生する大渦巻きとともに，訪れる人々を楽しませる模倣しにくい観光資源の集積が地域の魅力を高めている。

(3) 国際的ファストフード Udon（香川県）

　香川県と言えば，47都道府県で最も面積が小さく，四国には新幹線が通っておらずアクセスが不便であることから，訪れるどころか通り過ぎた経験もない日本人が多いかもしれない。しかし，うどんの本場といえば，まず讃岐，つまり香川県を一番にあげる日本人は多く，独自のブランドと地位を保っている。うどんは，日本の手軽な食事として広く全国で楽しめるが，特に香川県ではそこかしこにうどん店が並んでいることからもわかるように，県外から訪れて複数の店のコシのある麺やだしの味比べを楽しむ「うどんツアー」客を呼び込む観光資源ともなっている。

　そんな和食のファストフードであるうどんのチェーン店が，最近相次いで海外進出を進めている。「丸亀製麺」のタイ・ロシア・オーストラリアなど10ヵ国67店舗を筆頭に，「はなまるうどん」が中国に10店舗，「たも屋」がシンガポールに3店舗，「こだわり麺や」が台湾に1店舗というように海外にUdonレストランを展開した。和食は2013年に世界無形遺産に登録されたが，広範な新鮮食材とそれを調理できる技術をもった料理人がいないと

本格的で高級な和食の提供はできない。毎日でも通える庶民的なファストフードのうどん店であれば，海外で日本の食文化に触れる敷居を低くしてくれる。

　日本国内で海外発のファストフードのチェーン店といえば，ハンバーガーやピザが定着しており，若者を中心とした日本人が海外の日常の食文化に親しむ役割を果たしてきた。ハンバーガーチェーン店のマクドナルドが1971年に東京銀座に日本第1号店を出店した当時，日本の若者は単にハンバーガーを買ったのではなく，憧れの米国文化を買っていたのである。また，米国シアトル発祥のコーヒーチェーン店のスターバックスが96年にやはり東京銀座に第1号店を出店したときも，女性を中心とした消費者は，単にコーヒーを飲みたいのではなく，当時珍しかった禁煙の店舗で買ったスタイリッシュな容器の飲み物を持ち歩くおしゃれなシアトル文化を買っていた。前述のたも屋は，物価の高いシンガポールでの価格を香川の店舗より高めに設定し，日本のUdon食文化を「高級感のある麺」として演出する戦略で成功している。

　日本のファストフードUdonに接する海外の若者は，日本にどんな憧れと親しみを抱いて育つのであろうか。店員が調理してテーブルまで運んでくれるフルサービスのレストランと違って，客が自分でうどんの麺を湯でゆがき，トレイに載せて運ぶセルフ方式のレストランは，海外では新鮮に映ることであろう[2]。

　かつて，大規模スーパーやハンバーガーショップの視察のために日本人経営者が米国に視察旅行に行った。Udonの本場である香川県はここにしかない食産業の集積地であり，国内だけでなく海外からもUdonビジネスの視察客を魅了する可能性を秘めている。

　今治のタオルも徳島の大塚製薬も香川のうどんも，訪れる人たちの目的は単なる旅行ではなく，まず地域であることが特徴である。そこでは，今治という地域ブランドと高品質タオルブランドのイメージが重なり合う。徳島という地域ブランドと大塚製薬の企業ブランドのイメージが重なり合う。香川という地域ブランドとうどんの本場というブランドイメージが重なり合う。

---

[2] こだわり麺や台湾店では，国内でのセルフ方式をそのまま持ち込まず，客がテーブルで注文して店員が運んでくるフルサービス方式を同チェーンで初めて採用している。

このように，地域に根差した産業のブランドが融合して一体となることで，その地域ならではの生産活動を体験，視察できると訪問客に期待を抱かせる生きた観光資源となりえた。

第三節 "脱"観光経営視点の重要性
デスティネーションの地域資源を捉えて

　一般に，企業が経営戦略を立案するうえで，いま企業の経営資源として何があるのかを把握することが必要である。経営資源として，ヒト，モノ，カネ，情報があげられる。モノとカネは定量的に捉えやすい資源であり，ヒトや情報は定量的に測りにくい資源である。

(1) 経営資源

　地域ビジネスの1つとして観光を捉えた場合，地域ごとの特色を活かした観光戦略立案のために有効な経営資源とは何だろうか。

　観光を成り立たせる経営資源といえば，第1にヒトである。地域へのコミットメントが基盤となり，地域の内部と外部の人材が重層的に地域ブランドを創出していく。これらのリーダーは，地域の魅力に気づき，どのようにビジネスとして展開していくか工夫を凝らすプロデューサーであり，生産者・デザイナー・交通機関・行政などの人と人とを結びつけるコーディネーターでもある。

　リーダーだけでなく，地域の日常の風景の一部である内部の一般住民や，その地域を訪れる外部の旅行客もまた，観光の担い手の一人ひとりとして地域を彩るサポーターであり，地域資源として機能していることを忘れてはならない。

　再訪のカギは，住民とのつながりである。

　経営資源の第2には，モノとコトがあげられる。観光客がその地域を訪れる目的となるようなモノは，美術館のアートであったり，荘厳な滝であったり，世界遺産の遺跡であったりする。モノを静的に「見る」観光に飽き足りなくなった消費者は，サッカーのワールドカップのようなスポーツの国際大会に出向いて自国チームを応援するコトを目的とする動的な「観る」観光，

さらに，成熟した消費者には，興味があるコトを自ら「体験する」主体的な観光が人気である。

　経営資源の第3は，カネである。わざわざ遊園地や美術館といった箱モノを作るのではなく，既存の自然や産業を堪能してもらうのだとしても，宿泊施設や道路の整備・自然保護など，訪問客が快適に過ごせるためのインフラ整備と維持には費用がかかる。最近は，旅行中の様子をその場でフェイスブックやラインなどのネットワーキングサイトに載せて，友人と体験を共有したいという旅行客のニーズが高まっている。旅行客が撮影した画像をストレスを感じることのない速さでアップロードするために，使い勝手の良い公衆Wi-Fi（無線LAN）サービスの普及が望まれており，こうしたソフト面のインフラ整備は一企業だけでは実現不可能で，行政との連携が欠かせない。

　経営資源の第4となる情報とは，観光の場合，旅行者がその地域に対して感じる魅力を外部の目線を以って理解し提供することと，その地域が提供できる魅力の全体像と具体的な窓口を外部にわかりやすく伝えることであろう。前述の公衆Wi-Fiサービスを例にとると，そのサービスを提供するだけでなく，外国人にもわかりやすく伝えていく気配りが求められる。時代にマッチしたこのようなおもてなしは，顧客の満足度を高めるだけでなく，顧客が自ら地域の魅力を発信してくれるプルマーケティングにつながる効果がある。すなわち，観光サービスの供給者であるホテルや観光名所が旅行代理店などを通して消費者に推奨してもらう（プッシュ）のではなく，消費者自らが新鮮な地域の話題をリアルタイムに宣伝してほかの顧客を呼び込んでくれる（プル），戦略的な仕組みを構築する好機なのである。

(2) 経営組織

　地域のリーダーらが理念や情報を共有し，これらの経営資源を有効に活用していくためには，どのような組織が必要であろうか。マッキンゼー社が開発した7S（Seven S）モデルを使って整理する。

　7Sモデルとは，組織を考えるうえで必要な7要素の単語の頭文字をとったものであり，7つのSのバランスをとることが重要である（図表5-2）。

図表5-2 マッキンゼーの7Sモデル

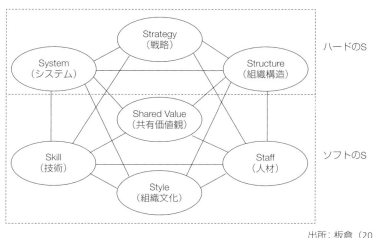

出所：板倉（2010）

　Structure とは，組織構造のことである。すなわち地域がどのように組織化されているかである。例えば，組織階層と上司部下の関係はどうなっているか，組織が職能別になっているか，あるいは事業部制組織になっているかなどの点を考える。本章では，第2章で述べたように，地域づくりプラットフォームによる一括提供を提案している。

　System とは，管理システムや情報システムなど組織の仕組みのことである。コンピュータのシステムだけではなく，管理の手続きがどのようになっているかなどの点も考える。例えば，地域の各主体が収益を上げていくための給与制度，インセンティブ制度，業績評価システム，資源配分システム，経営管理システムなどがこれにあたる。

　Strategy とは，競争優位の源泉は何か，観光戦略の優先課題は何か，観光のどの分野にどのように経営資源を配分するかなどの戦略のことである。

　以上の3つのSは，ハードのSとよばれ，比較的短期間に変更可能で，コントロールしやすいものである。

　Skill とは，担い手あるいは地域がもっている特定の能力のことである。当然ながら，その地域のビジネスによって必要なスキルは異なり，もしいま行っているビジネスに必要なスキルがなければ，手に入れるように努力する

必要がある。逆に，そのビジネスには重要でしかも競合他地域にはないスキルがあれば，競争優位を確立することができる。

　Staff とは，人材のことである。地域でどのようなリーダーシップがとられているか，採用と人材育成の方法はどのようになっているか，である。どのような人材が地域に何人いるかなどがポイントである。

　Style とは，地域や組織の文化や経営スタイルのことをさす。

　Shared Value とは，地域のよりどころとなる理念や価値観が浸透しているかである。

　7Sのなかでもこの4つの要素は，ソフトのSといわれる。ソフトのSは，その地域や組織で働く人々によって決まるもので，ハードのSと比較して，通常，簡単には変更できず，コントロールしにくいものである。

　これら，ハードのSとソフトのSの7つの要素を考えることで，地域の資源と能力を網羅的に把握できる。

　これらの7つの要素は独立しているものではなく，たがいに影響しあう。地域の行っているビジネスにあわせて，これらの資源や能力をバランスよく備えることが競争優位の確立につながる。

第四節　地域におけるマーケティング革新
デスティネーションマーケティングからコンステレーションマーケティングへ

　さて，デスティネーション（destination）マーケティングという概念は実に響きのよいものである。それは，着地を重視する，そして大事にするという響きが感じられるからかもしれない。しかし，ビジネスは収益をあげることが目的であり，そのためには効率のよいビジネスモデルを構築することが期待される。

　そのためには，地域にとっては，決してデスティネーションマーケティングの対象にされてはならないことになる。それは，デスティネーションマーケティングにおいては，まさにデスティネーションとしての地域がそれこそ一過性の消費拠点になってしまうからである。そこで，旅行ビジネスにおける消費対象としての地域からの脱却を図る方法の模索が不可欠になる。

（1）単なるデスティネーションからの脱却に向けて

　観光を着地の制覇を指向するための仕組みとして利用するのが実は観光ツーリズムであり，そのための大事な手法の1つとしてデスティネーションマーケティングがある（内田，1013）。それゆえ，このデスティネーションマーケティングは旅行代理店が展開すべきマーケティングである。このような問題点があるために，デスティネーションマーケティングは地域における地域価値の増大には必ずしもダイレクトには結びつかない。

　そこで，旅行ビジネスを地域のためのビジネスに転換するためには，何らかのコンテクスト転換が必要になる。なお，これは本書においてすでに繰り返し主張されている。こうして考えられた概念が，コンステレーションマーケティングである。これは，観光ビジネスを起点としているのではなく地域ビジネスを起点にしていることに最大の特徴がある。

　つまり，観光事業の対象として地域をみるのではなく，地域ビジネスの対象として観光をみることに立脚しているわけである。これはすなわち，観光においても地域が主体になって顧客を地域に誘引するためのマーケティングである，と言える。

　確かに，観光ビジネスも地域ビジネスも生活者をターゲットにしていることは違いない。しかしそれでも，ビジネス主体と生活者である顧客との関係形態はまったく異なっている。前者の観光ビジネスにおいては，多くの場合には旅行代理店と顧客との関係がリテンション（retention）マーケティング（原田，1999）のプラットフォームになるが，後者の地域ビジネスにおいては地域の多くの場合には旅館などと顧客とのリテンションマーケティングのプラットフォームになる。

　このように，どちらにとっても顧客との関係形態を捉えて消費を現出させることはまったく同様である。しかし，リテンションマーケティングの主体者と価値が発現する場所が両者の間では異なっている。そこで当然ながら，価値が発現する地域を主体にするリテンションマーケティングを行うべきであるという結論が導出される。

　このことは，地域が単なる1つのデスティネーションではなく，例えば顧客が定期的に帰っていく場所，あるいは頻繁な往復旅行であるトリップの対

象としての何らかの意味ある場所，すなわちトポス（topos）[3]（中村，1989）ということになる。これすなわち，地域のデスティネーションから一人ひとりに唯一性が獲得できるようなトポスへのコンテクスト転換である。

このように，トポス化によって，顧客と場所やコンテンツとの関係は深く結びつくようになり，それゆえ両者の間には濃厚なリレイションシップが構築される。このように，リレーションを捉えたリテンションマーケティングが両者の関係性を強めていき，次第に顧客は地域にとっての客体から旅行も同時に主体へとコンテクスト転換することになる。

これらから理解できるのは，リテンションマーケティングの主体が誰なのかによって，価値が発現する場所がどこなのか，を考えることが地域ビジネスには大事であるということである。これは，ビジネスのイニシアチブを誰が取るかによって，収益の行き着く先はまったく異なってしまうことを意味している。こう考えると，ここで紹介したデスティネーションマーケティングが旅行代理店を主体としたマーケティングであり，これは必ずしも地域の価値を発現することには結びつかないこともあることが理解できるはずである。

（2）コンステレーションマーケティングと地域価値の発現

そこで，ここでは旅行ビジネスを地域が主体になって展開するためのマーケティングについての考察を行うことにする。これはすなわち，顧客のリテンションを地域がいかにして獲得できるかに対する1つの解である。これは，マーケティングを顧客の心を捉えて行うというある種の心理学活用マーケティングである。

デスティネーションマーケティングはあくまで場所を主体にしたマーケティングであるが，ここでのマーケティングは人間，すなわち生活者である顧客を主体にしたマーケティングである。このようなマーケティングとして，ここではまずエピソードマーケティングと，これを踏まえたコンステレーションマーケティングについての議論を行ってみたい。

このような観点から考えると，以下のようにデスティネーションマーケティングとエピソードマーケティングやコンステレーションマーケティング

3　ここでは，トポスの象徴空間としての場所という性格を捉えたトポス概念の活用が行われる。筆者は，これを個人と場所を結びつける仕掛けであると考えている。

はまったく対極的なマーケティングであることが理解できる。

「デスティネーションマーケティング」→場所を基点
VS
「エピソードマーケティング」&「コンステレーションマーケティング」
→人間を基点

　前者のエピソードマーケティングはすでに江戸（2013）による理論[4]であり，その後に三浦（2013）がこれを具体的なレベルに発展させている[5]。これは一言で言うならば，おおむね以下のようになるであろう。これは，知覚価値を長期的に有効な状態に維持しようというマーケティングであると言える。それゆえ，これは心理学の概念であるエピソード，すなわち長期記憶を捉えた新たなマーケティング概念であると理解すべき概念になる。

　そこで以下においては，このエピソードという概念について，もう少し掘り下げて考察を行ってみたい。江戸（2013）によれば，このエピソードには3つの要素から考えることができる。それらは，第1が製品やサービスにビジネス主体[6]が付加するストーリーテリングとしてのエピソードであり，第2が顧客がサービスや商品を使用する際に顧客が使用するストーリーメイキングとしてのエピソードであり，第3がビジネス主体と顧客が一体となって作り出すストーリーメイキングとしてのエピソードである。

　当然ながら，筆者の場合は，第3のストーリーメイキングとしてのエピソードを重視したマーケティングが大事であるという立場からのアプローチが行われる。これは，マーケティングに顧客を巻き込むことや顧客を主体にする考え方であり，そのため近年では大いに注目されているユーザーイノベーションをもリンクする考え方でもある。

　このような理解に立脚して現時点では，筆者は第3のストーリーメイクとしてのエピソードを特に大事な要素であるとしながらも，これをコンステ

4　この段階ではエピソードをブランディングに限定して使用している。このエピソードについては，原田らによる地域ブランド戦略の理論フレームに含まれている一要素を切り出して独自に展開させた概念である。
5　江戸の理論をマーケティングに活用しようということから提示された江戸理論の応用形態である。
6　江戸は企業としているが，ここではこれも含めてビジネス主体に替えることにした。

レーションデザインという概念への転換を行っている。なお，ここで大事なのは，筆者の考え方は，江戸の考え方とは若干異なるものである。このようなことから，従来からのエピソードに替えてあえてコンステレーションという概念を使用したわけである。

　この転換に関する筆者の考え方は以下のとおりである。それは，コンステレーションをメイクするのは顧客自身であり，このコンステレーションメイクをサポートするのはさまざまなビジネス主体であることから構想されたものである。そこで，筆者は，そこのような顧客とビジネス主体という両者の協同による行為を，ストーリーメイクとしてのコンステレーションデザインという概念が適当であると考えるに至った。

　このような観点から，顧客のコンステレーションデザインは，ビジネス主体のサポートによってコンステレーションを描くデザイン行為である。そして，このようなマーケティングがコンステレーションマーケティングといわれるものである。

　このようなコンステレーションマーケティングを旅行ビジネスに持ち込めば，それはまさに地域ビジネスとしての旅行ビジネスとの主体的な連動が可能になる。また，これによって地域を主体にした旅行ビジネスの連動による地域とのリレイションシップを捉えたコンステレーションマーケティングが現出する。その意味では，コンステレーションマーケティングが地域ビジネスのリテンションマーケティングの展開に向けた戦略的な考え方である。

(3) コンステレーションマーケティングの事例①「原宿・竹下通り」

　ここで考察する原宿では，まさに顧客のコンステーションメイクを現出させるために多彩な店がエキサイティングな活動を行っている。それは，竹下通りに群がるジュニア層が何とか健全な範囲を逸脱することなくチェンジアップできる，暮らしの場から離れたある種の憧れのゾーンになっている。

　こう考えると，確かに熊倉（2011）が言うように原宿のファッションは先端的個性的であり，個性的社会的であるがゆえに，我が国では有数のファッションゾーンであると捉えるのは十分に理解できる。しかし，筆者の原宿に対する理解はそうではない。原宿は1つのゾーンとしては捉えにくいし，ファッションは個性的ではあるが，必ずしも先進的であるとは思えないから

である。それでは，一体いかに原宿を捉えるべきなのか。結論を急げば，筆者は原宿を明治神宮ゾーン，竹下通りゾーン，表参道ゾーンの3つに分けて考える。

　第1の明治神宮ゾーンは我が国有数のパワースポットであり，第3の表参道は青山や六本木などと同様の高質でコンテンポラリーなライフデザイナーが集まるグローバル感覚のシティである。それゆえ筆者は，これらの2つのゾーンにはあまり興味を感じない。それは，これらの光景は原宿ではなくとも見られるものであり，オンリーワン的な強いメッセージ性を見い出すことはできない。

　ここでは，ファッションモード界のファッションテーマとは異なるオンリーワンのアバンギャルドな感性が，ある種の治外法権的な雰囲気を見せながら異次元空間を構成している。山手線の原宿駅を降りて道を渡ると，そこはまさに異次元空間になっている。そこに足を一歩踏み込んだ途端，自分とは異なる他者へと転換してしまう。それは例えばアクティブなトレンドリーダーになったような感覚であるとも感じられる。

　こうなると，この竹下通りは何らかの舞台のようなコンテクスト転換装置であるように感じ取れてしまう。その意味では，一時の変身が可能になる異次元空間としての原宿・竹下通りということになる。そうなると，ここでコンステレーションマーケティングが効果を発揮することになる。

　このコンステレーションマーケティングが可能になるのは，ここの商品が表参道にあるコンテンポラリーな高質ファッションに比較して，トポスとしての場に結びついたマーケティングが効果を発揮すると考えられるからである。コンステレーションは舞台があると描かれやすいから，顧客がアクターになる劇場空間があることは，そして顧客がアクターになれることは，顧客とトポスとの一体感を醸成できる。

　こう考えると，竹下通りはまさにコンステレーションマーケティングの実験の場としては適切であると感じられる。また，そのためには，原宿の地名でブランディングするのでなく，原宿の中の竹下通り界隈を表せる原宿・竹下通りというブランディングがコンステレーションマーケティングの効果を高めてくれる。

(4) コンステレーションマーケティングの事例② 「かみのやま温泉」

　ここで紹介するのは，上述した原宿とはまったく正反対の地域であると思われる山形県の蔵王にある鄙びた温泉街のかみのやま温泉についての事例である。このかみのやま温泉は多くの競合温泉街がひしめく蔵王にあるが，それほど蔵王ブランドとの関係を強調しないことで，自身の温泉街としてのポジションを維持している特異な温泉街である。これは蔵王ブランドを前面に出している隣接する蔵王温泉街とはまったく対極的な戦略がとられている（原田・岩龍，2012）。

　そもそも，かみのやまという地名は神の山に由来しているように，おごそかな蔵王の佇まいを眺望できる地域である。当然ながら，冬にはスキー客で賑わう蔵王温泉とは異なる客層を狙ったコンステレーションマーケティングを行っている。そこで，ここでの月を捉えた優れたプロモーションについての紹介を行ってみる。

　ここでのメインターゲットは低価格路線のスキー客ではなく，首都圏などからの高質のライフデザイナー[7]ともいうべきクリエイティブ指向が強い生活者である。それは，アクティブなプロモーションよりは，むしろ自然を捉えた静謐なプロモーションによる顧客誘引が試みられている。この戦略で全国的に著名になったのが，その名のとおり月を愛でることを前面に出した温泉旅館である。

　ここでは，都会の人に非日時的な時空間を楽しんでもらおうということで，夜は電気を消したローソクで月を楽しむということも行われている。ここでの滞在はまさにスロースタイルが貫かれており，タイムスリップ感覚の顕現に注力している。また，他の温泉旅館も含めて温泉全体で，この自然の中の温泉暮らしが楽しめる温泉街づくりに注力している。

　このように，これといって何もない場所において唯一ある自然を捉えたマーケティングに託したことは極めて評価できる。この温泉街全体から感じ取れる戦略を一言でまとめると，健康，環境，観光という3つのKで表せる統合戦略である。このような小さな地方の小さな温泉街がコンセプチャル

7　受容型の消費スタイルではなく，消費手段を自身に担保していて，自身の生活思想に依拠した積極的な消費を行う，市場の牽引車である。生活価値の発現の達人であり，社会における消費社会のリーダーである。

なコンステレーションマーケティングによるリテンションが行われている。

　ここでの成功の要因は，強調した景観が名月であることである。これは，例えば富士山がブランディングに朝日，すなわち太陽を強調しているのとはまったく対照的となっていることである。それゆえ筆者には，月を強調するのではなく，月という伝統的なコンテクストによってカルチベイトされたある種の芸術空間の創造を指向したいというデザイン性が前面に出ているように感じられる。また，このような選択が正しいことは，かみのやまには蔵王を捉えた朝日や夕日の強調は文化的景観の中でそのスロースタイルにはあまりふさわしいとは思われないからである。

　このような夜空の癒しを前面に打ち出す滞在型の温泉としてのポジションを確立できれば，遠く離れている温泉旅館に何度も訪れさせるリテンション型のコンテクストトラベリズムが地域への貢献を果たせることになる。例えば，土曜日に年12回も，かみのやま温泉に月を愛でるために訪れるような仕組みを構築することによって，リテンションを可能にする顧客との関係構築ができる。

《結語》

　さまざまな事例を見てきたが，どの地域（デスティネーション）においても，そのデスティネーションを象徴するオンリーワンの価値を提供し，差別化を図ることが求められる。オンリーワンの魅力を確立するためには，逆説的であるが，簡単に顧客のニーズに合わせてはならない。地域は動かせない資源なので，もともと持っている強みを活かして勝負する地域リソースベーストビュー（Regional Resource-Based View：R^2BV）の考え方が有効である。

　地域が持っている強みを住民が誇りに思い，観光客に伝えていく。つまり，地域へのコミットメントを地域内外で共有することにより，内部の人間と外部の人間が連携して地域をマネジメントしていくことができる。

　香川県高松市の香川大学大学院地域マネジメント研究科は，中国・四国地方で唯一のMBAが取得できる経営系専門職大学院であり，「地方の時代」の到来を見越して2004年の開校から「地域マネジメント」という観点の下に，地域経済に特化したビジネススクール教育研究を行ってきた。具体的には，企業におけるビジネスリーダー，行政におけるパブリックプロフェッ

ショナル，地域資源を活かして活性化を図る地域プロデューサーなどの人材養成を目的としている。

　日本政府は，年間訪日外国人旅行客数 1000 万人達成後の次の目標を 2000 万人としているが，ただ通り過ぎていくだけの人数を増やすのではなく，諸外国のようにのべ宿泊数をもっと伸ばすことを考えてはどうであろうか。外国人にもっとゆっくりと滞在してもらい，地域の日常の良さを知ってもらうのである。一般に日本人は休暇が短いために滞在型旅行の発想が乏しいことが多いが，インバウンド国際交流の時代に入り，受け入れる側の観光の感覚も滞在型に国際化していく必要に迫られているように思われてならない。

（板倉宏昭・原田 保）

■ 参考文献 ■

板倉宏昭（2010）『経営学講義』勁草書房。

内田純一（2013）「《北海道》＝極北のブランド―デスティネーション・マーケティングのコンテクスト転換―」原田 保・古賀宏志・西田小百合『海と島のブランドデザイン 海洋国家の地域戦略』芙蓉書房出版，241 ～ 261 頁。

江戸克栄（2013）「エピソード価値による地域ブランでロング」原田 保編著『地域デザイン総論～コンテンツデザインからコンテクストデザインへ～』芙蓉書房出版，159 ～ 174 頁。

熊倉広志（2011）「原宿 原宿は空気を自由にする」原田 保・三浦俊彦『地域ブランドのコンテクストデザイン』同文舘出版，112 ～ 117 頁。

四国タオル協同組合（2014）『今治タオルプロジェクト　歴史と伝統　新たなる挑戦』http://www.imabaritowel.jp/data/project/data01.pdf（2014.5.26 アクセス）。

たも屋 HP「会社案内」http://www.tamoya.com/corporate/company.html（2014.7.8 アクセス）。

中村雄二郎（1989）「基体としての場所」中村雄二郎『場所』弘文堂，125 ～ 159 頁。

はなまるうどん HP「海外店舗」http://www.hanamaruudon.com/global/chinese/（2014.7.8 アクセス）。

原田 保（1999）「ＲＦＭのデータベース・マーケティング」原田 保『戦略的パーソナル・マーケティング』白桃書房，151 ～ 204 頁。

原田 保・岩滝敏昭（2012）「かみのみや温泉 蔵王のバックスペースに輝く置く財機機能を装備した隠れ家戦略」原田 保・大森 信・西田小百合編著『温泉ビジネスモデル ゾーニングとエピソードメイクのコンテクストデザイン』同文舘出版，244 ～ 256 頁。

丸亀製麺 HP「海外店舗」http://www.toridoll.com/shop/marugame/overseas.html（2014.7.8 アクセス）。

三浦俊彦（2013）「コンテクスト・ブランディングとエピソード・ブランディング―成長する地域ブランドの成長戦略―」地域デザイン学会『地域デザイン第 2 号 地域ブランド音地域の価値創造』地域デザイン学会，23 ～ 43 頁。

第6章
地域ビジネスとしての
コンテクストトラベリズム

《緒言》

　旅は，共同体が生まれたときから存在する古くからの行為である。長い間，旅とは共同体社会にとっての禁忌であり，日常を超えた特殊な行為として捉えられてきた。旅人はアウトサイダーであり，異人（まれびと）であり，外部から特別な何かを携えてくる存在として，あるときには畏れ敬われ，あるときには忌み嫌われ迫害されてきた。

　それが近代以降，旅行として社会の中に組み込まれ，特殊な行為としては意識されなくなっていった。産業革命を経て，さらに2つの世界大戦後にもたらされた交通機関の発達と世界規模での交通路の整備と，経済的繁栄によって，旅は休暇を過ごすための観光旅行として多くの人から支持されるようになっていった。現在，旅行とは，明確な目的地をもち，その場所へ向かう行程として計画化され，計画どおりに遂行し，確実に出発地点へ戻る安全で安心な観光旅行のことを示している。旅行が娯楽として捉えられることによって，第二次世界大戦後，観光旅行は世界的なブームとなり，ビジネスとして大きく発展してきた。19世紀後半から20世紀の時代の大きな特徴をあげるなら，その1つが，旅行が大衆化し，観光ビジネスとして一大産業を形成するまでになったことである。

　このような観光旅行と観光ビジネスの発展において不可欠な要素が，観光地という存在であった。現在，我々は観光と旅行とを違和感なくつなげて捉える。だが，この2つは本来，異なる意味をもち，必ずしも同じとは言えない。この2つを結びつけ，観光旅行を成立させているのが観光地である。観光旅行とは観光を目的とした旅行を意味し，その目的のための地が観光地である。

本章では，この観光地という存在に着目して議論を展開する。旅行を日常的な移動と区別し，旅行として成立させる大きな要素が非日常性であり，現在の旅行においては観光地がその役割を担っている。そのため，多くの地域では競って観光地開発を行って，地域活性化の手段として観光地化を進めようとする。地域における観光ビジネスとはすなわち観光地を中心としたビジネス展開として捉えられる。

それでは，このような観光ビジネスにおいて，地域の観光地化は真に地域の活性化をもたらす，と言えるのか。その問いに答えるには，観光地とは何かという，観光地の存在自体を問う必要がある。その答えとして本章で明らかになってくるのは，観光地という存在が天然に存在するものでなく，人工的な制度として，観光ビジネスとともに創造された存在である，ということである。またこれは，旅行代理店を中心にした，サプライサイド重視の視点に基づくビジネスモデルであり，それはある種の地域収奪型のビジネスである，と言える。これでは，地域は通過点ないしは単なる着地点であって，旅行の主体ではない。

それが時代の変化とともに，観光地を中心にした従来の観光旅行は行き詰まりを見せ，新たなあり様が求められるようになってきている。そこで本章では，従来の観光地という存在から脱却し，地域を主体とした旅のスタイルを提案する。それは旅行者を中心にしたデマンドサイドへの視点にコンテクスト転換を行うことである。この旅のあり様がコンテクストトラベリズムである。

本章は，旅における各地域の意味と役割を旅の歴史から捉え，観光における地域ブランドをどのように創造すべきかを問うことになる。なおこの問いは，これからの旅と地域のあり様を探ることでもある。

第一節　観光旅行の成立と観光地の創造
観光地は旅行の観光化の創造物

（1）旅の意味の変容とコンテクスト

旅とは，ある地域からある地域への移動を意味する。移動の理由や目的は千差万別であり，自ら望んで移動する場合もあれば，元の場所にいられずに

それこそ余儀なく移動を強いられる場合もある。このように，旅の理由は一様に捉えることはできない。ただし，理由や目的にかかわらず，旅が別の地域への移動という行為である点は共通する。

過去においても，現在においても，移動自体はありふれた行為である。しかし，旅は単なる移動ではない。旅は特別な移動であり，特にかつては禁止事項であり試練として捉えられていた。このように，旅と移動を区別する差異は，旅には日常を越えた特別なコンテクストがあるという点である。

元々，旅は快適な行為とは見なされなかった。そのことを示すように，英語圏で旅を表す travel の原型である travail は，受苦，試み，試練という意味をあらわしている（Leed, 1991）。かつて，西欧においては，旅は人を衰弱させ，消耗させる行為であり，受苦や苦行として捉えられてきた。旅をするのは，将来王となるべき英雄か放浪者であり，旅は特権であると同時に禁忌でもあった。長い間，旅とは自らの宿命と必然性によって導かれたものであった。このように，旅は元々，共同体からの離脱を示し，それは共同体が社会そのものであった時代には，社会からの疎外を意味していた（Leed, 1991）。

こうした旅をめぐるコンテクストは時代とともに大きく変容してきた。近代以降，旅は自由の表現として捉えられるようになり，自由や自律の獲得をもたらすものとして，旅を称揚することが旅のトポスになっていった。ロマン主義の芸術家たちは旅を精神的自由の発露として高らかにうたいあげ，現在もそのコンテクストは受け継がれている。今なお，音楽や小説，映画の中で，個人の自立性や自由な精神と旅を結びつけて描くことが伝統となっている[1]。そこでは，旅のコンテクストは日常性からの積極的な逃避であり，旅は主体者としての精神的な発達をもたらす冒険として捉えられている。

他方で，現実には，現在の旅は自由さや日常からの離脱を示すものとは言えなくなっている。現在の旅は出発地から目的地まできめ細かなスケジュールによって計画的に管理されており，突発的なでき事ですら，その行程の変動要素としてあらかじめ見込まれている。このように，旅の安全と安心が保

1　旅が自由や自律の暗喩（メタファー）となったのはいつからかは，明確ではないが，ロマン主義の詩人や作家たちは旅を讃えた。イギリスの湖水地方を讃えたワーズワース Wordsworth, W.（1770-1850）や，地中海沿岸地域を旅し，最後はギリシア戦役で没したバイロン Byron, G. G.（1788-1824）など，知名度の高いさまざまな詩人をあげることができる。

証され，計画性が担保されることで，旅は多くの人の支持を集め，大衆化することが可能になった。

その結果，旅は行程として，明確な計画と出発地と目的地を結ぶ行為となった。この行程化によって，近代以降，旅が普及し，今日の世界的な観光旅行ブームを引きおこしたと言える。

そこにおける旅行は，目的地までの移動（往路）と出発地への移動（復路）を意味する。目的地が日常とは異なる場所であり，その目的地を目指す移動であることが，通常の移動と旅とを区別する。

このように，現在の旅行を支えるコンテクストは目的地における非日常性や特殊性が最大の要素である。未知なる場所への冒険という，かつての旅のコンテクストは，現在は普段の日常生活をある期間だけ離れて再び戻るという，ある種のスパイスになっている。このスパイスである目的地がまさに観光地である。つまり，旅の目的地を，普段では目にすることのないような場所であり，日常を越えた経験ができる場所として特別な存在にすることで現代の旅行は成立する。そして，そこに観光地という存在が生まれる。

(2) 観光地の誕生

かつて，旅においては，目的地は象徴であり，宗教的な聖地や，共同体として特別な意味を持った場所であった。旅とは共同体から外部に出ること自体を指し，それゆえ明確な目的地がなく，移動そのものが旅の目的として捉えられる場合も多かった（Leed, 1991）。別の場所の景色を楽しむ旅行という，娯楽を目的とした旅行は，旅においては限られたあり様でしかなかった。

旅と観光は，直接的な対応関係は元々存在しない。観光地という存在は近代的な旅行の成立とともに誕生した特別な場所である。それがいつしか我々は観光旅行という捉え方に馴れ，観光と旅行を結びつけて捉えるようになり，暗黙に観光地が元々存在していた場所だと考えてしまう。これを後押しするように，ガイドブックやマスコミは，こうした観光旅行をとりあげアピールしてきた。この結果，この"観光"という言葉がツーリズムを表す日本語として定着していった。

観光という言葉は，王が光を観るという行為を意味しており，古代中国の易経から採られている。この光は国の光を示しており，人々の暮らしの様を

感じ取るという意味である。その語源が転じて，普段見られない珍しいものを見ることや，普段とは異なる体験をすることを指す言葉として観光が使われるようになった。現在では観光という言葉から旅行がイメージされるまでに，観光と旅は密接な一対の言葉として，我々の意識に刷り込まれている。

　このように，観光と旅行が強く結びついたのは，近代以降，技術の発達と交通の広がりとともに，かつての共同体的なつながりが解体し，共同体の外に拡がっていた未知の領域が次第に失われていったことに関係している。共同体から外部へ出ることの意味の重さが失われ，移動が日常的な行為となっていったことで，旅が成立するためには普段の日常的な移動と異なる，何らかの特別な非日常性が必要になっていった。また，交通の発達によって，世界が広がると同時に，未知なる場所は失われていき，冒険としての旅は成立しにくくなっていく。この結果，旅行が成立するための目的地が必要となり，その目的地を訪れる観光という行為が旅行を示すことになり，観光旅行というスタイルが成立する。観光地とは，旅を日常から離れた非日常的なでき事とするための，すなわち足を運ぶだけの価値を訪れた人が感じとれる場所である。

　こうした観光地という概念を広めてきた主体者が，旅行代理店である。旅行代理店という存在は名前のとおり，旅行のニーズに応えるために旅行計画や交通や宿泊場所の手配を旅行者に成り代わって行う役割を果たす中間業者である。交通の発達とともに観光旅行が普及していくと同時に成立したビジネスが現在の旅行代理業である。これは旅行者が行う手配や準備を代替する役割を果たすことで対価をえるビジネスである。

　しかし，実際には，その最も大きな役割は，旅行にまつわる仲介ということよりも，観光地を中心にした旅行商品を企画し，消費者の欲求に働きかけ，そして販売することである。また，企業や学校等の団体に対して，観光地と宿泊を組み込んだ旅行計画を観光旅行として提供することがビジネスの中心であり，これを最大の収益源にしてきた。

　こうした旅行の商品化に欠かせないのが，観光地という存在である。また旅行代理店のビジネスにおいては，観光地の知名度や浸透度が集客に結びつく。観光地が存在することで，旅行はそこへ向かう行為として明確な意味をもつことになるからである。そのため，旅行代理店は観光地を中心としたPR（パブ

リックリレイション）を広く行い，人を集め，そして観光ビジネスを成立させる。

そのことを示すように，現在，旅行の広告は，いかに観光地に人をひきつけられるかを最大の効果として捉えて，観光地のアピールを目的にする。旅行代理店は広告代理店に費用を投じてマスメディアを使い，イメージ戦略を行い，観光地のブランド化を推しすすめる。それは，観光地を強く意識づけることによって観光客を集め観光旅行を成立させるためである。

このように観光地は，現代の旅行によって生みだされた。それを，旅行代理ビジネスがPRに注力することで旅行の中心として目的地化してきた。観光旅行において人をいかに集客するかは，その観光地の魅力をコマーシャルによって普及し知名度を高めるかに依存する。この結果，各国や各地域では，魅力のある観光地を整備し，対外的にアピールし，外から人が集められるかを競いあう。なぜなら，それが観光ビジネスを発展させる条件だからである。人を集められる観光地は最大の資産であり，その資産を活かすにはPRによるブランド化が不可欠である。こうした観光地をどれだけ持てるか，どのようにブランド化するかが，各国，各地域にとっての大きな課題になる。

(3) 観光ビジネスとしての観光地の意義

観光地は，外から人を呼び寄せることによってその地域の経済的な効果が期待できる。身も蓋もない言い方をすれば，観光に力を入れ観光客を呼ぶ目的は，お金をその場所に呼びこむためである。元々，そこに暮らす人は，目的もなく積極的に外から見ず知らずの人に来てもらいたいとは誰しも思っていない。むしろ，外から人が来ることに対しては拒絶感が強い。現実問題として，外から人が大勢やってくれば，今までの生活圏は自然破壊などが起きて治安も悪化しやすい。それでも，観光に力を入れ，観光地をアピールし人を外から勧誘するのは，そのことによる利益の獲得を期待するからである。

特に，天然資源や有効な産業をもたない国や地域にとっては，多くの観光客を呼び寄せることは買い物や食事，宿泊などの消費活動による経済効果の獲得に直接結びつく。他にも，その地域を知ってもらうことは商品を身近なものとして購入してもらうことにも結びつく。このように，観光客を引き寄せようと努力することは経済活動の発展のための営利活動である。ようは，お金をその場所に落としてもらうことが観光地化に力を注ぐ主目的になる。

観光産業が大きく発展していくなかで，観光地は最大の資産価値をもつ場所として注目を集め，旅の近代化とともに多くの場所が観光地化を目指すようになった。このように，観光地は，近代以降，観光旅行の発展とともにその価値を高めてきた[2]。

　近代化の1つの定義は，産業化と経済的な合理性の追求による経済発展と富の蓄積を意味する。この観点から旅行を捉えると，地域の資産はそれぞれの地域における観光地であり，その資産の整備とブランド化に労力や資金などの資本を投入することで，外部から顧客を誘致し消費を促して，利潤の獲得を目指す。それゆえ，消費に貢献せずに金を落とさない存在は観光客としては見なされない。そのため，お金をもち，消費意欲が盛んな観光客は顧客として歓迎される。

　もしも，あなたがその地域を訪れるとき，観光客と認識されたならば，あなたはその地域から顧客として，ある一定の歓待を受けることができる。ただし，そのためには，あなたが観光客として相応しい消費活動を行うことが前提になる。たとえブランド品を買いあさると嘲笑されようとも，消費を積極的に行っている限りは，その地域にとってはあなたは上客である。しかし，ほとんどお金を使わなければ，当然その扱いは格段に落ちることになる。さらに，その地域に定着し，他の人の仕事を奪う存在になるならば，その地域からはあからさまな迫害にあい排斥される。

　また，他方で，観光客の側に立つと，観光地という存在は，観光客を受け入れるサンクチュアリ（聖域）でもある。このように観光地とは観光客にとって滞在を許された地域である。その場所には，さまざまな地域から観光客が訪れ，行き交うことになる。そのことによって，その場所に所属しない観光客が安心して安全に居られ，居心地の良い空間になる。これが，一歩，その空間から外に出た途端に，幾多の困難が待っている。観光客という存在を受け入れる許容性をもった地域や場所は限られており，多くの地域にとって観光客は単なる余所者として認識される[3]。

　このように，観光地は観光ビジネスによって創り出された存在であると同時に，観光客の側にしても安全が確保された場所としての価値をもっている。

---

[2] 観光地として古くから存在する名勝地や伊勢参りに代表されるような場所は存在する。しかし，観光地という存在が強く注目されるようになったのは近代以降といえる。

これは観光ビジネスの観点から見ると、観光客とは顧客と同じ意味であり、観光地にとってはいかに上客をつかむかが重要な戦略となる。そのために観光地を外部に向けてアピールし、交通網と交通路を整備し、その場所へ人を呼び込もうとする。こうして、観光地は、観光ビジネスを発展させたい側と観光客の双方にとって思惑が一致する、まさに旅行の重要な目的地になっている。

それでは、観光客を呼び込むにふさわしい観光地とは何か。また、観光地はどのようにして創造されるのかについて考えたい。

旅行と観光のコンテクスト展開
旅行から観光へ、そして再び旅行へ

(1) 観光地としてのコンテクスト

これまで述べてきたように、観光地とは自然に存在するものではない。旅行を成立させるための目的地として、また人が移動する意義を見い出しえる場所として、観光地は創造される。元々、観光地は外に向けて知名度をあげて、観光客を呼び込むための場所であり、その地域や共同体の内部の視点から生まれてこない概念である。すなわち、観光地は観光客という外部から訪れる人の視点から創造される。

観光地として定義されることで、その場所はそれまでとは異なる意味をもつ。しかし、観光地として発見されるまでは、その場所はその地域において特別な意味をもたない。そこは単なる日常的な風景の一場面でしかなく、生活に組み込まれた場所であり観るべき場所として認識されない。稀に足を止めて見ることはあっても、普段はむしろ交通を遮断する障害物であり余計なものとして捉えられてきた場合も多い。それが遺跡や名勝地という意味を与えられることで観光地に変化する。

それは、例えば、密林の奥に広がるマチュピチュの遺跡や、霧にかすむハ

3 　かつては旅人を異人(まれびと)として畏れ敬い、一時的に迎え入れる風習のある地域もあった。しかし近代化とともにそうした風習は、経済的合理性の前で失われ、そうした風習は今ではほとんど残ってはいない。現在、旅行において旅行者が深刻なトラブルに陥るケースの大部分が、知名度の高い観光地を訪れた時ではなく、その観光地を外れ他に観光客が訪れないような場所を訪れたときである。

イランドの湖水群，轟音を周囲に響かせるナイアガラの瀑布，陽に煌めく地中海の沿岸地域などの現在世界的な景勝地と言われる場所であっても同様である。こうした場所であっても，観光地というコンテクストがなければ，単に地理上の一場所でしかない。それが，現在，世界遺産に認定され，観光名勝となり，世界中から多くの観光客が訪れるのは，そこが観光地だというコンテクストが共有されているからである。

このような観光地のコンテンツ化の重要なポイントは，社会的に共有されたコンテクストによって創造される点である。もしも，社会的なコンテクストが存在しなければ，その場所は観光地にはならない。美醜に関する感覚は時代とともに変化し，時代が変われば，その見方も変わる。例えば，エッフェル塔は今でこそパリを象徴する観光名所となっているが，建設当時はパリの景観を壊すものとして多くの人の批判を浴びていた[4]。逆に，現在名勝と呼ばれる観光地であっても，今後もその見方が不変であるとは言えない。

このように，その場所が観光地として成立するには，それを見る側にその景色を受容するコードやコンテクストが必要である[5]。現在のこのコードやコンテクストのビジネス面での価値は，外部から顧客を呼び込むことができるという点にある。観光客を呼ぶのにふさわしい観光地とは，外部から訪れる価値のあるコンテクストをもった場所である。つまり，観光地は外部からの視点によって創造される場所である。

(2) 地域の観光地化のための戦略

このように，観光地としての適性を考えると，現在の観光地は現在の基準や価値観によって成立しており，これはこれからも不変であるとは言えない。実際に，現在までの観光地のあり様を見たときに，観光地の価値やイメージ

---

[4] 当時，エッフェル塔建設の反対派であったモーパッサン（Maupassant 1850-1893）は建設後，エッフェル塔の1階に当時あったレストランに通ったが，その理由は「この場所がエッフェル塔を見なくてすむ唯一の場所だから」と答えたと言われている。

[5] 時に音楽や絵画等の藝術作品が時代に先駆けている，と言われるのはそうした類の事情を示している。その作品のもつ作品としてのコンテクストを共有し得る人が未だ少なく，それが時代の変化により増えていったときに，その真価があらためて評価されるという場合がある。ある特定の分野の作品を鑑賞し理解するには，その作品を鑑賞する側にも，ある種の前提知識や訓練が求められる。それを抜きに，全ての作品は一般に開かれ，誰もが理解し得ると捉えること自体に無理がある。しかし，大衆化した社会においては，誰もが平等に全てを享受し得るという幻想が暗黙に行き渡っており，理解できないのは作品側に原因がある，と見なされることが多い。

は時代とともに変遷してきたことがわかる。

　これまでは，観光地は何よりも景色の良い名勝や景勝地であることが条件であった。なるべく普段の生活とは関わりのない，見るものに圧倒的な差異を感じさせる場所が観光地として重視されてきた。これらは美しい庭園や，普段では訪れることのできない絶景等を意味していた。そして，それらをなるべく数多く見ることが観光の醍醐味であった。

　観光旅行において，旅行代理店が展開してきた戦略が，このような観光地を見つけ，あるいは開発し，そして差別化要素としてアピールすることであった。その場所でしか見られない特別なものと感じられる景色が存在してはじめて，そこまで移動することが観光旅行として成立する。そこに多くの観光客が足を運び，行くから自分も行ってみたいと欲求を感じる。こうして，観光地としてのブランド力を高めていく。そのように集客力を高めることが観光地の存在意義であり，また，観光旅行の基盤であった。

　しかし，現在，こうした従来の観光地のあり様にはない方法によって人を集める新たな地域が生まれている。その1つが前述した九州の黒川温泉である。黒川温泉は，目立った景勝をもたず，交通も不便なため，観光地としての集客に苦戦してきた地域である。こうした立地条件から大手の観光代理店の興味を全くひくことなく，団体旅行客を呼ぶことができなかった。近隣の湯布院温泉が地域の温泉地活性化のモデルケースとしてメディアに大きく取り上げられ，全国から顧客を集め，観光地として発展していくのを横目に，黒川温泉は観光地としての知名度を上げられず埋没していく一方であった。

　しかし，黒川温泉は，従来の観光地との差異に着目し，その点を逆手にとってブランド化の要素とすることで，現在では個人客からの高い支持を獲得し，"一度は行きたい温泉地"に選ばれるまでになった。

　この黒川温泉の成功要因として取りあげられるのは各旅館共通の入湯手形であり，各温泉旅館が共同して温泉地を盛り上げようとする姿勢である（安田・坂田編，2007）。しかし，黒川温泉の成功の本質は実はそこにあるのではない。この温泉地の成功要因は，観光地化することを意識的に拒絶した点である。それは，観光地としての景色の良さと外部の大手資本による観光地開発という従来の温泉地の観光化のポイントに対し，真っ向から反対の立場をとった戦略である。このように，観光地としての差別化の源泉となる要素

をもたないことを逆手に，従来の反対に脱観光地化を行いブランド化に成功したのが黒川温泉である。

現在，黒川温泉の他にも，温泉地自体を景勝地していこうとする城崎温泉等（原田，2012），地域自体が主体となってすすめる観光地創造の試みが行われている。こうした試みが一定の成功を収めているのは，かつての観光地を中心にした観光旅行というコンテクストが陳腐化したことを表している。それに代わる新たなコンテクストが，地域自体が主体となり，旅行者を中心にした旅のあり様を創造する，新たな旅のかたちである。それが，本論で提唱するコンテクストトラベリズムである。

（3）地域における観光ビジネスの新展開

コンテクストトラベリズムとは何か。それを考えることは，これからの観光旅行や観光地の新たなあり様を考えることである。その考察のための具体的な手掛かりとして，黒川温泉の事例をあらためて見ていきたい（原田，2010）。

さまざまな温泉観光地が存在する熊本において，山間に位置し，交通の便が悪い黒川温泉は，かつては，あえて足を運ぶ価値のある観光地とは見なされなくなっていた。全国的な温泉観光ブームが去った後，黒川温泉は，旅行代理店からみて，商品価値の低い温泉地であり，資本を投入してアピールする価値のある観光地ではなかった。

それがこうした存在から，今日，高い集客力をもつ温泉になった。その具体的な成功のポイントは3つある。1点目は有名な景勝地や絶景等が何もないことを最大の魅力とした点であり，2点目は癒しという心の状態をテーマにした点であり，3点目は外部の資本を排除し，自らの力で独自に地域主体での展開をした点である。

黒川温泉成功の立役者と見なされ，実際に個人で現在の成功の基盤を築いたと言える，黒川温泉の旅館の主人である後藤哲也によれば（後藤，2005），現在の観光で求められているのは，絶景や人の手が入った人工的に整備された景観の良さではないという。それらは観光地としての重要な要素だとこれまでは考えられてきたが，顧客の志向は変化しており，こうした美観を売りにする観光地は既に時代にそぐわなくなっているという。なぜなら，日常を

離れて旅行で地域を訪れる大多数の人が都心で仕事や生活をしているビジネスパーソンたちであり，現在，彼らは日常生活でのさまざまなストレスに直面している。その彼らが，旅行に求めるものはこうした日頃のストレスを忘れ，癒しをえることである。

そこで黒川温泉がコンセプトとしたのは，心の治癒，頭の治癒である。そのためのゆっくりとくつろげる雰囲気（後藤，2005）である。目指したのは，そうした都会からの旅行客が落ち着いて過ごすためのふるさととすることである。このために人工的な雰囲気をなるべく排除し，日常を感じさせないことに重点を置いた。そこでもっとも否定されるのが，従来の人工的な観光地のあり様である。後藤の哲学では観光地にしないことが，黒川温泉にとっての最大の戦略である（後藤，2005）。

そのために黒川温泉が徹底して行ったことが，温泉地全体の景観を統一することであり，雑木林にこだわったことである。日本のふるさとの原点を雑木林の自然な景観と捉え，温泉地全体が自然な雑木林に見えるように徹底化した。そのために橋ひとつの色をとっても全体の景観から外れないようにした。

こうして，元々，観光地として他から人を呼び込むような景観地をもたない黒川温泉は，雑木林という自然の景観を日本のふるさととしてデザインし，訪れた人に安らぎを提供することに注力した。その戦略は成功し，都心の個人旅行者の多くの支持を集めている。

大手メディアを中心に，大規模なコマーシャルを一方的に消費者に展開する従来のマーケティング戦略は，かつてとは異なり現在は必ずしも有効に機能しない。現代のブランド戦略が抱える逆説は，マスメディアを通じて，顧客を1つの型に押し込もうとするプロセスが，ブランドの同質化と希薄化を必然的に招き，ブランドのコモディティ化が進む点である（原田・片岡，2009）。

同様に，観光旅行において，旅行代理店が観光地を中心にした観光地マーケティングを展開する方式は，もはや機能しなくなっている。むしろ，現在，旅行者は，大手の旅行代理店では提供されないものを旅行に求め，他にはない価値をえることを重視している。

黒川温泉が地域ブランドとして成功したのは，主体的に自らの哲学に基づ

き，"何もないこと"を中心に全体をデザインし，ここを訪れる人の体験価値を創造したことである。

黒川温泉の事例が示すのは，時代の変化の流れを読み，観光地のコンテクスト転換を行うことで，新たな地域ブランドを創造した例である。このようなあり様が，まさに地域を主体とするコンテクストトラベリズムのあり様である。

第三節 旅行と地域の関係性
旅行ビジネスの地域ビジネスとしての展開

（1）コンテクストトラベリズムと地域ビジネスの創造

黒川温泉の事例に見られるように，観光地のコンテクスト転換を行うことで，観光と旅行が新ビジネスとして創造され，地域としてのブランド化に結びつき，地域のビジネスが創造される。

従来の観光旅行のあり様は，目的地として非日常性が味わえる特別な景観をもつ場所を観光地とし，そこを訪れることを旅の目的にしてきた。コンテクストトラベリズムは，こうした観光旅行に対抗した旅のあり様である。従来の観光旅行がブランドとして観光地を核にするのに対して，コンテクストトラベリズムでは観光地に頼らず，コンテクストを主体に，個人の体験を重視した旅のあり様である。黒川温泉が観光地を反面教師としたのは，現在の観光旅行の多くが通過型になっている点である（後藤，2005）。通過型とは観光地を訪れること自体を目的とし，その場所を通り過ぎる観光旅行のあり様である。通過型ではその地域には何の価値ももたらさず，旅行者にとっても，ガイドブックにある場所を写真に撮って帰り，後はアルバムに整理して棚にしまい込むだけであり，それゆえ何も残らない。

こうした従来の観光旅行に代わる概念として，近年，着地型観光や着地型旅行と言われるスタイルに期待が寄せられる。これは，今までの観光旅行では飽き足らないと感じる旅行者が増えたためである。しかし，これらも，また，大手旅行代理店による顧客の嗜好の多様化に合わせた，まさに旅行商品の品揃えの拡大のためという目的の範疇からは抜け出していない。これは真に地域ビジネスの創造とは言えず，またコンテクストトラベリズムが目指す

スタイルとは異なっている。地域ビジネスとは地域自身が主体となってビジネスを創造することであり，中間業者としての旅行代理店を中心にした従来のビジネスと一線を画すべきビジネスである。

　コンテクストトラベリズムは，これからの地域における観光と旅行の姿として，地域主導によるビジネスの創造を指向する，地域を向いた旅行ビジネスである。つまりこれからの観光ビジネスは，旅行代理店などの中間業者を主体とするのではなく，地域自らが主体となり，その地域を訪れる顧客との関係の中から創造される。これが，真に地域ビジネスとしての意味をもつ観光ビジネスになる。そこで，コンテクストトラベリズムと地域ビジネスについて両者の概念を明らかにしていく。

(2) コンテクストトラベリズムの概念

　旅の歴史を遡ると，古くから1つの流れを形成してきたのが，聖地を訪れる旅である。西欧においては，聖地と聖なる文書の創造は4世紀以降に起こる（Leed, 1991）。それは，聖書やコーランといった正典が意味を与えて聖地を創造し，聖地は正典の真実を立証する。聖地の誕生においては，最初にその土地から無関係な連想は浄化され土地は聖化される。聖地は枠で囲われ，名前と評判が広められる。やがて聖地のまわりに集落ができ，文学や案内書，証言や秘蹟，旅行記を生み出し，さらには聖地を消費する新たな人を生む。こうした運動を経て名前を広めていった場所が現在のパレスチナである（Leed, 1991）。

　聖地の創造とともに巡礼は始まる。旅が禁忌とされ，共同体からの移動が制限されていた時代においても，特定の階層に限らず，貧富，老若，男女，聖職者，俗人を問わず，多くの人が遠方の聖地へ向かう巡礼の旅にでていった。再び戻れない可能性が高くても，健康や財産，生命が危険にさらされることも厭わず，人は競って旅にでた。それは観光のためでなく，自らの信仰のための旅であった（Ohler, 1986）。

　こうした巡礼では旅の過程そのものが重視される。そこでは巡礼という行為が信仰であり，また自らを浄化する行為として受け止められる。こうした巡礼においては，聖地という存在と，その背景としての信仰というコンテクストが旅の原動力になる。

イベリア半島に位置するサンティアゴ・デ・コンポステーラ（Santiago de Compostela）は，こうしたキリスト教の古くからの巡礼地であり，巡礼路の終着地として有名である。その地の大聖堂には聖ヤコブの遺骸が祀られているとされ，奇跡を起こすと信じられていた。巡礼者は長い道のりを経て，この地に辿り着き，神への感謝を示してきた。現在も，年間10万人以上の人がピレネー山脈を越えて，スペイン各地の巡礼の拠点の町々を経て，聖地を目指す。この長期にわたる巡礼はもはや聖遺物が主たる目的ではない。およそ800キロメートルにも及ぶ旅を支えるのは信仰というコンテクストである。

日本においても，霊場を巡る四国八十八箇所巡りが四国遍路と呼ばれ，平安時代から現代に至るまで，お遍路さんと言われる巡礼者を引きつけてきた。元々は，空海が若い頃に修行した足跡を，修行僧が辿ったことが原型であり，やがてその行為自体が修行とみなされるようになった。

このような巡礼に見られるように，旅は，観光という目的だけではなく，その旅自体を目的に，信仰等のコンテクストによって成立する。むしろ，観光を目的とする旅は，近代以降に主流となったスタイルであり，長い間ずっと旅は観光に縛られない行為であった。

それでは，現代における信仰に代わる旅のコンテクストとは何か。黒川温泉ではそれを日本のふるさとに見い出した。そして「ゆっくりとくつろぎ，よけいなことを考えなくてすむような雰囲気づくり」（後藤，2005）を意図し，自然な日本の景観に浸れるように雑木林に拘り，自然の景観に見えるように徹底的に温泉地自体をデザインし，多くの人がイメージする日本の田舎の風景をつくりあげた。このようにコンテクストトラベリズムとは，旅そのものの意味や過程を重視する旅のあり様である。

（3）地域ビジネスの創造の意味

このコンテクストトラベリズムは，近年着目されるニューツーリズムと目的や概念で重なる点がある。ニューツーリズムは従来の旅行に対する新たな旅のあり方として生まれた。その形態はエコツーリズムやグリーンツーリズム，ロングスティなど，多岐にわたっている。これらは，旅先での自然との触れ合いや体験を重視し，いままでとは異なる旅のスタイルを提案している。

これらのニューツーリズムは，滞在先での体験を重視する点で，地域活性

化に結びつくことが期待されている。確かに、これまでの観光地を主目的にした観光旅行というあり様に対し、多様性を重視する点や、単なる景観としての観光地でなく、それぞれの地域の特性を引き出すことに着目した旅のスタイルは、これからの旅の可能性を示している。

しかし、ニューツーリズムにおける地域が、あくまで旅行代理店から見た地域であって、観光地という存在がそのまま体験する場所に置き換わっただけであるなら、従来の観光旅行と意味はそう大差ないことになる。旅行代理店として、今までの観光旅行とは目先を変えた商品がニューツーリズムであるとすると、地域と旅行代理店との関係性も、旅行における地域の意味合いも従来とは大きく変わらない。

このような従来の枠組みに対して、コンテクストトラベリズムにおいては、旅行代理店ではなく、地域を主体とした取り組みを指向する。地域を主体とするということは、地域自らがブランド創造を考え、顧客に直接働きかける、旅行ビジネスの主体となることを指している。地域ビジネスとは、地域を舞台としたビジネスでもなければ、地域を活用したビジネスでもない。地域自身が主体となって取り組むビジネスのことである。これまでは、旅行ビジネスにおいて地域の観光地をつくりだし、アピールするのは旅行代理店であり、地域は観光地のある場所としての通過地点に過ぎなかった。それを地域自らが地域の魅力を、外から訪れる人の視点で創造し、地域外から人やモノを呼び込み、ビジネスとして成立させようとするものが地域ビジネスである。

こうした地域ビジネスの定義からすると、近年着目されているニューツーリズムを地域ビジネスとしていくことができるか否かは地域の役割をどうデザインするか、にかかっている。いかに地域外にアピールし、外部との接点を増やし、ビジネスとして成立させていくかが、地域ビジネスにおける必要な点である。こうした点から、地域ビジネスとして扱われることが多い地産地消は、地域内での流通と消費に限定する点から、地域ビジネスと言うことはできない。

このように、地域ビジネスは地域に貢献し、地域が主導的に進めていくビジネスである。これまで地域ビジネスというと、実体は中央から大型の資本が地域に投入され、その利益の大半は地域外の旅行代理店や企業が獲得し、地域ではその残った分を獲得する構図に陥っていた。こうした、従来型の中

央からの利権誘導ビジネスが，結果的に地域に貢献しないことは，この何年かの状況から明らかである。今までのように，旅行代理店やコンサルタント会社と手を組み，中央官庁に陳情に行き，地域開発という名目で国や県から資金を引き出し，大型観光施設をつくって地域の経済発展につなげようとする方法は既に有効性を失っている。

　この他者依存型の開発モデルの最大の問題は，主体者が地域ではないことにある。地域に大型施設をつくっても，やがて補助金が打ち切られたり，大手の資本が自社の都合でそこから資金をひきあげたりすると，運転資金をもたない地域では，その施設の維持が立ち行かなくなってしまう。結果的に，お荷物としてその地域が負の遺産を背負いこむことになり，誰も訪れることのないかつての観光地を持て余すことになる。結局，大きな負担を被るのはその場所に暮らす人たちであり，旅行代理店やコンサルタントが責任をとることはない。このように，旅行代理店を中心にした従来の観光地ビジネスのあり様では，地域はビジネスの周辺で分配を受け取って，その観光地の賞味期限が切れれば負担を被ることを繰り返している。旅行ビジネスを通じて，地域自体の活性化やブランド向上を指向し，真に地域を活性化させるなら，地域自身が主体となり，長期的な視点で考え，地域内外へ働きかけ，地域のためのビジネスを創造することが必要である。

　そのためには，旅行代理店に観光地開発をお任せにし，コンテンツに頼るのでなく，体験や物語や歴史，環境といったコンテクストに着目し，それを地域外にむけていかにデザインするか，が重要な課題になる。そうした観点から，新たな旅のスタイルとしてのコンテクストトラベリズムを地域が主体的に展開することが期待される。

　本章でこれまで見てきたように，旅の歴史からは，観光地を中心にした観光旅行という現在主流になっている形態が広まったのは近代以降であり，かつての旅は多様なコンテクストに支えられていた。そして現在は再び，コンテクストを中心にし，地域と人を結ぶ旅のあり様が求められている。

第四節 地域ビジネスとコンテクストトラベリズム
コンテクストトラベリズムの地域ビジネスとの可能性

(1) 地域をメーンアクターとする旅行の展開

　地域ビジネスとコンテクストトラベリズムを考察する上で，あらためて地域とは何かを捉える必要がある。地域という言葉は普段よく使う言葉であるが，人によって捉え方が異なっている。本章における地域については，地方（local）とイコールではない。地方が「中央」に対置する二項対立的概念であるのに対して，地域は都会や都心とは対立しない。原田（2011）によれば，「地域」（area）とは天然自然に存在するのではなく，多層的包括関係性の中からつくりだしていく創造的概念である。そのため，どのように定義し，設定するのか，戦略的なゾーンデザインが必要になる。

　こうした地域の定義に従うと，地域ブランドは地域のブランドではなく，地域自体をブランド化することを指している。こうした地域視点から，ブランドといったときに，多くの人が思い浮かべる地方の特産品は，地域ブランドとは呼べない。これらの特産品は，そのモノ自体のブランドであり，地域としてのブランド化に結びつかない場合も多く見られる。地域をブランドにしていくためには，そこにあるモノではなく，むしろコトとしての地域のコンテクストをデザインを行っていく必要がある。このコトとは地域のストーリーであり，地域を訪れる人との関係性である。黒川温泉においては，それが日本のふるさとと癒しであった。

　このような地域デザインの観点からは，湘南や築地，六本木や三鷹なども地域デザインの対象として捉えられる（原田，2011）。こうした地域と黒川温泉では，立地条件や背景が異なっており，また中心とする産業や町としての形態にも大きな差異がある。当然，ブランド化する上でのコンテクストは大きく異なる。しかし，いずれもコンテクストを中心に地域をデザインすることが，遠方や周囲から顧客や旅行客，あるいはそこに住みたいと思う人を引き寄せることにつながる点では共通している。

　例えば，六本木では地域ブランド創造のために，アートをコンテクストに活動を行っている。これは，毎年春に，六本木アートナイトというイベントが行われ，六本木地域全体で現代アート，デザイン，音楽，映像，パフォー

マンスなどの多様な作品と都市空間を共存させている。こうすることで，この地域自体を屋外美術館であり，街をアート作品に見立てて，非日常的な空間を創造している。この一夜限りのイベントは，六本木という地域の眠らない街であり最先端の都市空間という特徴に焦点をあてると同時に，古くからの商店街が残り，自然とも共生する都市空間としての六本木を現代アートというコンテクストによって地域ブランド化している。この取り組みは，六本木に国立新美術館や森美術館，サントリー美術館と大型の美術館が集中していることを上手く活用して，コンテクストを創造した事例である。

　またこのイベントは，地域デザインを中心としたコンテクストトラベリズムのひとつの例である。ここでは，一度体験した人の口コミによって，さらに新たな人が訪れイベントに参加する。そして，毎年テーマを変えることで繰り返し訪れるよう，人を誘う。訪れた人は六本木に滞在して大型商業施設や店舗を訪れ，食事や買い物を楽しみ，そして六本木（Roppongi）と東京（Tokyo）というブランドを体験し，記憶する。六本木というと，都心に暮らす人にとっては，地域や旅行というイメージは湧きにくいが，海外に向けてアピールし，人を呼び込むためのコンテクストデザインと捉えられる。

　この六本木アートナイトと共鳴するイベントが，瀬戸内国際芸術祭（Setouchi Triennale）である。このイベントの中心拠点であり，海外に向けて日本の現代アートを発信してきた先駆的な存在が瀬戸内海に浮かぶ直島である。この地域は，今やアートサイト直島として日本よりむしろ海外での知名度が高い地域になっている。

　この直島は元々，製塩業と漁業で生計をたてていた瀬戸内海の小さな島であった。それが銅製錬所を受け入れることで，一時的な経済発展を果たすものの，島の木々は枯れ緑のない島となる。やがて，銅の国際競争力の低下とともに，産業は廃れ，禿げ山を残すばかりとなった。さらに，産廃処理場ができて，ますます外から誰も足を運ばない島となった。そこに，新たに現代アートを中心とした美術館とホテルが建てられ，現代アートのブームとともに，過去の歴史を完全に消し去り，まさにアートの島として海外に向けてブランドを展開してきた。現在，多数の人が海外や国内から直島を訪れており，当初は島の一区画の美術館と宿泊施設から始まった取り組みが，今では島全体を使ったアートプロジェクトとして広がっている。

直島での取り組みは観光代理店主導でも地元主導でもなく，外部の資本である企業が主導した取り組みである。これは，今までそこに存在せず，全く何の関連もなかった現代アートというコンテクストを新たな島のデザインとして持ち込むことによって，地域ブランドを創造した事例である。
　このように，コンテクストを中心にデザインすることが，地域ブランドを創造し，地域ビジネスの活性化に結びつく。つまり，地域ビジネスの創造とはコンテクストの創造であり，コンテクストトラベリズムとは，その地域のコンテクストに着目した地域中心の旅のあり様である。それは，観光地というコンテンツを中心にした従来の観光ビジネスという捉え方から，コンテクストを中心にした脱観光地化による地域ビジネスへの視点の転換である。これは，同時に，旅行代理店を中心にした中間業者（エージェント）中心のビジネスから，地域をメーンアクターとしたビジネスへの転換でもある。

(2) コンテクストトラベリズムの展開

　これまでの内容から観光旅行を整理すると，観光旅行はその成立以降，3世代にわたって変遷してきたと捉えられる。
　第1世代の観光旅行は観光地を観光資源とし，絶景や風光明媚と言われるように，景色の美しさをアピールポイントとして，ツアー客や団体旅行客を旅行代理店の力で集めた。マスツーリズムと称される旅行のスタイルである。第2世代は，観光地そのものに頼るのではなく，旅行客の精神面の安らぎを重視し，その地域に滞在することを中心にした旅のあり様である。コンテンツよりもコンテクストに着目し，団体客ではなく，個人を中心にアプローチする。第1世代が観光地というコンテンツを重視するのに対して，第2世代

図表6-1　観光旅行の変遷

世代	特徴
第1世代	美観で整った観光地中心。団体旅行客向け
第2世代	安らぎや安心感の提供を主眼。滞在型。個人客向け
第3世代	自己表現や自己実現を目的。参加型

出所：筆者作成

では観光中心のあり様から脱却し，地域としての特徴をいかにデザインするかに重点を置く。こうしたコンテクストトラベリズムを展開していくことで，地域自らが中間業者から主導権を取り戻し，自らのためのビジネスにしていくことができる。

さらに，これからの第3世代の旅行は，旅を通して旅行者が自己表現や自己実現を果たすと，同時に地域との関係性を創り出していく，体験重視の旅のあり様へと発展していく。これは，観光や安らぎといった個人の嗜好を満たすことを目的とするのではなく，新たな旅のスタイルとして，旅の経験から自ら学び，そして社会参加を果たし，さらにはその地域に貢献し，自己実現に結びつけていくことを目的にする。

例えば，原発被害からの観光客の減少や，その風評被害による農作物のブランド力低下に悩まされる福島の新たな取り組みとして，オーガニックコットンプロジェクトがある。このプロジェクトは，繊維素材として，綿を有機栽培で育て，収穫し，販売することを目的にしたプロジェクトである。都心や各地から参加者を募り，彼らが栽培から収穫，製品化から販売までの一連のプロセスに携わっている。参加者は出身や肩書きを超えて，相互に助け合いながら，人手のかかる天然の綿の生育から製品化までを行っている。

この取り組みは単に綿を育て製品をつくるだけではなく，"ふくしまの未来のために"というテーマに基づく取り組みになっている。収穫したオーガニック綿を使ったぬいぐるみをマスコットとして制作し販売する活動を，復興事業として進めている。この取り組みに参加するのは，休日を使ってこの地に通う旅行者である。

他にも，岩手県の被災地での取り組みとして，日本酒を海に一定期間沈めて熟成をはかりそれを商品化するというイベントなど，継続してその地域との関係性を結び，変化の推移を追いかける一過性ではない往復型の，まさに参加する旅が増えている。これが，これまでの観光旅行に飽き足りない人たちからの積極的な支持を集めている。

これらの旅は体験を重視し，そこに自己実現や自己表現という要素を組み込むことによって，観光地に頼らない旅のあり様を創造していこうとする取り組みである。このような取り組みでは，地域の特性が重視され，地域の真の価値が問われる。そして，その地域独自の魅力がブランドとして創造され

ることになる。このブランドは従来のように旅行代理店が資本を投入して広告代理店とタイアップして創られるものではない。

　これから重要なのは，黒川温泉のように地域が独力で創りだすケース以上に，地域とその地域を訪れる人の相互の関係の中から新たな旅をつくりだすことである。すなわち，一方的なブランド創造ではなく，受け手である旅行者に注目して，双方の関係性においてブランドを創造するあり様が，これからの地域ブランド創造と地域ビジネスの展開には重要になる。

　このような，"脱"観光地化と，地域のコンテクストを中心とした旅行者との新たな関係性の創造が，第3世代の旅の形であり，これは娯楽や慰安といった個人の旅行を超えて，自己実現を社会との関わりの中から創造していくことを目的とする旅へ向かう。

(3) 観光旅行の変容

　さて，本章では旅の歴史を通じて，観光旅行と観光地の成立の背景から，これからの旅のあり様としてのコンテクストトラベリズムと地域ブランドの創造について見てきた。それが"脱"観光旅行であり"脱"観光地化による，地域と旅行者を中心とした旅の再構築である。このことを通じて，中間業者である旅行代理店主体ではなく，地域自体に貢献するビジネスの創造が期待できる。

　さらに，ICTによる情報化やグローバル化という流れが，これからの新たな旅への変化を後押しする。情報化が進展していけば，従来の旅行代理店の中間業者（エージェント）的立ち位置も変えていかざるをえなくなる。それは，情報の流れが中間業者を介さずに直接的に顧客が情報元とつながるからである。現在，情報の流れが変化したことで多くの旅行者は，インターネットから直接，各地の情報を入手し，交通機関や宿泊地を複数の情報の中から比較選択し，自らの指向に合わせて旅行計画を立てるように変化している。このように，情報化の進展によって，顧客との情報格差をもとにした中間マージン型のビジネスは存在意義を失っていく。こうした中で，従来の著名な観光地を巡る旅では飽き足らず，また自らのスタイルから旅を創造しようとする旅行者も増えている。また現在の旅行者は五感で経験することや，今まで気づかなかった自らの可能性を，旅を通して見つけだそうとする指向

が強くなっている。こうした傾向は消費社会の高度化としてあげられる特徴であるが，このような変化は旅の定義自体を変える可能性をもっている（門田，2013）。

このように，近代以降に発達し，現代，巨大な産業になっている観光ビジネスは，従来のように旅行代理店を中心にツアーを企画・販売し，消費者がそれを購入するあり様からの見直しを迫られている。それは，観光地を中心にした観光という第三者的・通過者的なあり様からの変化を意味する。つまり，受け身の観光旅行者としての存在から，積極的に旅に関与する主体的存在へ，という旅行者の立ち位置の転換である。

図表6-2　観光旅行の主要三要素

出所：筆者作成

図表6-3　これからの旅の関係性

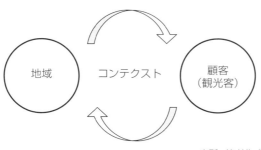

出所：筆者作成

これは，サプライサイドから，デマンドサイドへと市場の主導権の変化を示している。こうして，主導権が需要側へと移るにつれて商品は多様化していき，消費ニーズものも商品というモノの消費からサービス中心のコトへと変化している。こうして，次第に顧客が主体的に参加するスタイルが主流を占めるようになる。このような変化とともに旅行のあり様は，観光中心型から参加型に大きく変わっていく。

　こうした変化は，旅行ビジネスにおいて今まで主導権を握ってきたプレーヤーの変化をもたらす。これまでは，旅行代理店が広告代理店とタイアップし，マスメディアによる大規模なキャンペーンを行うことで，団体観光客から家族客までを大量に集めてきた。そのために，観光地というコンテンツの開発が不可欠であり，その観光地をアピールし，行きたい場所として消費者に刷り込むことがビジネス上の戦略であった。ところが，社会の変化とともに，こうした観光旅行を中心にした観光地と旅行代理店とマスメディアという三位一体型の旅行のあり様の存在基盤と有効性を喪失させている。

　これから求められるのは，観光地や観光旅行に頼らない旅のあり様である。すなわち，サプライサイドとして地域自らが主体となる必要がある。そこでは，旅行代理店という中間業者ではなく，当事者同士として，顧客と地域が相互に主役（メーンアクター）として関係性を築く必要がある。

　こうした変化によって，通過型のあり様から旅は開放され，新たな旅のスタイルが生みだされていく。そしてそれが地域にとってのビジネス創造となる。そのためにはコンテンツからコンテクスト中心の旅と地域ブランドのデザインが重要になる。

《結語》

　旅は時代とともに変化してきた。それは，旅がコンテクストにより成立するからである。旅はかつては苦難を意味し，近代以降では自由の獲得として認識され，現代では娯楽として世界中に広がった。現在の観光旅行は現代の旅の象徴でもある。旅行はマスツーリズムを広く展開し，観光ビジネスへと世界規模のビジネスへと拡大した。しかし，このあり様は近代以降に誕生したものであり，これは情報革命と高度情報化社会の発展とともに再び変化しつつある。

第 6 章　地域ビジネスとしてのコンテクストトラベリズム

　本章では，こうした状況の中で，これからの旅のあり様として，特に地域に注目しての観光に頼らない新たな旅の可能性を論じてきた。その提案とは，旅行代理店から地域が主導権を取り戻し，自らが主体となってコンテクストを創造し，旅行者との関係を築くことである。実際に，こうした試みとして，いくつかの新たな取り組みが地域で起き始めている。こうした事例を本章で見てきた。もちろんそれらが全て成功しているとは言えないが，確実にある一定の支持を獲得しつつある。また，こうした地域での取り組みは，地域に暮らす人たちがその地域としてのアイデンティティを問い掛け，模索を通じて，地域ブランド化に結びついていく。その中から，真の意味での，地域ビジネスが誕生することが期待される。

　さて，本章の最後に，これからの旅の行方を考えてみたい。古代から現在に至るまで，旅の意味やスタイルはさまざまに変遷してきた。それでも時代を超えて旅を支えてきた共通のコンテクストは，非日常性であった。この非日常性というコンテクストが現在，急速に失われ，日常との違いが薄れはじめている。こうした中でこれからの旅を成立させていくことは可能なのか。また，そこでの旅はどのような形態となるのか。

　振り返ると，2001 年 9 月 11 日，ニューヨークで国際センタービルの 2 対の巨大なビルが倒壊してから，世界中でテロとの戦いが局地的に繰り広げられ，民族や宗教をめぐる戦争が日常的に行われる時代になった。さらに，リーマンショックによる金融市場の混乱を目のあたりにし，日本は 3.11 の東日本大震災を経験する。こうして，我々は確固たるものと信じてきた日常がきわめて脆く，頼りないものであることを突きつけられ，否が応にもこのことを意識せざるをえない時代に生きることになった。

　観光旅行が成立するのは，まさに日常からの離脱が意味をもち，価値になる場合である。つまり社会的な環境や条件が整った上で観光旅行は成り立つ。反面，非日常の状態においては観光旅行は成立しない。戦時下や飢餓状態が日々の光景となっている場所で観光旅行は生まれることはない。

　かつて，シルクロードに位置するバーミヤン渓谷が世界中から注目を集めたことがある。それは，世界遺産にも認定された断崖の石仏が爆破されたためである。この破壊に対して多くの国から非難が寄せられた。爆破したのはイスラム教の一部の集団であった。彼らはその石仏が遺産であるというコン

テクストを共有していなかった。彼らはイスラムの教えから、単なる偶像と捉え爆破し自分たちの存在をPRした。その宗教的偏狭さを非難することはできても、コンテクストが共有されていない以上、爆破した側に非難の声は響かない。むしろ、西欧諸国と対立し戦争状態にあると認識している側にとっては、いかに相手に強い印象を与えて自らの姿勢を鮮明にするかが重要であり、こうした点からは世界中の非難を集めたことは、期待以上の効果をえたとの判断となる。断崖の石仏にどのような歴史があり、観光資産としての高い価値があったにせよ、戦時下においては、それらは戦局を優位に進める戦術の道具でしかない。それゆえ、石仏は爆破され粉々に塵と化したわけである。

このことからもわかるように、観光旅行が成立するには、非日常性を特殊なものとして認識できる安定的な日常性が必要である。第二次世界大戦後に世界的な観光旅行ブームが起きたのは、戦争が終わり日常に戻ったと人びとが認識したためである。その後は、安定した世界が続くという認識に基づいて、旅行は大きな広がりをもつことができた。

しかし、現在あらためて、安定と捉えてきた世界の姿が実は頼りない幻想でしかないと気づかされたとき、旅行を成り立たせてきた基盤は失われてしまう。日常と非日常との間に壁などなく、単に薄い膜があるだけだとしたならば、これまでのような旅行が成立することは難しくなる。

これからの時代においては、もはや観光というあり様は大きく姿を変えて、再び一部の特権的な階層の娯楽になるかもしれない。もしくは、旅は必ずしも物理的な移動を意味しない、むしろ内面へと向かう精神的な旅になるかもしれない。あるいは地域という存在をこえて、宇宙へと向かうのかもしれない。このように旅の意味も変化していく。このように、これから先の旅自体の行き先を測り知ることはできない。

それでも旅はあり続けていく。人類はその起源において、旅を通して進化をはじめたとする説がある。20万年前、人類最初の祖先がアフリカのタンザニアの大地溝帯に誕生し、やがてその場所を離れて地球上を旅し、南米の最南端にまで至る長い旅を行ったと言われている（関野, 2003）。当然のことながら、我々の祖先は交通手段も交通網もない時代に徒歩で道なき道を行き、また舟で海や川を渡り、旅をした。このような旅が現在、グレート

ジャーニー（はるかな旅）と呼ばれる旅である。つまりこの紀元前の旅が示すように，人類は誕生のときから旅をしてきた。

このように旅とは，さまざまな様相をもつ多様な行為である。むしろ，観光旅行という現在のあり様が，近代以降の狭い見方である，と言える。それを，現在，再びかつての旅の様相として捉え直すことが，これからの旅のあり方に結びつくであろう。そして，旅は社会の変化とともに，これからも変化していき，その変化の中でも旅は人とともにあり続けていくと言える。

さて，現在，地域デザイン学会（会長：原田保）では，地域デザインとライフデザインから観光を再考する研究を行っている。すでに，コンテクストツーリズムフォーラムも設立され，コンテクストツーリズム，そしてこれを超える概念としてのコンテクストトラベリズムについても，原田によってすでに報告がなされている。その意味では，本章の論述は，これを踏まえた一つの展開事例であると考えていただきたい。それゆえ，本章の理解を深めるためには，本書の序章と第4章をまずもって読み解いていただくことをお願いしたい。また，地域デザイン学会の学会誌第3号である『地域経済と観光ビジネス』に所収されている原田論文である「ニューツーリズムと地域ツーリズムのコンテクスト転換」を参照していただきたい。

（宮本文宏）

■ 参考文献 ■

門田岳久（2013）『巡礼ツーリズムの民族誌』森話社，20頁。
後藤哲也（2005）『黒川温泉のドン後藤哲也の「再生」の法則』朝日新聞社，126, 137, 194頁。
関野吉晴（2003）『グレートジャーニー――地球を這う〈1〉南米・アラスカ篇』ちくま新書。
原田 保・片岡裕司（2009）『顧客が部族化する時代のブランディング』芙蓉書房出版，2頁。
原田 保（2010）「黒川温泉のブランディング黒川温泉＝入湯手形で著名な癒しの温泉街」原田保・三浦俊彦編著『ブランドデザイン戦略 コンテクスト転換のモデルと事例』芙蓉書房出版，255～271頁。
原田 保（2011）「地域ブランドのデザインフレーム」原田 保・三浦俊彦編著『地域ブランドのコンテクストデザイン』同文舘出版，14～20頁。
原田 保（2012）「城崎温泉 永久不滅温泉に向けたイノベーションによる関西の奥座敷化戦略」原田保・大森信・西田小百合編著『温泉ビジネスモデルゾーニングとエピソードメイクのコンテクストデザイン』同文舘出版，88～102頁。
安田龍平・板垣利明編著『地域ブランドへの取り組み 26のケース』同友舘出版，16頁。
Leed, E. J.（1991）*The mind of the traveler*（伊藤 誓訳『旅の思想史～ギルガメシュ叙事詩から世界観光旅行へ』法政大学出版局，1993年，7, 34, 187～189頁）。
Ohler, N.（1986）*Reisen im Mittelalter*（藤代幸一訳『中世の旅』法政大学出版局，1989年）。

第7章
社会貢献活動としての"脱"観光トラベリズム

《緒言》
　さて，近年では，社会貢献活動の一環としての「産業観光」「産業遺産観光」「ジオパーク（地球科学的に見て重要な自然遺産を含む自然に親しむための公園である。日本ジオパーク委員会では「大地の公園」という言葉を使っている）」などを地域資源の価値として見直した着（地）型観光ビジネスが大いに注目されている。経済産業省は全国に点在する産業遺産群を構成する個々の近代化産業遺産を地域活性化に役立つ資産であるとして認定している。他方，産業遺産等を有する企業は社会貢献活動の一環として，企業のブランドイメージの向上を目指すべく，地域と協働しながら積極的な活用を展開している。
　地域に深く根づいている工場や産業遺産などの「見学」というツーリズムの歴史は古いが，これまでは工場や産業遺産を提供する供給側（主に企業）の「好意」や「奉仕」に支えられており，供給側の価値に関わる視点は度外視されていたのが実態である。しかし，企業の社会的貢献活動の必要性を背景に誕生してきたCSRやCSVという経営概念の台頭により，企業のブランドイメージの向上に止まらず，供給側の価値創出の視点の重要性も次第にクローズアップされている。
　また，産業観光や産業遺産観光は形態的には「観光型ツーリズム」であるが，参加者は「歴史」や「文化」，さらに「日本」を知る，学ぶといった学習機会の場への訪問と捉えている。その意味では本書でいう"脱"観光トラベリズムと位置づけられると言えよう。このような捉え方に依拠しながら本書においては社会貢献活動としてのコンテクストトラベリズムとして考察を

行っていく。

第一節　企業における社会的責任概念の進化
CSR から CSV へのコンテクスト転換

　本節では，CSR（Corporate Social Responsibility）[1]の進化のプロセスと，CSV（Creating Shared Value）[2]の発展について議論した上，CSV 活動の一環としての観光ビジネスや旅行ビジネスは芽吹き段階を迎えており，今後の観光ビジネスや旅行ビジネスにおいて CSV からの視点によるビジネスチャンスの拡大が期待されているという問題意識からの議論が行われる。始めに CSR というコンセプトの誕生と発展，次に新たなコンセプトとしての CSV の登場が議論される。

(1) CSR というコンセプトの誕生と発展

　企業における CSR は，今やすでに国際的な潮流となっており，2010 年 11 月には国際的なガイドラインの「ISO 26000：社会的責任の手引き」が策定されることとなった。

　1920 年代に米国のシェルドンがソーシャルレスポンスシビリティ（社会的責任）という用語を用いて，その必要性を唱えたのが，これらの行為の最初であると言われている。ただしこの時点ではまだ CSR という用語は登場してはいなかった。CSR という概念が登場する契機は，実は 49 年に開催されたハーバード大学の卒業生の集まりである「交友会」において CSR の必要性が議論されてからである，と言われている。それ以降，米国においてはさまざまな議論が展開されるようになった。

　また，我が国においても CSR に対する取り組みは比較的早く，経済同友会が企業は社会の公器との自覚の下に，1953 年には「経営者の社会的責任の自覚と実践」を提唱しており，この中に CSR の概念の規定を行っている。これが，我が国における CSR の概念形成のスタートである。

1　これは，企業は事業活動を行う中で，社会的な公正さや環境への配慮などを通じて関わりのあるステークホルダーに責任ある行動を取るべきである，という考え方である。
2　これは，共通価値の戦略と翻訳される理論である。詳細は後述する。

図表 7-1　我が国の「企業の社会的責任」の時代区分

第Ⅰ期（1960年代）：	産業公害に対する企業不信・企業性悪説 ⇒住民運動の活発化，現場での個別対応
第Ⅱ期（1970年代）：	石油ショック後の企業の利益至上主義批判 ⇒企業の郊外部新設，利益還元の財団設立
（企業の社会的責任論の衰退期）	
第Ⅲ期（1980年代）：	カネ余りとバブル拡大，地価高騰 ⇒企業市民としてフィランソロピー・メセナの展開
第Ⅳ期（1990年代）：	バブル崩壊と企業倫理問題，地球温暖化 ⇒経団連憲章の策定 ⇒地球環境部の設置，社会貢献実践
第Ⅴ期（2000年代）：	相次ぐ企業不祥事，ステークホルダーの危機感 ⇒SRIファンドの登場，CSR格付の普及 ⇒CSR組織の設置 ⇒2003年は「CSR経営元年」

出所：ニッセイ基礎研究所『ニッセイ基礎研REPORT －日本の企業の社会的責任の系譜』3～4頁

　我が国におけるCSRの時代区分について，ニッセイ基礎研究所では上記のように整理している。とくに，2000年に入り大手企業の相次ぐ不祥事を契機にして，「企業の社会的責任」が社会的問題として取りざたされたことを背景に，多くの企業がCSRに対する取り組みを強化し，CSR専門組織を設置した。この時期（2003年）は我が国の「CSR経営元年」と呼ばれている（図表7-1）。

　しかし，従来の多くの企業のCSRに対する取り組みは，社会貢献やコンプライアンス活動による自社イメージの向上やリスク対応などという限定的な活動に止まっており，事業の相関関係はほとんどなく，それゆえ企業の経営戦略上の役割を果たす手法としての有用性は低かった。それゆえ，費用対効果も不明確であり，また社会に対して大きな影響を及ぼすに至っていなかった。

(2) 新たなコンセプトとしてのCSVの登場

　企業競争戦略論の第一人者である米ハーバード大学経営大学院マイケル・ポーターは，2011年に発表した論文「Creating Shared Value」でCSRの進化概念とした「CSV」を提唱した。このCSVは「戦略的CSR」とも言い

換えることができる。

　CSV（共通価値の創造）とは，「企業の事業を通して社会的課題解決を可能にし，企業の価値と社会の価値の両輪を同時に実現させる」というような概念であり，社会と企業の双方の価値と生み出すビジネス展開の重要性を意味している。これまで企業の社会的貢献追求活動と利益追求活動とはある種のトレードオフ（利益相反）の関係にあると考えられていた。しかし，マイケル・ポーターは，「CSR 活動を単なる宣伝と考えている限り，本質的な CSR の目的を達成することは難しい。企業が事業活動を通じて社会問題解決に取り組むことが重要で，社会と企業の両方が価値を共有できれば，企業も利益を得ることで，持続可能な競争上のポジショニングを創出できる」と指摘している（図表7-2）。

　これに加えて，マイケル・ポーターは以下のような社会と企業の共有価値を創出する方法として3つのアプローチを示している（図表7-3）。

　アプローチ①は，社会的課題を市場として捉え，その課題解決に向けた製品やサービスの開発・提供である。代表的な事例としては貧困層をターゲットとした BOP ビジネスがあげられる。

図表7-2　CSR から CSV へ転換

CSR と CSV の違い

CSR Corporate Social Responsibility	CSV Creating Shared Value
▶価値は「善行」	▶価値はコストと比較した経済的便益と社会的便益
▶シチズンシップ，フィランソロピー，持続可能性	▶企業と地域社会が共同で価値を創出
▶任意，あるいは外圧によって	▶競争に不可欠
▶利益の最大化とは別物	▶利益の最大化に不可欠
▶テーマは，外部の報告書や個人の嗜好によって決まる	▶テーマは企業ごとに異なり，内発的である
▶企業の業績や CSR 予算の制限を受ける	▶企業の予算全体を再編成する
▶例えば，フェア・トレードで購入する	▶例えば，調達方法を変えることで品質と収穫量を向上させる

出所：マイケル・E・ポーター，マーク・R・クラマー「共通価値の戦略」『DIAMOND ハーバード・ビジネス・レビュー』2011年6月号

図表 7-3　CSV 実現のための 3 つのアプローチ

CSV	①プロダクトと市場の見直し	社会的課題を解決する製品・サービスの開発・販売
	②バリューチェーンの生産性の再定義	バリューチェーンの競争力強化と社会貢献の統合
	③操業地域での事業基盤の創出・強化	事業展開地域での事業基盤強化と地域貢献の統合

出所：マイケル・E・ポーター，アック・R・クラマー「共通価値の戦略」『DIAMOND ハーバード・ビジネス・レビュー』2011 年 6 月号を元に，川村雅彦氏（ニッセイ基礎研究所上席主任研究員）が作成

アプローチ②は，グローバル化に伴い企業のバリューチェーンは国外に及ぶこととなる。例えば，食料品の原材料調達における現地の生産農家等の栽培効率の向上等である。

アプローチ③は，自社の拠点を置く地域での人材育成，新産業創出等で，その地域の活性化などを通じて自社の企業基盤の強化や事業拡大が図られる（図表 7-4）。

第二節　CSV を捉えた観光ビジネスの考え方
ソーシャルソリューションの実現に向けた対応

前述した社会と企業の共有価値の創出の実現に向けて CSV の 3 つのアプローチにおいて，自社の拠点地域の資源の有効活用を前提とし，地域の活性化に基づくいわゆる観光需要創出が CSV における観光ビジネスと位置づけられる。「観光ビジネスモデル」（学芸出版社発行）の著者である近畿大学経営学部高橋一夫教授は「観光こそ，実は CSV の概念にぴったりはまる」，と指摘している。このような考え方に依拠しながら，本節では以下のような 2 つの議論を展開する。第 1 が JTB による CSV についての先進的な提唱について，第 2 は筆者の考えである地域社会と企業の協同による価値の創造についてである。

(1) JTB による CSV の先駆的な提唱

すでに JTB グループでは，2012 年には「CSV サーベイランスネットワー

第7章 社会貢献活動としての"脱"観光トラベリズム

図表7-4　CSV展開の事例

アプローチ①【プロダクトと市場の見直し】

業　種	事　業　内　容
食品製造業	うま味成分を配合し海藻の付きやすい海岸保護用コンクリートブロックの開発
化学製造業	途上国のマラリア予防に殺虫効果のある蚊帳の開発と現地生産販売
化学製造業	CO_2を原料とするメタノール製造で地球温暖化防止
衣料製造販売業	途上国での貧困撲滅に向けたTシャツ製造販売のソーシャルビジネス
育児用品製造業	育児用品ノウハウを高齢化社会に対応する介護・アクティブシニア用品に応用
飲料製造業	ノンアルコールやゼロカロリーコーラなど飲酒運転，肥満解消に向けた商品開発
損害保険業	地球温暖化の適応策として，タイで早ばつリスク軽減の保険を開発・販売

アプローチ②【バリューチェーンの生産性の再定義】

業　種	事　業　内　容
建設機械製造業	中国などで地域の企業化を支援し販売店に育成し販売網整備
外食産業	契約農家からの国産野菜調達による食の安全・安心，食糧自給率，農業就労
衛生用品製造業	中東地域における低価格の生理用品の女性だけの工場生産

アプローチ③【創業地域での事業基盤の創出・強化】

業　種	事　業　内　容
海運業	国内で不足する船員確保のため，アジアにて船員養成学校の開設・運営
自動車製造業	アジア各国で販売促進のため，自動車メンテナンス学校の開設・運営

出所：ニッセイ基礎研究所「ニッセイ基礎レポート2013年4月－CSVはCSRの進化形だろうか？」

ク」を創設．CSV概念に基づき，「旅」を基軸とした社会・地域と企業がWin ＆ Winとなる新しいビジネスモデルの研究に取り組んでいる。これに加えて，JTBコーポレートセールスは，CSVの考えに依拠しながら，以下のような「地域と社会の課題解決」をテーマに新しいビジネスモデルの開発を行っている（図表7-5）。

　これから理解できることは，観光を基軸とした地域活性化の可能性の追求であり，それはまさに地域交流ビジネスとして結実するということである。それゆえ，筆者は，これこそが，ソーシャルソリューション事業としての観

図表 7-5　JTB コーポレートセールスのソーシャルソリューション事業体系

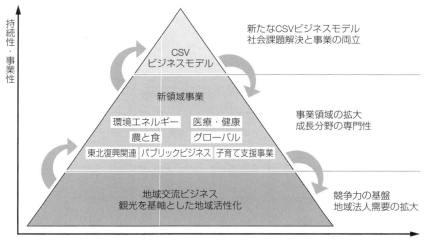

出所：JTB コーポレートセールス社のＨＰ（http://www.jtbbwt.com/service/social/solution.html, 2014.3.24 確認）より抜粋

光の１つの解であると言えるであろうと理解している。

(2) 地域社会と企業の協同による価値の創造

　ここで大事なことは，以下に示すように，CSV における観光ビジネスとは，地域に存在する観光資源などを活用し，地域社会と企業とが協同で価値を創出することで地域活性化という社会的価値と企業としての経済的価値を同時に生み出して，それゆえ持続的に展開し，相互が Win & Win の関係を創出する，ということである（図 7-6）。

　この協同行為から理解できることは，地域社会においては経済的効果や雇用の創出と実利的な効果が獲得できるし，企業においては競争戦略上の優位性の獲得による収益性の改善が可能になる。このような協同作業は地域社会においても，企業においても，まさに有効が行為であると共感することができる。もちろん，どちらかと言うと，弱者である地域社会サイドにおいては企業サイドに一方的に搾取されることがないように，それこそ十分留意することが大事であることは言うまでもない。

図表7-6　CSVにおける観光ビジネスの概念

第三節　先進事例の研究
産業全般に拡大するCSR観光

　以上のような認識に依拠して，本節ではソーシャルイノベーションを誘発する先進事例についての先進的事例を紹介する。なお，筆者においては，これらの事例は当然ながら，地域社会と企業がまさにWin＆Winの関係を構築すべく構想・実現されているものであると理解する。これらの事例は，第1が三菱マテリアルの産業遺産の事例，第2が宇部・美祢・山陽小野田産業観光推進協議会の事例，第3がJTBの事例，第4がコカ・コーライーストグループの事例である。

(1) 三菱マテリアルにおける「観光坑道ビジネス」の事例
　　～地域社会とともに取り組む産業遺産の保全～

　本章で紹介するCSVという概念が誕生している以前から，すでに我が国においては，企業と地域社会が協同で価値を創出する考えによる観光ビジネスは展開されていた。その典型的な事例が企業の産業遺産等を活用した観光ビジネスなのである。そして，その代表的な事例として三菱マテリアル㈱の観光坑道ビジネスがあげられる。

　現在，三菱マテリアルは佐渡金山，尾去沢鉱山，生野銀山，土肥金山の四つの旧鉱山坑道を利用した「観光坑道ビジネス」を三菱マテリアルの子会社

を通じて運営している。これらのいずれの坑道もかつて金属鉱山として操業を行っていたものである。この事業はその採掘跡地を地域振興に役立てることを目的にしながら有効活用しているものである。これは、具体的には、「産業史に刻まれた鉱業の本物の生きた歴史」を次世代に正しく継承するために、三菱マテリアルが地方自治体や地域社会と協力しながら、一般に公開しているという事業である。

　三菱マテリアルの『CSR報告書』の中においても、当社子会社のゴールデン佐渡では、佐渡金山閉山後は観光事業により、地元雇用や地域振興に貢献している、というように記載されている。実際「鉱山祭」や「宵の舞」など、佐渡の歴史文化を伝えるイベントには、同社スタッフが多数ボランティアとして参加することによって毎年の運営を支えている。

　さて、4つの旧鉱山の代表的なものは周知の佐渡金山である。この佐渡の金銀山の開発は16世紀なかばから本格化して、江戸時代には黄金の島ジパングにおける最大の金銀山としてまさに世界有数の産出量を誇り、それゆえ幕府の財政基盤を支えていた。なお、最盛期の鉱山都市「相川」は約5万人もの人口を擁しており、当時は国内有数の大都市だったと考えられている。また、明治時代になると、技術革新によってさらに採掘量が増加し、日本の近代化の一翼を担うこととなった。このように、4つの旧鉱山で最初にビジネス化されたのが佐渡金山であり、1970年開業以来の累積入場者は89年1000万人、96年1500万人、そして昨年2012年に2000万人を達成することとなった。

　ここでは、観光ビジネスという視点から、金山史跡を観光に生かそうとする姿勢も積極的であり、2008年には金山内に新コースを開設し、シンボルの「道遊の割戸」を間近で見ることができるようになった。また、江戸時代に採掘した坑道を生かした新コースも開設されている。特に、古代遺跡を思わせる「北沢浮遊選鉱場」についてはドラマのロケ地に使われており、夏場は夜間にライトアップされることもある。

　佐渡市では、市民に史跡の価値を知ってもらうために、市職員らが小中学校に出張授業に出かける試みも続けられている。これに見られるように、佐渡市はその市民とともに史跡を守っていく意識を育てていくことも大切にしている。

(写真1) 4大鉱山遺跡の1つ相川金銀山の北沢浮遊選鉱場（佐渡市相川金銀山）

出所：佐渡市役所 HP
(http://www.city.sado.niigata.jp/mine/gallery/a_isan/index.shtml#20, 2014.3.24 確認)

　この佐渡金銀山を人類の共通の財産として保護し未来へ伝えていくために，現在では，県と佐渡市は，文化遺産として世界遺産登録を目指している。なお，2010年11月には，すでに「金を中心とする佐渡鉱山の遺産群」という名称でユネスコの世界遺産暫定一覧表に記載された。実は，佐渡の観光客数は1991年の121万人をピークに年々減少しており，2011年は53万人とピーク時の半分以下になっている。それゆえ，佐渡市としては佐渡金山の世界遺産登録による観光客の増加に大いに期待しているわけである。

(2)「宇部・美祢・山陽小野田産業観光推進協議会」における事例
～近代化産業遺産を生かしたCSRツーリズム　大人の社会派ツアー～

　CSR型ツーリズムとは，CSR活動の中において，企業がブランドイメージの向上を目指して行う環境保護や社会貢献活動などに着目した社会貢献型のツアーを指している。これは近年，地域資源活用の新たなパートナーシップ型のビジネス展開として大いに注目されている。

　このCSRツーリズムを標榜し活動を行っている代表的な地域事業としては，宇部・美祢・山陽小野田産業観光推進協議会（山口県）の大人の社会派ツアーがあげられる。この取り組みは，実は3つの地域の経済団体，企業，市民グループや行政機関が協働し，着(地)型観光エージェントとしての協議会を設置しながら，まさに独自に取り組みを展開している事例である。

山口県の中西部に位置する宇部，美祢，山陽小野田市は，明治維新以降，いち早く産業近代化に取り組んできた地域である。創業100年を超える地場の企業が立地し，当地域から産出された石炭や石灰石などを活用した基礎素材型産業が集積する工業地帯ではある。しかし，この地域においては，知名度のあるいわゆる従来型の観光資源がないために，観光地としての認識はほとんどされていない。こうした中において，とりわけ観光による地域振興を図るために，着地型観光を推進する山口県の協力により，2007年協議会が立ち上がったわけである。

　こうしてできた当協議会が新しい切り口での産業観光を推進するにあたって重視した点は，地域の特性を通じてまちの姿を魅せるバスツアーとショールームへの訪問と体験によって，「まちのファンになってもらう」という観光の意義をきちんと認識した上で新に事業を展開するということであった。

　このCSRツーリズムを展開するに至った背景には，宇部地域の歴史物語（ソフト）が大変個性的で価値があったことだけでなく，それを体感できる場としての近代化産業遺産が存在したことが見い出せる。ここでの代表的なコースには，宇部興産伊佐セメント工場や宇部興産専用道路や，宇部興産創業110周年を記念して作られた総合案内施設であるUBE－i－Plaza（歴史や製品，さらには技術を紹介する施設）など，宇部興産の近代化産業遺産等を有効に活用された施設があげられる。

（写真2）宇部・美祢・山陽小野田産業観光推進協議会が監修した産業観光バスツアー「大人の社会派ツアー」

出所：宇部興産株式会社 HP
(http://www.ube-ind.co.jp/japanese/eco/csr_area_ube.htm#ube-2, 2014.3.24 確認)

第7章　社会貢献活動としての"脱"観光トラベリズム

2008年には本格的にツアーを実施されたが，既に1万人以上（2015年現在）もの人々が訪問している。また，10年には募集型ツアーを32回催行したが，これには533人の参加者があり，またリピートの希望率は91％ときわめて高くなっている。

(3)「JTBグループ」における地域や社会の課題解決を指向した事例
～次世代自動車充電器を観光関連施設に無償で設置～

　旅行業界において，各地に圧倒的なネットワークをもつJTBが，CSVの考えに依拠して地域や社会の課題解決をテーマにした新しいビジネスモデルの開発を行っている。そして，この開発によって，JTBグループのJTBコーポレートセールスとJTB商事は，全国の観光宿泊・レジャー施設，自治体に対して，無償（充電器の本体と工事費，8年間の通信費，保守メンテナンス契約費，保険料）でEV/PHV普通充電器の設置を行うことが可能になる。

　実は，2013年度には，経済産業省がEV/PHV充電インフラ拡充にむけて，充電器の本体と工事費の2/3の費用を負担する補助制度「次世代自動車充電インフラ整備促進事業」を実施している。また，これに加えて自動車メーカー4社は残りの1/3の費用と8年間の維持費用（通信費，保守メンテナンス契約費，保険料），充電器利用時にかかる電力従量料金相当額の支援を発表することとなった。

　これを受けて，JTBコーポレートセールスでは低炭素型地域づくりに貢献することを目的にしながら「EVモビリティ観光活性化事業」を全国で推進し，上記の補助金，支援金を活用して普通充電器を1000基保有し，全国の観光宿泊・レジャー施設に無償で設置を促進することとなった。通常では，上記の補助金・支援金を活用して充電器を設置する場合には，設置者は初期導入費用を一旦支払う必要があり（後日補助金，支援金を充当），補助対象外の取得時の消費税，毎年の固定資産税は設置者の負担となっている。しかし，JTBコーポレートセールスは，充電器の資産保有を希望する施設には上記の提案を行い，資産保有を希望しない施設へは，設置場所の提供と電気代を負担することを条件にして，JTBコーポレートセールスが保有する普通充電器の賃貸借契約を行い，それゆえ電気代以外の8年間の全費用を負担

する,という対応を行っている。

　このように,JTBコーポレートセールスにおいては,全国地域でEV/PHVの充電インフラ整備を行い,自動車メーカーと連携して地域特性に合わせたEV・超小型EV等の観光での活用を推進し,地域における2次交通の利便性・回遊性の向上に貢献したいと考えている。さらに,日本ユニシスと提携して発行・運営しているEEV/PHV充電認証カード「チャデモチャージ付きおでかけCard」[3]の会員拡大を図り,これによって観光用途におけるEV/PHVの利便性やサービスの向上を指向している。

(4)「コカ・コーライーストグループ」の自動販売機を利用した地域貢献の事例～観光支援型自動販売機より観光事業発展のための支援～

　さて,コカコーラのボトラーであるコカ・コーライーストグループは,CSR活動「地域とともに」を基本姿勢とし,さまざまな地域社会貢献活動に取り組んでいる。その中の観光支援型自動販売機は,自動販売機をみなさまからの募金箱という考え方のもとに,売上高の一部を地域の観光関連事業の活動資金として還元して,顧客とともに地域社会を支援していく活動である。

　北部九州地区から始まったこの活動には,現在では全国へ広がっており。これを踏まえて今後も展開を拡大していく方針が示されている。例えば,埼玉県伊奈町観光協会との「バラの街推進事業」に見られる支援型自動販売機設置は,伊奈町観光協会と自動販売機を通して伊奈町観光事業の振興発展を支援することを目的とした支援型自動販売機が設置されている。

　この支援型自動販売機の設置については,売上金の一部を使って町の花でもあるバラの育成費に充てるほかに,伊奈町の観光事業の推進を図ることをも目的とした活動を目的としたものである。なお,自動販売機の外観は「バラの町伊奈」をイメージしており,それゆえバラをモチーフしたデザインを行うことによって,まさに地域貢献にふさわしく,かつ誰からも愛されて,また,親しんでもらえるような仕様になっているわけである。

　そこで,今後においては,以下のような「支援型自動販売機」を通じて,

3　これには全国の約1700ヵ所のレジャー施設割引サービスがついているという特典がある。

第7章 社会貢献活動としての"脱"観光トラベリズム

単に質の高い製品やサービスの提供だけでなく，同時に地域に根ざした支援にも積極的に取り組む計画となっている（図表7-7）。

これに加えて，岡崎市でも中部ペプシコーラ販売と連携して，売上高の一部が観光事業の支援金となる「岡崎観光まちづくり支援自動販売機」の設置を始めている。現在では，岡崎公園駐車場と園内の観光売店付近の2台だが，貴重な自主財源の1つとなるため，さらに普及拡大を目指している。

自販機の正面（商品の下）には，設置場所から近い観光スポットを紹介する「岡崎観光まちめぐりガイド」が添付されている。そして，概要説明や写真，自販機からの距離などを表示している。例えば，公園駐車場では二七市通り，売店では八丁蔵通りを紹介するといった具合である。側面には葵の紋と「家康公のふるさと岡崎」のロゴが貼ってある。なお，飲料自体の価格はほかの自販機と変わらないのだが，売上高の一部（1本あたり2円）が中部ペプシコーラ販売を通して，観光協会に入る仕組みとなっている。これは，財源不足に悩む観光協会と「まちの活性化に貢献したい」という思いがある中部ペプシコーラ販売との思惑が一致した形である，と言える。利用者の中

図表7-7　地域振興発展を支援することを目的とした支援型自動販売機の設置

出所：コカ・コーライーストジャパン株式会社HPより抜粋
（http://www.ccej.co.jp/press/199, 2014.3.24確認）

（写真3）岡崎公園内の売店と駐車場に，「葵の紋」と観光案内表示付きの自動販売機を設置

出所：岡崎経済新聞 HP より抜粋
(http://okazaki.keizai.biz/headline/613/, 2014.3.24 確認)

には「自分が飲料を買うだけで観光事業に寄付できるなんて気分がいい」というような評価する人も多く見出せる。

《結語》

本章においては，CSR および CSV という経営概念の提示と，これらをベースに異なる4つの先進事例を紹介した。これらのいずれの事例も本書における地域ブランディングのためのトライアングルモデルにおけるアクターズネットワークが極めて重要であることを物語っている。企業の CSR および CSV 活動と地域活性化を融合させるには，とりわけ地域に存在する企業が有する資源等を活用し地域を活性化し，地域ブランディングを形成するためには地域社会と企業とが協同で価値を創出し，相互が Win & Win の関係を創出することである。

こう考えると，企業における CSR や CSV への取り組みは地域の価値創造に多大な貢献が期待できると言える。しかし，このような社会貢献活動が成功するためには，すなわち真に地域の付加価値創造に結び使えるためには，地域のアクターの積極的なかかわり，主体性の確立が不可欠であることは言

うまでもない。

　また，ここでの議論においては大事な点は，このような社会貢献活動と結びついた観光ビジネスは，実は直接的には観光を目的としたものではない。それゆえ，読者においては，ここで取り上げた事例はすべて眼下のニューツーリズムは観光ツーリズムという概念で説明すべきものではなく，むしろ本書のテーマであるニュートラベリズムという概念から捉えることがより望ましい，ということも理解できたであろうと思われる。

（加藤文昭）

■ 参考文献 ■

川村雅彦（2004）「日本の「企業の社会的責任」の系譜（その1）－CSRの変遷は企業改革の歴史－」『ニッセイ基礎研REPORT』ニッセイ基礎研究所，2004年5月号，3～4頁。

公益社団法人経済同友会（2010）『日本企業のCSR－進化の軌跡　自己評価レポート2010』。

谷山豊三郎（2010）「近代産業遺産を活かしたCSRツーリズム」『月刊地域づくり』一般社団法人地域活性化センター，第254号（http://www.chiiki-dukuri-hyakka.or.jp/book/monthly/1008/html/r02.htm）。

中野目純一・広野彩子（2011）「CSRの呪縛から脱却し，「社会と共有できる価値」の創出を」日経ビジネスオンライン http://business.nikkeibp.co.jp/article/manage/20110516/219999/?rt=nocnt。

マイケル・ポーター（1985a）『競争の戦略』ダイヤモンド社。

マイケル・ポーター（1985b）『競争優位の戦略－いかに高業績を持続させるか』ダイヤモンド社。

水尾順一（2004）「日本経営倫理学会　CSR研究部会レポート（1）：戦略的CSRマネジメントと企業経営」日本経済新聞社広報局 http://www.nikkei.co.jp/csr/pdf/enquiry/enquiry_n_csr_report01.pdf.，1～6頁。

第8章

共同体験ビジネス指向の"脱"観光トラベリズム

《緒言》

　本章では，レジャーや観光を超えた旅の重要性と，その実現策としての顧客の長期記憶に残るための「共同体験ビジネス」の可能性について論じる。既存のコンテンツ（旅行素材）を有効活用し，新たな意味づけを行うことによってコンテクスト転換を起こし，コンテクストトラベリズムの実現を喚起する仮説を以下に述べるものである。

　今日，旅行商品およびサービスを扱う中心的役割を担う存在である旅行代理店のビジネスモデルは，いわば中間手数料業であり，市場を取り巻く環境とその変化については第3章においても述べてきたとおりである。顧客の低コスト指向の影響を大きく受けてマーケットがほとんど停滞している現在の局面は，商品のコモディティ化が避けられないという全体的な傾向にも連動している。また，販売サービスの効率化を求めインターネットビジネスが普及したことも，旅行商品素材がコモディティ化することに一層の拍車をかけてきた。インターネットやウェブサイトを通じた販売が消費者に提供している顧客価値は，商品内容と同時に，即時性やスピードといった効率性である。これが，人々に広く支持をえられている現状を鑑みれば，この時間を捉えたモデルはビジネスとしては成立している，と言えよう。

　しかし，ICTを駆使した結果，購買行動の利便性は高まったが，提供者側（旅行業者）には，旅行商品の究極目的としての経験を提供しようとする意図や戦略性を喪失したように見受けられる。また，翻って，顧客側視点に立っても，コストや簡便性を優先し旅行素材の断片を受容している消費者は，旅行者としての全体価値や目的，ましてや使命といった思弁性を失いつつあ

る。本来のマーケティング的視点から見れば，消費者が航空券を購入するのは単に飛行機に乗りたいからではなく，それを手にすることを通じて旅行という体験を手に入れたいという欲望があったからである，と説明できるはずだが，利便性の追求やコモディティ化の傾向が，これら顧客の行動心理を皮肉にも否定している。このように，旅行業のバリューチェーン（価値連鎖）が非常に曖昧なものとなっている現在では，旅における従来にはない新しいパートを担うべき新プレイヤーの存在が必要とされている。

インターネット販売に象徴されるように，旅行素材（交通手段や宿泊施設）が単品で個別にダイレクトに販売されるようになった背景には，第3章第2節において述べた旅行商品の非流通性，不完全性，限界性という各要因が，まさにいずれも関連している。それゆえ，これらの特性をネガティブに捉えるのではなく，商品の「機能価値」と「経験価値」を敢えて区分して認識することによって，旅行商品そのものの価値を旅行経験の価値にまで高めるパラダイムシフトが求められる。この問題意識において，顧客の長期記憶に残る旅を創るためのビジネスに関わる提案として，本章は，以下の4つの視点から考察を進める。

① 提供者（サプライヤー）と受容者（カスタマー）の境界を曖昧にする共同体験としての旅行商品・サービスの考案。
② 共同体験を創出する前提となるシェア（共有）という価値観。
③ 旅行者自身が新しい旅とその価値を創り出すためのキュレーションという切り口。
④ 自分自身の旅行を創り新しいプレイヤーとなるために必要な旅行者のプロフェッショナル化。

これらの課題については，次節以降においてそれぞれ具体的に言及していく。なお，本章は，まさにインターネットをトリガーにした旅行ビジネスのコンテクスト転換を議論するが，ここで重要なことは，旅行にとどまらない汎用性のある概念についての考察が行われた点である。これらは，1つがシェア（共有）であり，もう1つがキュレーションである。前者は，過去に編者である原田も言及していたコンセプトであり，後者は筆者の経験から構想されたものである。それゆえ，旅行に関わる議論をこれから2つの概念

から行うことも，また本章の狙うところである。

第一節 コンテクスト転換以前の旅行業界の限界と今後の動向
インターネットが現出させたイノベーション

　本節ではまずニュートラベリズムの提案に先立ち，旅行業界におけるサプライヤーや，インターネットが顧客に与えたインパクトについて整理を行い，今後求められる動向の可能性について考える。具体的には，インターネットメディアの効用とインターネットビジネスの体系についての考察である。

(1) インターネットメディアの効用

　さて，旅行業界に限らず，ビジネス全体におけるインターネットメディアの効用を端的にあげると概ね次の7点に集約される。

① 低コスト：少額からビジネスのプロジェクトを開始できる。
② 偏在性：発信する場所に限定されず世界全体に発信することができる。
③ 平等性：誰でも発信メディアをもつことができる。
④ 連結性：情報と情報がリンクして繋がる。
⑤ デジタル化：情報がデジタル化されることにより再現や配布が可能となる。
⑥ 異なる行為（次元）の連結：現実世界（オフライン）でつながっていなかった行為が簡単に連結される。
⑦ 爆発性：幾何級数的に接触数が拡大する可能性をもつ。

　そして，これら7つの特性に象徴されるインターネットビジネスの最大目的は，一言で括るならば効率性に過ぎない。例えば，この観点に基づけば今やインターネットを通じて老若男女に利用されているEメールやLINEのようなSNSメッセンジャーなどにおいて使用される絵文字やスタンプの目的は，感情表現や意思伝達の効率化である，と説明できる。

　インターネットは旅行業界にとって，多大な脅威（threat）であるとともに，機会（opportunity）創出の武器にもなりえる。例えば，インターネットの活用によってサプライヤーとしての営業拠点（実店舗）を補完し，不特

定多数の顧客と直接コンタクトポイントをもつことが可能になり，流通コストの削減を図ることもできるからである。また，旅行業における多種多様なサプライヤーが提供する旅行商品を，より自由に組み合わせて販売することができるため，その組み合わせ次第によっては新たなアイデアを生みだすこともできる。また，顧客はこれらサプライヤーの商品群の中でいろいろ比較を行うことで，それぞれの商品料金や特徴を明らかにすることができ，しかもこれらの商品の検討作業はシステムが効率化されているため，非常に簡便に済ませることができる。

(2) 旅行業界におけるインターネットビジネスの体系

インターネットビジネスの急速な普及と拡大によって，従来の旅行業界では部外者とされる立場からも続々と新規参入が起こり，インターネットの特性を存分に生かすことで新たなビジネスモデルが多様に構築されてきた。現存する旅行業界のインターネットビジネスは，以下の4型に分類（図表8-1）できる（橋本，2009，180-181頁）。

1　場貸し型宿泊予約等を一般消費者対象に提供するために広告を展開するウェブサイト（例：一休ドットコム）。
2　情報型雑誌や情報誌に掲載される情報と連結してパッケージツアーの予約を可能にしたウェブサイト（例：るるぶドットコム）。

図表8-1　旅行業インターネットビジネスの類型

	類　型	特　性	サービス事例
1	場貸し型	宿泊予約等を一般消費社対象に提供するために広告を展開するウェブサイト	一休ドットコム
2	情報型	雑誌や情報誌に掲載される情報と連結してパッケージツアーの予約を可能にしたウェブサイト	るるぶドットコム
3	比較検索型	複数の旅行会社の旅行商品を比較しながら購入できるウェブサイト	エイビーロード
4	コミュニティ型	旅行商品の購入に伴う顧客視線の口コミ評価等をはじめ情報の相互交換機能を備えたウェブサイト	エアビーアンドビー

出所：筆者作成

3 比較検索型複数の旅行会社の商品を比較しながら購入できるウェブサイト（例：エイビーロード）。
4 コミュニティ型旅行商品の購入に伴う顧客視線の情報交換機能を兼ね備えたウェブサイト（例：Airbnb）。

インターネットビジネスにおいては瞬時に情報を検索し，商品やサービスを並べて比較できる点で，顧客の購買活動をより複雑にしてきた（図表8-2）。

インターネットによって消費者の購買活動が大きく変化し，ジャーニーマップに新たに加わったのは，購入前の「比較」および「検討」と，購入後の「共有（シェア）」という行動過程である。今やAmazonや楽天市場に限らず，多くのビジネス向けウェブサイトにおいて顧客の「口コミ」や「おすすめ提案」のコメントが次の商品購買に至る大きな要因となっており，これら機能の拡充や戦略性がインターネットビジネスの将来に関して大きな可能性を担っているように，旅行商品はその非流通性（生産と消費が同時性をもつ）からも特に個人的な体験を参考にする心理的指向が強く，購入前の「比較」「検討」と購入後の「共有（シェア）」は，顧客のジャーニーマップにとってもはや不可分の行為である。また，この点はサプライヤーが密接な顧

図表8-2 消費行動に至る顧客のジャーニーマップ

〈顧客の消費行動（購入）に至るプロセス〉

【従来ユーザーの消費プロセス】

【インターネットビジネスにおける消費プロセス】

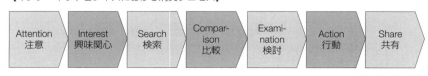

出所：筆者作成

客関係を築き，商品やサービスの付加価値をより高めようとする上で，強く問題意識をもつべきビジネス的課題でもある。その点において，前述した旅行業界のインターネットビジネスにおける分類型（図表8-1）の4点目にあげたコミュニティ型ウェブサイトは，まだ軌道に乗っているとは言えないものも多いが，今後の可能性を図る上ではその動向は非常に興味深い。

　旧来の団体旅行やパックツアーが全体的に下火になる一方で，顧客が自分自身のスタイルにこだわる個人旅行は国内・海外問わず増加している。この状況変化の背景には，インターネットの普及が大きな要因としてある。国内旅行はもちろんのこと，海外旅行についても航空券や宿泊を一般旅行者がウェブサイトを通じて簡単に予約できるようになったため，ほぼいつでも，どこでも，誰にでも旅行商品の購入が可能になった。

　旅行業のビジネスモデルを見直すにあたって，基本に立ち返り，ビジネスの枠組，顧客，商品，販売手法という各要素に着目するならば，インターネットを通じたビジネスはまさに販売手法の拡大にあたる。

　他方，サプライヤーである旅行代理店にとっては，スタッフがいかにプロフェッショナルであるかという他競合との差別化が，商品の付加価値性を創造することに結びつく。しかし，旅行先の地理的状況や文化歴史に関する知識や，航空券購入の規則，ホテルの情報等々に至るまで，旅の専門業務知識はきわめて広範で多岐にわたるため，従来大手旅行会社の店頭部門においてさえ，その対応は人件費などのコストの面から先送りされている。

　他方で，近年においては，旅行方面別や顧客層別の専門店を展開し，個人旅行の取り扱いができる高度な知識を備えたスタッフを集中的に配置する事例がでてきた。もちろん，高額旅行商品と高品質旅行商品は，必ずしも同義語ではない。実は，これらは顧客へのコンサルティングを重視した新しいスタイルの旅行会社であり，個人旅行商品を丁寧に組み合わせ，きめ細かな配慮をもって販売促進を行っている。その際に，販売スタッフの専門知識やコミュニケーションスキルに相当のレベルが求められることや，コンサルティング料金や企画手数料に対する顧客の満足がえられるかどうかが，このビジネスにとって最大の課題になる。

第二節 旅行とソーシャルネットワーク・シェアビジネスの新機軸
コンテクスト転換による新事業の創造

　続いて，ここでは旅行のコンテクスト転換をソーシャルネットワーク・シェアビジネスとの関連から考察を行う。それは，今日ますますソーシャルビジネスとしての旅行ビジネスへの期待が高まっているからである。これらは，具体的には，第1がインターネット時代のビジネス特性，第2が旅行ビジネスのコンテクスト転換，第3がソーシャルネットワークの戦略的活用，第4がインターネットテクノロジーへの期待である。

(1) インターネット時代のビジネス特性

　すでに周知のように，コンテクストとは文脈や状況のことであり，いわばコンテンツのなすある種の流れである，と考えられる。これは，コンテンツとしての構成要素の各断片をまとめ，意味を紡ぎだす作用をもっている。また，コンテクストデザインとは，コミュニケーションにおいて期待される潜在価値の顕在化や価値最大化のためにそのコンテクストの創造，あるいは転換を指向するデザイン全般を指している。それゆえ，このデザインの対象はモノという枠を越えて，抽象的な対象にも応用することが可能になる。このように，課題解決のために思考や概念の組み合わせを考察することがデザイン行為である。新しいビジネスモデルは，コンテンツ（提供内容）とコンテクスト（提供方法）の掛け合わせから生まれる。この考えにしたがえば，旅や旅行においても同様にコンテクストデザインという視点から新しいパラダイムシフトを試みることが可能であるし，むしろコモディティ化が甚だしいマーケット的には新しい時代環境に相応しい次への転換が求められている，と言えよう。

　第3章第2節において述べられたように，販売される旅行商品の特性の1つは，他のサービス業における商品・サービスと同じく生産と消費が同時に行われる点であり，消費者が自ら生産の一部になるという面における「非流通性」という点である。この観点から見ると，旅行代理店は，提供者として販売する旅行中に生産され顧客が消費する予定の経験までは販売できないという面では，「不完全性」や「限界性」という特性も併せもっている。しか

し，旅行商品にはこのような余白部分が過分にあるからこそ，新しい開発の余地がある，とも考えられる。それゆえ，商品において元来含まれるはずの機能価値と予定付加的な経験価値をあえて区分して意識的に消費者に訴求することは有効な解決策となる。また，その1つの方策が，まさにコンテクスト転換という視点から捉える新しいトラベリズムである。構造主義的観点から見れば，世界はモノよりも関係性から成り立っている。モノ（商品コンテンツ）を売るのではなく，コト（前後の文脈を備えたコンセプト）としてサービスを捉え訴求する重要性が，コンテクストトラベリズムにおいては求められる。

(2) 旅行ビジネスのコンテクスト転換

ここで新しい時代環境にふさわしい旅行商品について考案する際には，「旅行商品の戦略は何か」「その旅行商品のターゲットとなる消費者は誰か」などを繰り返し自問することが不可欠である。その問い一つひとつの課題はコンテンツ的な視点によるものである。しかし，それらは実は最終的には顧客が真に求めているものは移動や宿泊という単純な行為ではなく，まさに旅行という自分自身の経験や新しいこれまでにない体験であろうというコンテクスト的仮説へと集約されていく。

さて，経営におけるコンテクスト転換の方法論は複数あるが，要約すればそれらは，①価値転換，②主体転換，③関係転換，④行為転換の4つのアプローチになる（原田・三浦，2012）。

旅行商品を捉え直すうえで，販売商品（サービス）を単なる交通移動や宿泊施設という断片的な側面から考えるのではなく，「旅行体験という全体価値」の創造から俯瞰することは，この方法論においては①のコンテクストの価値転換にあたるであろう。また，旅行商品の消費が生産と同時に同じ場所で行われるという商品特性は②の主体転換が行われる可能性も多分に包含している。マスマーケティングが通用していた時代は終わり，パーソナルマーケティング，さらにはOne to Oneマーケティングの時代へと企業の戦略と市場のニーズは移行してきた。企業と顧客のコラボレーションやパートナーシップがもはや不可欠であり，「生産者＋消費者＝プロシューマー」という概念はますます重要となる（原田，1999）。こうして，提供者と受容者の関

係性はよりインタラクティブなものになる。そして，これらの諸要因を踏まえて，旅行を構成する個別要素の新たな組み合わせ企画や提供者と受容者の協働の観点からトラベリズムのコンテクスト転換を図り，再編集やキュレーションという視点から旅や旅行商品を捉え直すことは，③にあたる関係転換に結びつく。野中・紺野（2012，214-236頁）によれば，モノの流れではなく，知の流れによって経済的価値が生まれるのが「イノベーション」である。そのためには，旧来のハードやサービスの分類を越える必要があり，顧客価値具現化のために「関係性のデザイン」が必要になる，と述べている。

　また，単サイクル型のライフスタイルにもやはり限界が訪れた現在，企業が顧客や従業員を一方的に支配しようとする戦略やそのような旧来型コーポレートガバナンスにも限界が訪れつつある。この先求められる新しい舵取りやイノベーションは，おそらく自己組織的なガバナンスを可能にする有機的共同組織のような存在であり，このような舞台や場が整えば，組織概念の変化に応じて新しい行動規範をもった異能人材が活躍できる環境や組織領域も構築することになる（原田，2001）。関係性の再編集を経て外部との接点を多様に保持するニューカマーやニューベンチャーの台頭が期待されるのは，まさにこのような分野においてである。また，旧来の固定観念による市場ドメインやマーケティング戦略に頼ることなく，物理的に限定されたコミュニティだけではなく，仮想空間への広がりや，特定の目的を共有する人間同士の共通経験や理想を総括した場を創造することは，共創原理という新しいコンセプトの提案に結びついている。

　組織のヘゲモニー（ルールや文化）は，その性格面から，①ヒエラルキー（階層的），②ヘテラルキー（多元的），③オートノミー（自立的）なものに分類される。特に，③の自己創出的な組織においてこそ，この場の役割が一層重要となる（野中・紺野，2012，177-186頁）。また，このように自立的なコミュニティにおいては，従来の同心円上に「個＜組織＜社会」が存在しているのではないために関係性が多様化し，より柔軟性が求められることになる。それゆえ，自律分散型のリーダーシップやミッションといった姿勢もまた必要になってくる。

　前節では，旅行業界におけるインターネットビジネスの普及についてその効用的観点を述べたが，このインターネットの効率性や即時性を活用し，

バーチャルなコミュニティをリアルな世界と結び，旅行経験や体験を共有（シェア）する場を創ろうという試みも，また1つの関係編集的観点から捉えたコンテクスト転換にあたるだろう。

(3) ソーシャルネットワークの戦略的活用

　旅行関連に限らずインターネットを通じたソーシャルネットワークサービス（SNS）などのソーシャルメディアは，サービスをコンテンツからコンテクストへと転換する新たな価値創造の有力なツールとして既に多彩な場面で活用されている。送り手と受け手の立場が双方向であるため常に流動化し，個人がストーリーやエピソードを見い出せるつながりの場としての役割だけではなく，共感の連鎖を生む新しいコミュニティとしても機能しつつある。

　本来，ソーシャルネットワークとは社会的絆，あるいは人的なつながりであり，現代に始まった革新的な概念ではない。そこには，相互利益をもたらす協働や協調をもたらすネットワークや信頼などのソーシャルキャピタル（社会関係資本）が必要であり，これが豊かな生活を営む可能性を増大させることは過去も現代においても不変であり，これは今日でもなお重要な課題である。インターネットなどのICTの発展やそれが可能にした効率性やスピードは，これを解決するための新しい装置になりえる面においては，きわめて期待は大きい。しかも，スマートフォンやタブレットを始めとするモバイル通信機器の普及拡大を背景にして，リアルタイムにいつでもどこでもインターネットやウェブにつながるユビキタス環境が整備されつつあることは，このような動きの追い風になっている。

　他方で，未来のソーシャルネットワークの可能性について思考を巡らせるならば，交通手段や情報技術などの最新テクノロジーがスピード性やモバイル性を通じて距離という概念を次第に葬り去ってしまう。それゆえ，旅行体験というサイトスペシフィック（地域限定性）な商品やサービスとは相反し矛盾するようにも考えられる。しかし，あえて逆説的に捉えると，距離という概念が失われるほど，「位置＝どこにいるか」ということは，今後においてはさらに重要になる。なぜならば，データネットワークによってフラット化した世界では，これまで人と人とを引き離していたもの，端的に言えば文化的な差異にこそ焦点があてられ，また個人にとってもどこで何をす

るかという点が他者との区別化の上でますます重要視されてくるからである（Economist, 2012）。それゆえ，異なる土地を訪れ異文化に触れるという旅行体験の価値は，かつてなく他に代え難く重要なものと認識されることになる。

（4）インターネットテクノロジーへの期待

　また，インターネット技術の効率性を背景にして我々が現在直面している社会的な価値観の転換は，所有から共有（シェア）という大きな変化である。ソーシャルネットワークを通じて，個人がモノやサービスを購買し所有する時代から，共有して利用しようという時代へ，人の消費行動やライフスタイルが大きく変わりつつある。この大きな波は，旅や旅行という商品を捉える上でも避けることはできない。共有やコミュニティ集団という概念は，一見，前時代的な古臭いイメージも拭い去れないが，技術革新を背景として現在では魅力的で価値ある形態で再生したトレンドである。かつては，協同組合，コミューン，共同体という言葉ではやされていたが，今はコラボレーション（collaboration），コミュニティ（community）などの新しい「Co-ワード」が氾濫している（Botsman and Rogers, 2010, pp.12-14）。この流れをくんだコラボレーション消費や循環的資本主義とも呼べる動きは，単なるニッチなトレンドや長引く不況の反動といった一時的なものではない。所有よりシェア利用を意図した動きはもっと全体的なものであり，カーシェアのように商品を共有するという試みや，モノのリサイクルやリユースによる再分配市場の創造等の新しいビジネスモデルは，旧来の提供者対消費者という二元的システムをいとも容易に覆してきた。また，シェアや交換を通じて人が目に見えない資産やライフスタイル価値を共有することは，その対象を商品やサービスに限らず，時間，空間，技術，カネや，さらに抽象的な概念へと拡大させている。このようなビジネスモデルにおいて重要視される焦点は，コンテンツの創造ではなく，システムやサービスを利用する環境の再構築であり，その目的は消費者のマインドセットを変えることにフォーカスされる。旧来の受容者であった消費者は，コミュニティの一員としての責任と，多様でインタラクティブなプロセスの経験を重ね，自分自身のライフスタイルや信条に大きな変化が生じる。例えば，ソーシャルネットワークというコミュニティに深く参加すればするほど，相対的に評判のような無形資本は高

まるわけであり，目に見える形へとプラットフォーム化するのであろう。

しかし，実際に大規模なシェアをビジネスとして実行しようとすると，①赤の他人である第三者を信用できるか，②他人同士が信頼関係を築く上での決定的要素は何か，③他人同士のマッチメイキング（引き合わせ）に寄与する技術は何か，などの大きな課題が横たわっている。これら懸念を解決する一策が，信頼できる仲介者と安全な決済システムの存在であり，インターネットを中心とするICTの発展である。

次節では，このようにインターネット技術が実現可能にしたソーシャルネットワークの1つの挑戦として，Airbnb（エアビーアンドビー）社の提供サービスの事例を具体的に紹介していきたい。

第三節 「Airbnb」が旅行業界に与えたインパクト
アメリカから登場した情報提供事業の先進事例

ここでは，旅行事業のコンテクスト転換の優れた事例としてアメリカの企業である「Airbnb」の先進的な事業展開についての紹介を試みる。これはまさにソーシャルビジネスから旅行ビジネスを捉えようとする試みによって多大な期待を集めている事例である。第1は「Airbnb」のプロフィールに見る独自性，第2が「Airbnb」発展過程に見るコンテクスト転換，第3がソーシャルシェアビジネスへの取り組みである。

(1)「Airbnb」のプロフィールに見る独自性

2008年8月にアメリカ・サンフランシスコで創業された「Airbnb（エアビーアンドビー）」は，今や世界中に広がるサービスを提供し，空き部屋などをもつ宿泊施設の提供者（ホスト）と宿泊場所を探す旅行者（ゲスト）とをつなぐインターネット上のプラットフォームの地位を確立している。利用者がウェブサイトで目的地の都市名や希望条件を入力すると，ゲストを迎え入れたいホストの物件写真や顔写真が表示され，渡航先や旅への期待を多彩にかき立てられる。物件は，アパートの空き部屋や通常の一軒家も多いが，古城やツリーハウス，あるいは停泊されたボートや島全体など，通例的な旅行の宿泊先として考えられる想像を超えた突拍子もないものも多種含まれて

図表8−3　Airbnbのトップページ

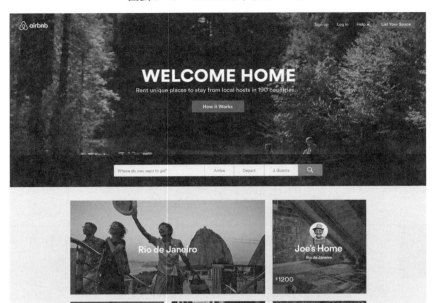

出所：エアビーアンドビー日本語版

おり，それらを探索する楽しみもまた提供価値の1つである。人気物件には，ル・コルビュジエのような有名建築家の手による一軒家や伝統的な古民家，あるいは手造りの見張り塔などもあれば，平凡なマンションの一室を安価でシェア利用することができるコスト重視の物件もある。このように，そのバリエーションはきわめて多岐にわたっている（図表8−3）。

　エアビーアンドビーの本社は2015年現在カリフォルニア州サンフランシスコに所在するが，サービスを提供するエリアは，全世界で190ヵ国，3万4000以上の都市に拡大しており，登録物件は100万件を越える大規模なプラットフォームを構成している。宿泊施設を探す旅行者は，旅行先の都市名を入力したり，世界中のユニークな住まいを眺めてリサーチをしたりしながら，多様な物件写真やホスト（宿泊場所提供者）のプロフィール情報を元に，立地や料金，施設備品や使用可能言語などのフィルターを通じて検索や比較を行うことができる。また，多くの物件には過去利用者による感想や評価のレビューがコメント記載されており，これらのレビューは宿泊先を選択決定

する上できわめて有益な事前情報として機能している。希望の宿泊物件が絞られれば、ゲストはホストに対してまずプラットフォームを通じて簡単な自己紹介を行い、ホストとのコンタクトを図る。エアビーアンドビーのサービスを通じて提供される宿泊場所は基本的に全てが誰かの家であり、事前にメッセージやメールなどを通じて訪問目的や部屋を借りる意図を伝え、相互に確認し合うことによって、相互に安心して物件の貸し借りを行うことができる。また、これらの作業はウェブサイトの他にiPhoneやAndroidといったスマートフォン向け専用アプリケーションを通してきわめて簡便なステップで行うことが可能であり、宿泊予約のリクエストや代金の支払処理も全てこれらを通じて行う。スマートフォン向けアプリに対応していることによって、旅行先でも常に最新情報を確認し持ち歩くことが可能であるほかに、このプラットフォームを通じてホスト・ゲストはどのような人物なのかという懸念もクリアすることができる。また、宿泊代金の支払は全てエアビーアンドビーを通じてオンラインで安全に行われることが保証されており、24時間体制のカスタマーサポートが完備されている点も、利用者（ホスト・ゲスト両者）への信頼性を担保している。シェア（共有）を行う当人同士の信頼性を確保し、マッチメイキングを効率的に行う上で、インターネットビジネスはもはや欠くことができない技術的な要素である。

(2)「Airbnb」の発展過程に見るコンテクスト転換

　BotsmanとRogers（2010, pp.6-12）によれば、エアビーアンドビーの創業者であるジョー・ゲビアとブライアン・チェスキーは、ロード・アイランド・デザイン学校を共に卒業した旧友であり、サンフランシスコのサウス・マーケット、通称ソマ地区の広いロフトに引っ越し仕事を開始したばかりであったが、手っ取り早く家賃の足しをえるためにアイデアを出し合い、自分たち自身も参加する毎年恒例で世界中からデザイナーらがサンフランシスコに集う工業デザイン会議のシーズンに余った部屋を貸し出そうとしたところ、わずか1週間で1000ドル近い収入をえることになった。ゲビアとチェスキーは、部屋を借りようとする希望者はおそらく20代の若者のように一流ホテルの宿泊料を支払うだけの余裕がない人物であろうと予想していた。しかし、この時に実際に物件を借りたゲストは、地元のデザイン関連のブログ

で広告を閲覧し，新しい出会いのきっかけを求めて応募してきたインド人男性デザイナー，ホテルより割安だからとボストンから応募してきた35歳の女性，ユタ州出身の45歳で5児の父，という3人だった。宿泊場所が必要な旅行者と余剰の部屋を貸したい住民とのマッチングが，1つのビジネスになると確信した2人は，友人でもあるウェブ開発者のネイサン・ブレチャージクを共同設立者として仲間に迎え入れ，2008年に簡単なウェブサイトを開設した。

　元来は，カンファレンスや国際会議などの一時的な繁忙期に対応するための短期臨時的であった宿泊サービスは，設立者の想像を遥かに越えてウェブサイトを通じたビジネスへと急成長し，利用する旅行者（ゲスト）は，学生ら若者から，ビジネスパーソンやカップル，家族連れへと急速に広がった。エアビーアンドビーの名称の由来が Air Bed and Breakfast であることも示しているように，インターネット環境と空き部屋さえあれば，誰でもいつでも旅館の主人になれるというのがエアビーアンドビーの掲げるコンセプトの1つである。

　エアビーアンドビーが普通のホテルや旅館宿泊と異なるもっとも大きい特徴は，宿泊施設を提供するホストとゲストとの交流によって，その土地ならでは，そしてその人ならではという独自の体験を提供することができる点である。例えば，事前に自己紹介を通じて旅行目的や趣味の情報を共有しておけば，ホストはゲストにとってふさわしいより良いおもてなしを行うことができる。また，共にローカルな食事をとることや伝統文化の紹介を希望するゲスト（あるいはホスト）もいれば，個人的な干渉を望まないビジネス目的のホスト（あるいはゲスト）もいるだろうが，ウェブサイトやプラットフォームを通じて予約前の情報共有やレビュー評価から判断を行うことによって，よりきめ細かなマッチメイキングが可能になっている。ホスト（場所提供者）はゲスト（宿泊希望者）からリクエストを受けた場合に，諾否はその都度自由に決定することができる上，必要に応じて免許証やパスポート等の公的身分証明書の提示をリクエストすることもできる。提供スペースの損害に対する保証プログラム[1]もホストに対して提供されているため，ホス

1　2015年現在のエアビーアンドビー社規約では最大1億円の損害補償である。

トとゲスト間のトラブルを回避するシステムにも多様な工夫がなされている。他方で，責任感あるホストがより魅力的なゲストを迎え入れるためのおもてなしを企図したオフィシャル講習会も各国で各種開催され，サービスの拡充が図られている。

　現在，エアビーアンドビーの企業としての収入には2つの柱があり，ホストから予約料の3%，ゲストから予約料に応じて6〜12%をそれぞれ手数料として受け取っているが，シェア（共有）という概念の公益性だけでなく収益性も同時に確保したビジネスモデルとして高い評価を受け，国内外から大きな投資を受けている。

　このエアビーアンドビーのプラットフォームを活用すれば，ごく楽観的な観測によれば，例えば自分自身の部屋を旅行者に貸し出すことによって家賃収入をえて，自分自身は旅行者としてその間旅行にでかけることも可能かもしれない。こう考えると，このシェア・ビジネスにおけるホスト（提供者）とゲスト（受容者）の境界線はきわめて曖昧なものであり，常に相互の立ち位置や役割が転換する可能性を包含している。また，ホストとゲストはレビューなどを通じて相互に評価を行う対等な立場にあり，たとえ宿泊は一時的であっても，それを通じて以後継続的に繋がる交友関係に発展する場合もあるわけで，提供者（サプライヤー）と受容者（カスタマー）の境界は一層曖昧で一体化し，不可分になる。これは前述のように，生産者と顧客が一体化したプロシューマーの概念にもきわめて近くなっている。実際に，ゲストとしてこのプラットフォームを利用した消費者が，その体験を活かして次にホストとして登録する事例も多いようである。

（3）ソーシャルシェアビジネスへの取り組み

　エアビーアンドビーは，一種の「共同体験ビジネス」である。同社がこのサービス広告に掲げるキャッチフレーズが，「暮らすように旅しよう」である。これからも理解できるように，旅が人生における一時的，過渡的な1つのイベントとして終わることなく，ゲストとホストが宿泊のシェアという行為を通じて新しいコミュニティを共創し，提供者と顧客が共同体験という価値を共に創り出すことを可能にしている。旅を再定義したとも言えるこの側面において，先進的なこのビジネスモデルが旅や旅行業界に与えたインパク

トはきわめて大きい。

　しかし業界への多大な影響もあり，ホテルや旅館などの既存旅行業界からのエアビーアンドビーへの批判や反発が強いことは否めない。しかし，顧客がこのサービスを選択する理由は必ずしも価格的な利点だけでなく，独自のサービスとそれによって提供されるユニークな体験価値に他のサービスとの区別性が見い出せる。また，シェア（共有）という新しいトレンドにこそ顧客が共感し，その結果としてビジネスモデルが成功していることを鑑みれば，それこそ業界全体もこの大きな流れを無視できまい。旅行体験を希望する個人の個別リクエストにきめ細かに対応し，多種多様な選択肢の中から最適解となる組み合わせを提供するというビジネスモデルは，時間とコストを要するサービスではあるが，それを解決する１つのヒントが「シェア」という価値観の共有である。これは，同時に，提供者にも顧客にも自分自身のコンセプトと専門性による判断力が必要とされていることも示しているが，このプロシューマーとしての旅人の捉え方については，次節において具体的に展開していきたい。

第四節　キュレーションを通じたライフスタイルの編集
異分野の概念を活用した新たな価値創造

　旅行を読み解くアプローチはそれこそ数多あるにちがいない。本節では，従来ではあまり見たことのない独創的な視角から旅行の解釈を行う。その意味では，ここにおける論述は旅行を思索する，まさに精神のトリップを促すある種のトリガー的役割をもつものである。これはまさにキュレーションから旅行を読み解く行為と，先人である後述のアタリと吉本らの思想から旅行を読み解く行為として展開が行われる。

(1) コンテクストとしてのキュレーション行為

　さて，旅行業界に限らずまさに現代人を取り巻く多様な選択肢という不幸は，比較サイトや紹介雑誌，コンサルティング業などといったいわばアドバイス業の隆盛を生んできた（Trout and Rivkin, 2000）。これらが乱立する今日では，独自性や他との差別化が一層重要視されることになったが，差別

化とは，顧客の暮らしの中で価値と意味をもつことにつながる。なぜなら，これを実現してこそ，顧客自身の人生やライフスタイルというコンテクストにおいて特別な価値をもつ商品やサービスを提供することが可能になり，長期記憶に残る独自の価値を生みだすことができるからである。

本章冒頭において課題解決の方策としてあげているのがコンテンツではなくコンテクスト（文脈）の転換であると述べたように，旅行素材の内容ではなく，素材の組み合わせやその背後にあるコンセプトの転換によって，「新しい旅＝ニュートラベリズム」を考案することが求められる。しかし，その具体的解決は容易ではない。それでも，多様な選択肢から最適解の組み合わせを創出する1つのヒントとして関係編集があり，キュレーション（curation）という概念がある。

キュレーションとは，ラテン語で「世話役」を意味する語源に由来し，一般的には美術館や博物館等において展覧会企画を組む業務の呼称であり，日本語では学芸員にあたる役職をキュレーター（curator）と呼んできた。このキュレーターは企画考案において特定のテーマを設定し，それに沿ってコンテンツとなる展示内容を収集し，それぞれのコンテンツをコンセプトというコンテクストにしたがって位置づけ，新たな価値や意味づけを付与し，観客に紹介するという役割を担ってきた（森美術館，2008）。今日，キュレーションという行為は美術館や博物館に限らずあらゆる場面において行われている。例えば，映画フェスティバルはキュレーションを通じて自らのプログラムを構成している（Rosenbaum, 2011）。また，NEVER に代表されるまとめサイトのようなウェブサービスはそれぞれのコンテンツ情報をキュレーションしているし，ショッピングサイトは販売商品コンテンツをキュレーションしている。

このように，キュレーションは多様な形態や規模で行われているが，ここでは特に一点を強調しておきたい。キュレーションとは取りまとめられ整理されたものに，人間がその質を評価することを通じて付加価値を与えることである。それゆえ，キュレーターには趣味的な立場のアマチュアとプロの双方が存在しうるが，商品開発や生産に積極的に関わる消費者，つまりプロシューマーのキュレーターという中間的存在も無視することはできない。キュレーションは本来きわめて高度な専門能力を必要とする編集作業であり，

この過程において人間はただ補足的な役割をする存在ではない。なぜなら，人間こそがキュレーターという主体であり，これは現代のコンピューター技術やそれによるアルゴリズムでも代替不可能であると考えられているからである。人間の趣味感情やその起伏はコンピューターで処理するにはあまりにも複雑きわまりなく，個人や集団の趣味も多岐多様である。そこで必要とされるキュレーションとは，ある時は抽出や選別であり（細分化），あるときは組み合わせや組織化である（総合化）。コンピューターはコンテンツや情報データを集積し整列させることはできるが，キュレーションという恣意的なフィルターなしに集められたコンテンツは，単なる寄せ集めにすぎない。

今日の社会的問題は，氾濫するコンテンツ，溢れる大量のデータが我々の生活や価値観をも時に押しつぶし，データを整理するためのシステムさえも圧倒してしまうことにある。これを打開するためには，インターネットなどのICTを有益に活用し，新種の編集ビジネスとも呼べるキュレーションの概念に熱意を傾ける必要がある。

インターネットビジネスの業界では，Googleに代表されるような検索の時代はすでに終わり過去の遺物になったという極論もある。それに対して，アナログ情報の代表的存在である図書館が果たしているのは，1つのキュレーションされたコレクションである。なぜなら，図書館の蔵書は全て所定の分類法に従って番号が与えられ，対応する然るべき書棚に整理陳列されているからである。しかし，インターネットの世界においてはこれらの書架は崩壊し，インターネット上のどこに何のコンテンツがあるのか，それらがどうやって分類されているのかという規則性はもはやない。これは，まさにデータのカオス状態である。また，インターネット検索機能の限界性は，例えば自分の名前を試しに検索してみることでも容易に証明できる。その検索結果には自分自身だけでなく，コンピューターの識別に拠る類似性や近似性をもった人物や事例が続々と候補にあげられるはずである。これだけの結論で検索機能自体が破綻しているとまでは言えないが，信用・信頼できる情報を再選択し抽出する方法が現在も探求されていることは疑いない。その一策が，未加工の検索からキュレーションへという編集作業のパラダイムシフトである。検索が大型高速コンピューターの任務であるとすると，キュレーションは人間のニーズに合わせて創られる恣意的な仕掛けである。人はこの

ように信頼のおけるものを必死に求めている。その一例として，日本国内においては Gunosy[2] や Antenna[3] のように，数百のニュースやメディアサイトから選択抽出したウェブページを個人向け雑誌のように編集してまとめるインターネット上のキュレーションマガジンと呼ばれるウェブサイトやアプリケーションなどのビジネスが注目を浴びている。これらはいずれも人間の選択とコンピューターによるフィルターの双方を介して顧客独自向けにページ表示がカスタマイズされるサービスである。

　このように，キュレーションは既存の新聞や雑誌のニュース記事のコンテンツ企業を大きく変えてしまう存在だという見方がある。こう考えることは容易であるし実際その通りであるが，キュレーションの効力は捉え方によってはそれよりもさらに強力なものである。マスコミ産業に限らずほとんど全ての企業は広告という大きな影響力をもつマスメディアを通じて提供者側から一方的に顧客に向けたブランドを訴求してきたが，企業も今や消費者同士が商品レビューなどのように盛んに口コミ活動を行っていることを十分に意識し，そして理解している。企業が提供発信するメッセージを完璧にコントロールすることは難しくなりつつあり，また提供者と受容者という単純で二元的な括り方はこのような側面においても限界を迎えつつある。それでは，マスメディアの一方的な発信が，消費者とのコントロールが可能な対話へ移行することによって，何が必要とされるのかという思索が企業にとって必要となっている。このパラダイムシフトによって変化したのは，まさに消費者の企業に対する関与の仕方である。

(2) キュレーションの旅行ビジネスへの導入

　旅行代理店やホテルなどが開設する旅行商品紹介のホームページにおいても，感想や評価レビュー等の口コミ記入欄が設けられていることは今や少な

2　Gunosy（グノシー）。2011 年にサービスを開始したユーザーの欲しい情報を収集するキュレーションサービス。ユーザーの登録情報を元に興味にあった情報や最新記事の推薦と一覧化を行うことで，個人志向にマッチした新しい形の情報コレクションをウェブ，スマートフォン・アプリケーションを通して提供する。

3　Antenna（アンテナ）。2012 年にサービスを開始したキュレーションマガジンで，250 に及ぶウェブサイトやショッピングサイトから個人登録の趣味志向に応じた推薦ページを一覧化したクリップブックの提供を行う。ユーザーはウェブやスマートフォンのアプリケーションを通じてこのクリップブック（個人向けマガジン）を閲覧する。

くなく，評価内容の善し悪しは別にしても，そのシステム自体は信用や信頼に足る評価をえることが多い。そのようなウェブサイトを利用して，旅行を検討している消費者に対して別の旅行者が推薦や警告，あるいは体験談を発信することができるのは，人間によるキュレーションだけであり，コンピューターのフィルタリングではない。このキュレーション活動を通じて企業がその効能を有益に活用することができれば，多様化し時間や人手を要するパーソナルマーケティングや One to One の顧客サービスを実現することも可能である。ソーシャルメディアを活用し成功を収めたエアビーアンドビーの事例は前節で述べた通りだが，これは収集されたコンテンツとコミュニティ参加を組織化できるキュレーション的視点と「人間的編集機能」を兼ね備えた時代環境にふさわしいモデルケースである。

　このような企業活動や戦略方針を検討する上で必要とされる，ビジネスとしてのキュレーター業務の二本柱は，(1)情報発信と，(2)それらコンテンツのネットワーク化である。コンテンツのネットワーク化は，単なる素材としてのコンテンツからコンテクスト編集への転換に等しい。また，このキュレーター業務の意義は，提供者としての企業だけでなく，受容者である顧客にとっても同様にあてはまることに気づくであろう。前節では，「シェア（共有）」という概念を通じて提供者と受容者の融合や関係編集の必要性を述べてきたが，キュレーションという切り口からも，ネットワーク化やコンテクスト化されたコンテンツを介して，提供者と受容者の距離は一層近くなり，境界は曖昧になることが裏づけされる。

　このような新しい環境下において旅行者である顧客自身に必要となるのは，企業の発信するメッセージ性に匹敵するような，確固とした旅行者自身のコンセプトやポリシーといったテーマ性である。そのテーマに沿って，自分自身がキュレーターとなって，多種多様な旅行商品群の選択肢から，自身が設定する希望条件に見合う旅のプログラムを構築する。このような顧客のマインドセットを理解しなければ，かつて旅行商品の花形として一世を風靡したパックツアー商品が急激に収益減となったように，旅行商品の単品売りやコンセプトのない安易な組み合わせ商品も，忍び寄るコモディティ化の打撃を避けることができないはずである。これは単なる通過的な移動旅行だけでなく，例えば特定の有名画家作品を鑑賞するテーマで専門家ガイドの随行する

第 8 章　共同体験ビジネス指向の"脱"観光トラベリズム

周遊旅行や，あるいは農業体験を目的とした長期滞在型ツアー，簡単な歯科治療から美容をはじめ多様な医療サービスを受診することを目的としたメディカルツーリズムなどがコンセプトやテーマに各々特化して商品化されている傾向も，この流れの延長線上にある。これら旅行商品はいずれも旅行者目線のキュレーションを経て成立している。しかも，これら新コンセプトの旅行商品は，構成要素としてはいずれも既存のコンテンツを有効活用したものであり，コンテクスト的な新しい捉え方と提供方法によって，サービスを魅力的に蘇らせた好例である。

　エアビーアンドビーがビジネスモデルとして新しいのは，シェアという価値観を前面に打ち出したものである点だけでなく，その選別や利用というキュレーションを通じて，提供者（ホスト）と受容者（ゲスト）が双方とも「この旅を通じて何を体験するか」という自分自身の経験価値を重要視して共有し，それぞれ深めることができる価値共創の活動にある。20世紀から21世紀の初頭にかけて情報通信や移動のための技術は急速に進歩し，我々は旧来の伝統的なコミュニティの規範から外に出ることは容易になったが，それによって社会的人間関係も大きく変容した。その副作用として我々はばらばらにアトム（原子）化されたアモルフ（無定形）な集合体となったと呼ばれるように，帰属組織のような中間集団やコミュニティとしてのネットワークも喪失してしまった（吉見，1996）。このような悲観的にも見える将来を考えるうえで，新しい旅の概念（ニュートラベリズム）を通して，人との共同体験を提供価値として創出することは，社会全体にとっても無益なことではあるまい。

(3) アタリと吉本から捉える旅行ビジネス

　Attali（2006）は，21世紀を見据えて日本があるべき将来像とそのために克服すべき課題について，①共同体意識を呼び起こすこと，②自由な独創性を育成すること，③未来のテクノロジーを積極的に習得していくことなどをあげている。また，テクノロジーの進化がノマド（遊牧民）的ワーカーを増加させている世界的な風潮に遅れて，これまでの日本はそのようなノマド的ライフスタイルを活用して国内外の人の移動交流を活発化させるなど国策を一切果たしてこなかった問題点も同時に指摘している。旅は，人に移動を行

わせる最も端的な行為の1つである。人の移動交流を通じてライフスタイルや人材育成，アイデア喚起や投資拡大等に繋がるのであれば，旅や観光業という産業全体の活性化に対して，国策として正面から向き合う心構えの見直しも求められるであろう。

　また，旅行者がニュートラベリズムという新しい挑戦において必要とされるのは，自分自身の確固としたコンセプトやポリシーといったテーマ性である。そのテーマに沿って，旅行者は自分自身がキュレーションや編集作業を行い，多種多様な選択肢から自分の価値観に見合う旅を構築するわけで，このテーマとは最終的にはミッション（使命）にも近いかもしれない。

　吉本（2004, 10-19頁）は，明治の文豪・夏目漱石（1867-1916年）が1900（明治33）年から約1年半にわたって経験した英国留学は，モチーフと目的が明確であり，（単なる語学や法整備，科学技術の習得などに留まらないという点において）留学としては当時としてもむしろ稀少な事例であったと指摘している。漱石の留学は，20世紀初頭当時の日本が抱えていた後進地域における文明開化に関するあらゆる問題を本質的に含んでおり，「文学とはなにか」，あるいは「近代とは何か」という，もはや個人による自分自身のための旅行という枠を超越した使命（ミッション）に基づいた旅だと位置づけている。漱石は産業革命をいち早く達成し，当時国家体制的にも最先端にあったイギリス滞在を経て，精神的消耗を経験するほど真剣に近代化の鍵という謎の解明に立ち向かい，それらの体験は後の小説作品に結実していった。

　また，漱石の英国留学より20年余り前にイギリスから日本を訪れた旅行家であるイサベラ・バード（1831-1904）は，1878（明治11）年の日本訪問で，横浜から東京，日光，会津，新潟，秋田，津軽を経て北海道へと北日本を巡る3ヵ月の旅を果たし，新鮮な発見に満ちた旅行記として『日本奥地紀行』などを執筆した。文明開化期の好景気に沸き立つ都市部滞在のみならず，日本本来の自然美や農村の真の姿を描くことが「新文明の主要材料になるだろう」と自身記しているように，その作品は単なる外国人の旅行日記という作品性を越え，精緻な社会科学的観察眼を活かしたジャーナリストとしての使命感が読んで見て取れる（釜澤，2009）。

　彼ら先人たちの果たした旅は，今日のレジャー的要素が濃い旅行業や観光

業の価値観とはほど遠く感じられるが，彼らが自分自身のミッションというテーマ性や価値観に沿って旅を貫き，その足跡を残したことは，現代の我々にとってもきわめて示唆的な観点である。

　最後に，旅や旅行は個人的な経験価値を提供するだけでなく，その産業自体が1つの大きな平和産業でもある。「観光は平和へのパスポート」とは，1967年に国際連合が制定した国際観光年のスローガンであり，これには二重の意義が見い出せる。2001年に起こった米国同時多発テロ直後や11年に日本が経験した東日本大震災の直後に，海外旅行者数が激減したことはどちらも我々の記憶に新しい。その他に，1991年の湾岸戦争，2003年のイラク戦争，同じく03年の新型肺炎SARS騒動や09年の新型インフルエンザ流行が起こった際にも，旅行者数は大幅に減少し，旅行業界は大きな打撃を受けた。戦乱や感染症の流行，また大規模な天災の影響を受け情勢が不安定になる度に旅行者は減少してしまう。当然のことであるが，平和で安全でなければ人々は旅にでない。まず，旅行業界の繁栄は，世界の平和があってこそ始めて成立する（橋本，2009，252-253頁）。

　また，旅行業が平和産業であると説く際に，もう1つの側面も見逃すことはできない。それは，旅を通じて異文化の人々と交流を図ることが，世界平和につながるという側面である。人が旅にでて，異なる土地の文化や歴史に触れ，その地域の人々と交流をすることによって相互の理解が深まり，自らの価値観や常識を相対的に捉えられ，共に新しい時代観に思いを馳せることになる。楽観的にすぎるかもしれないが，地域の衝突や紛争の原因となる誤解や了見の狭さのいくつかは，旅や人々の移動交流体験を通じて減少することも可能であろう。

《結語》

　さて，ここで本章のまとめを行うことにするが，これはコンテクストという視座から旅行を読み解いた筆者の結論でもある。その意味において，共同体験という今回与えられたテーマを越えた論述を展開してきたが，述べたい趣旨は，旅は人々の暮らしやライフデザインそのものに深く密接に関わっている，という基盤上に成り立っている。このような観点を基軸として以下の結語を読み取っていただきたい。

旅は，人々に癒しや学習，感動といったさまざまな体験を直接的にも間接的にももたらす効果を備えている。多彩な旅行商品群から自らのテーマや使命という目的に沿って選択を重ね旅を実行することは，これまで以上に多くの人々がライフスタイルとして旅を楽しむことにつながるであろう。しかし，ニュートラベリズムの重要性は高まりつつあるが，これまで述べてきたように既存の旅行業界は必ずしもこのパラダイムシフトに対応しきれていないのが現実である。従来型の観光ビジネスが限界を迎えているにもこだわらず，新しいビジネスモデルやシステムを確立できず，もがき苦しんでいる混迷の状況にある。このような環境や時代の転換期にある今日こそ，時代潮流を的確に読み取り，新しい発想でビジネスを可能にするニュートラベリズムという価値観の創出と，それに取り組む新しいプレイヤーの参画が求められている。その新しいプレイヤーとなりえるのは，必ずしもビジネスの提供者たる企業だけではなく，提供者と受容者が常に入れ替わる新しいビジネスモデルにおいては，旅行者もまた新しい旅を開拓する1人のプレイヤーとしての資質を充分に備えていることを意識することが重要である。

　固定観念による役割分担やヒエラルキーといった旧来の枠組みが新しいイノベーションを生みだすことに対して阻害要因となるであろうことは，多くの了解をえられると思う。この限界を越えて新しいコミュニティや組織の存在について考える際に，旅に携わる提供者と受容者が相互に補い合い，両者が新しい共同体験を創造する者として積極的に旅に関わることが，トラベリズムの将来の展開に向けて期待されるべき針路であろう。実際に，ウェブやSNSなどのICTの進化やデジタルメディアの拡大といった現代の時代環境は，旅の提供者と受容者の両者が共感を創出する場を実現するための追い風となっている。バーチャルな世界におけるコミュニティが，実際の旅やリアルな場における体験に確実に結びつく時代がすでに到来していると言っていい。しかし，情報の氾濫状態とも呼べる過剰な選択肢の中から，自分自身の体験やライフスタイルに則してふさわしい選択肢を抽出し，自分自身の旅をプロデュースすることはそう容易ではない。その際に，1つの指針やヒントとして，一時的な購買や消費活動にとどまらない新しい循環的で持続可能な資本主義活動としての「シェア（共有）」や，人間の価値観やテーマ，使命に基づいた一貫性ある「キュレーション」といった切り口から旅を捉え直す

ことは，課題解決に向けた有効で機能的な糸口になるであろう。共同体験を備えたニュートラベリズムの構築を今後試みるにあたって，諸氏においてはこれを次なる議論の叩き台にしてほしい。

（田坂　毅）

■ 参考文献 ■

釜澤克彦（2009）『イザベラ・バードを歩く』彩流社。
野中郁次郎・紺野 登（2012）『知識創造経営のプリンシプル』東洋経済新報社，177～186頁，214～236頁。
橋本亮一（2009）『よくわかる旅行業界』日本実業出版社，180～181頁，252～253頁。
原田 保（1999）『戦略的パーソナルマーケティング』白桃書房。
原田 保（2001）『場と関係の経営学』白桃書房。
原田 保・三浦俊彦・高井 透（2012）『コンテクストデザイン戦略』芙蓉書房出版。
原田 保（2013）『地域デザイン戦略総論』芙蓉書房出版。
森美術館編（2008）『大型美術館はどこへ向かうのか？』慶應義塾大学出版会。
吉見俊哉（1996）『リアリティ・トランジット』紀伊國屋書店。
吉本隆明（2004）『漱石の巨きな旅』日本放送協会出版，10～19頁。
Airbnb エアビーアンドビー（https://www.aibnb.jp/）（2014.7.13 アクセス）。
Antenna アンテナ（https://antenna.jp/）（2014.7.7 アクセス）。
Attali, J. (2006) *Une Breve Histoire de L'avenir*, Fayard.（林昌宏訳『21世紀の歴史　未来の人類から見た世界』作品社，2008年）。
Bird, I. (1880) *Unbeaten Tracks in Japan*, G. P. Putnam's Sons.（高梨健吉訳『日本奥地紀行』平凡社，2000年）。
Botsman, R. & Rogers, R. (2010) *What's Mine Is Yours: The Rise of Collaborative Consumption*, Harper Business.（小林弘人監修・関美和訳『シェア－共有からビジネスを生みだす新戦略』NHK出版，2010年，6～14頁）。
Economist (2012) *The Economist: Megachange: The World in 2050*, Economist Books.（船橋洋一解説，東江一紀・峯村俊哉訳『2050年の世界　英「エコノミスト」誌は予測する』文藝春秋，2012年）。
Gunosy グノシー http://www.gunosy.com（2014.7.7 アクセス）。
Rosenbaum, S. (2011) *Curation Nation*, McGraw-Hill.（田中洋解説・野田牧人訳『キュレーション』プレジデント社，2011年）。
Trout, J. & Rivkin, S. (2000) *Differentiate or Die*, J. Wiley & Sons.（吉田利子訳『独自性の発見』海と月社，2011年）。

終章
ライフデザインから捉えた旅行のコンテクスト転換

《緒言》

　本書では，従来とは異なる視角から観光ビジネスを捉え，ツーリズムからトラベリズムへのコンテクスト転換の必要性について，また地域ツーリズムというものが地域を主体にした地域ビジネスとは全く異なるビジネスであること，が主張された。しかし，それでも，これまでの議論は主にビジネスの主体に関わる，すなわちサプライサイドに関わる議論であり，顧客，あるいは生活者はあくまでも彼らのビジネスターゲットとして捉えられている。

　そこで，この終章では，顧客サイドから捉えられる旅，あるいは旅行に関する新たな視角を提示したい。これは，すなわち，生活者がそれぞれの意思に依拠して生きている「ライフデザイナー」であるとの認識に立脚すると，旅や旅行とは一体いかなるものになるか，についての考察である。言い換えれば，ここでの議論は，生活者がそれぞれに生きていくために有益な「生活価値」を発現する行為，すなわちライフデザインから旅や旅行を捉えた議論が展開される。

　つまり，筆者が思考するのは，生活者はいかなる理由で旅行するのかについて，それこそ物見遊山や観光ツアーの範囲をはるかに超える次元から行う議論である。たしかに，本書でも，体験や滞在といった従来の観光とは異なる新たなビジネスの可能性に関しての提言が行われた。しかし，問題は，このような旅行目的の背後に見い出せる顧客のライフデザインに対する理解をいかに深められるか，である。

　このような観点から，以下においては，ライフデザインから捉えた旅行の意義について，あえて２つのテーマからの議論を試みたい。第１がライフス

タイルとマーケティングとライフデザインの新機軸，第2がライフスタイルから捉えたコンテクストトラベリズムの方向性である。特に後者は，ライフデザインの1つとしてのスロースタイルが切り開く旅行のコンテクスト転換の事例として「体験・滞在型旅行」についての考察を行われ，ライフデザインから捉えた旅行ビジネスの重要性を主張する。

第一節　ライフデザインとマーケティングの新機軸
断片化した都市部族を捉えた戦略的活用

　ここでは，ビジネスのターゲットである生活者の変化と，これを捉えたマーケティングについての新機軸を議論したい。なぜなら，本書の主題である旅行ビジネスにおいても，その顧客の姿が見えにくくなっている中で，この点からのマーケティング戦略のコンテクスト転換が強く求められるからである。このような問題意識からここでは2つの議論を行うことにしたい。その第1が都市部族としての断片化された個人の組織化戦略であり，第2が断片化された顧客の新たな塊へのマーケティングである。

(1) 都市部族として断片化された個人の組織化戦略

　近年の旅行ビジネスは，次第にマスからパーソナルへと，そして通過型から滞在型へと，その軸足を移しつつある。それゆえ，本書のテーマであるコンテクストトラベリズムへの期待が増大することになる。そして，今後対応すべきは，一人ひとりの心の中にコンステレーションを築けるような多彩な仕掛けを準備することである。そこで，ここでは，一人ひとりの個人をどう捉えるべきかについて，従来あまり注目されてこなかった，よりパーソナルなターゲットを捉えたコンテクスト転換の提言を試みたい（図表終-1）。

　ここで主張されるのは，新たな形態の旅行ビジネスの開発においては，自身のすべてを投入する形態でのパーソナル指向の旅行ではなく，新たなマスターゲットとも言える断片化された個人の集合であるクラスター（ある種の組織）を対象にした旅行の開発を指向すべきである，ということである。つまり，断片化された個人の集合体を捉えたネオ・マスマーケティングの対象としての旅行ビジネスの可能性の追求である。

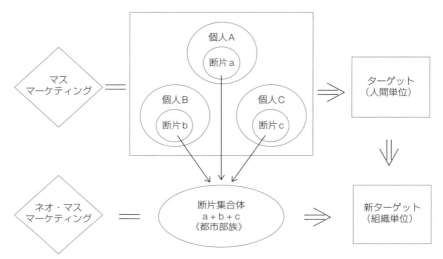

図表終-1　断片集合組織としての都市部族

出所：筆者作成

　そして、この断片化された個人の集合ビジネスの展開については、組織化によって何らかの共同幻想[1]とも言える状況を実現することが求められる。ここでは、共同幻想については、吉本（1968）に依拠しながらも、これを新たなターゲット像の抽出を指向するために活用すべく、筆者が構想した断片集合型の共同幻想とでもいうべき概念である、と考えてほしい。それゆえ、これは単なる共同幻想を追求するようなマストラベルや、対幻想[2]を捉えたファミリートラベル、または友達トラベルではなく、むしろ共同幻想の発展系である断片集合型の幻想組織を捉えたある種の都市部族トラベリズムの提言である。このような考え方が、眼下のインターネット時代の、すなわち全体が見えない時代の新たな旅行ビジネスの展開領域である、と思われる。

　そして、ここでいう都市部族とは古典的な概念のそれとは全く異なっている。現在の都市部族は、一人ひとりの人間が、それぞれ個人の営みのすべて

---

[1] 共同幻想は、個人と他者との公的な関係を意味する。国家、企業、組合など、組織の形態は多様である。宗教においては、教団が結成され、組織としての活動が行われることになると、個人と教団の関係は共同幻想になる。
[2] 対幻想は、個人と他者とのプライベートな関係を意味する。家族とか友人が他者である場合が多い。

を個人の帰属集団に投げ込むような全面的な従属を指向することはなく，自身の一断片のみを関与組織に差し出すだけであり，結果として組織から自身の全体を支配されることはない。つまり，他者には自身の一断片のみを見られることになり，どこにおいても個人対個人というまさに全人的な関係は存在しない。ここでは，自身の全体は自身以外には誰も認識できないことになる。こうして，誰からも完全に隠されている自身が残される。

こうなると，個人の一断片が集合する断片集合組織としての都市部族集団が数多に現出することになる。これが，インターネットが現出させた都市部族とも言える組織であり，そこでは本来は自己幻想の主体である自身が複数の幻想のための組織の主体になる。これは，伝統的な共同幻想が自己を喪失させてしまうのに対して，自己幻想の存在を可能にする，個人と組織との関わりについての第3のアプローチである。

たしかに，従来においては共同幻想は個人の阻害をもたらすと考えられてきたが，都市部族的な断片化された個人の集合組織においては，このような欠点を避けることができる，と考えられる。それは，都市部族に対する個人の従属とはまさに個人の一断片のみの従属であって，共同幻想によって自己幻想が完全に喪失されることにはならないからである。こうして，都市部族化の進展は，個人が組織に全面的な支配を受けるリスクを回避させることができる。なお，個人による断片集合組織への関与は，共同幻想や孤立指向の自己幻想の双方を使い分けて生活する人にとっては，まさに格好の組織形態になる。

こう考えると，筆者が主張する複数の個人の断片から構成される都市部族は，まさに新たな断片集合幻想ビジネスの現出を可能にする，と考えられる。そして，旅行ビジネスにおいては，共同幻想や自己幻想を捉えた旅行ビジネスに加えて，今後は新たに断片集合幻想を捉えた，まさに都市部族型の旅行ビジネスのマーケットが期待できてくる。これこそが，筆者の主張するネオ・マス[3]としての都市部族をターゲットにした断片集合幻想トラベルである，とも言える。

3　ここでのマスとは人間の塊ではなく，人間の一部分の集合としての塊を意味する。

(2) 断片化された顧客の新たな塊へのマーケティング

　時代の流れとともに，消費の形態は，いわば十人十色の時代から一人十色の時代に転換している。このような変化については，既に周知の事実であろう。こうして，マスマーケティングからパーソナルマーケティングへの，そしてパーソナルより細かな単位である特定部分あるいはプロセスという，まさに眼に見えない存在がマーケティングのターゲットになっている。

　これらのマーケットの転換を捉えたマーケティングが，例えば関係性マーケティングや経験価値マーケティング，感動マーケティングなどとして注目を浴びてきた。また，このような進化を捉えて，マーケティングの起点が，次第にサプライサイドからデマンドサイドに転換することにもなった。こうして，顧客のニーズやウォンツをより正確に把握する手法の開発が積極的に行われていった。しかし，現在の段階までは，マーケットの総体は個人の合算から導出されるという状況から抜けでてはいない。また，主たる塊であると言える伝統的な部族においては，このような個人の全人的な参画から構築されている組織である，と考えられる。

　しかし，近年の都市部族化の台頭によって，顧客はいわゆる顔の見える客から次第に顔の見えない客に，それもある1つの断片だけが，それこそハンドルネームのような名前をもつような存在になった。これはすなわち，消費主体が個人の単位ではなく，より小さな個人の断片になったことを意味する。

　このような状況への対応は，顧客の一部分を断片として集めて1つの大きな塊にすることの必要性を感じさせる。言い換えれば，異なる相貌を見せるまったく共通性が見い出せない多くの顧客のそれこそ一部分を切り出すことによって，ある種の意味をもった塊を構築するという，まさに新たなマスを創造することが強く要請されている。これはすなわち，例えば異質な人間から一部分を切り出すことによって同質の大きな塊を創りだそうという試みである。

　実は，これに類似したマーケティング手法がすでに随所で展開されていることに，どれくらいの人が気づいているだろうか。例えば，アマゾンの展開するロングテールについても，このコンテクストで読み解くことができる。ある地域に限定すればほとんど販売が期待できない本は，当然ながら店頭に並ぶことはない。これはある一定単位のマーケットを形成することができな

いとビジネスにはならないことを表している。しかし，地域の枠を取り外すことで広く世界の各地から顧客を探すならば，この世界単位でのゾーニングでは相互に関係が想定できない人たちの，それも一断片しか見えることのない新たなマーケットが形成されることになる。これも，また新たな塊を創るという「ネオ・マスマーケティング」として捉えられる。この場合の塊は，まさにターゲットゾーンを戦略的に転換することによって現出する事例である。

　また，近年とみに人気が高い AKB48 についてもまったく同様なマーケティングによる成功事例であると捉えられる。ここでの成功要因は，ファンが AKB48 のメンバーとの何らかの特別な関係の樹立を期待させるための組織化戦略である，と考えられる。ここでは，ファンのほとんどは自分と特定のメンバーとの間に現実性のないパーソナルな関係を，多くのライバルとその断片との競争関係の中で構築しようとしている。このファン組織も，多くの人間を 1 つの塊として捉えるのではなく，むしろそこに集まったファンに見出せるただ 1 つの共通項のみによって，まさに個人の枠を超えて集約される。ここでは，人間の内面的な部分が外とは遮断された特別な関係の演出がなされている。その意味では，何かを生みだすような創造的な組織にはなりえないきわめて脆弱な関係形態が見い出せる。言い換えれば，CD 販売を通じた断片の限定されたリアルでテンポラリーな関係が追求されている。

　これらの 2 つの関係には，ある特定の人間の部分のみがバーチャルあるいはリアルな場において確立している。アマゾンの場合には顔が見えない，それこそ個人の断片を集合させるマーケティングが行われている。また，AKB 48 の場合には，確かにアイドル組織とファン組織との間にクローズドな関係が成立しているが，その関係は特定のアイドルと特定の個人としてのファンとの組織に断片の集合が追求されている。このように，現在は，部分参画やプロセス参画であるものが，何らかのテーマによる都市部族化という編集行為によってバーチャルな塊であるネオ・マスというターゲットを現出させる。

第二節 ライフスタイルに依拠する行為規範であるライフデザイン
ライフデザイナーの相互関係とライフデザインの構成要素

　まず，ライフデザイナーとは一体いかなるものか，について考えてみたい。これはかつて筆者が西武百貨店に勤務していた1980年代の後半に，ある種の望ましいセゾン文化（かつてのセゾングループが構築した生活文化）を支える消費者像として構想された消費者の概念である[4]（水野，1989）。このライフデザイナーとは，まさに文字どおり，自らのライフを自らデザインできる生活者のことである。言うまでもなく，ライフは生活であり，デザインは設計であるのだから，ライフデザイナーとは日本語で表記すれば生活設計者である。

　これは，毎日を何も考えずに漫然とネガティブに生活することを強く否定した生き方を良しとする考え方に依拠する，まさに主張性が強く，そして意味ある生き方のみを徹底して追求しようとする，エレガンスかつアグレッシブな思考と行為が不可欠になる生活を指向する生活者である，と定義づけられる。それゆえ，自らの人生設計や生活設計を自らの意思や思いによって，意図的に，かつ意欲的にデザインすることができるエクセレントな生活者とも言える主体が，まさにここでいうライフデザイナーである。

(1) ライフデザイナーへのライフデザイナーによるサプライサービス

　我が国のような経済社会が成熟期を迎える地域における先進的な消費者は，次第にその消費スタイルを進化させている。今やこのような消費者の多くがライフデザイナーへとコンテクスト転換をしつつある。また，彼らが主にコンタクトをもつ対象についても，次第にライフデザイナーが関わる企業や店舗に移りつつある。これは，ライフデザイナーとしての生活者とライフデザイナーとしてのビジネスパーソンが，ある種の共振を見せるような現象が現出したことを意味する。

　このようなまさにクリエイティブクラス[5]とも言えるライフデザイナーの

---

[4]　1980年代後半からバブル崩壊時に至る西武百貨店の業容，およびセゾン文化の最盛期の時代に，成熟した消費者に対して命名した概念である。生活の領域にデザイン思想を持ち込んだ画期的な概念である。

終章　ライフデザインから捉えた旅行のコンテクスト転換

登場が，今や生活者にとっての消費目的の意味を大きく転換させている。それは，消費が自己実現[6]や自己超越[7]のためのクリエイティブな行為へとコンテクスト転換されたことを意味する。言い換えれば，このような消費活動がある種のデザイナーへとその方向を大きく転換したことを表している。つまり，多くの商品やサービスはライフデザインを行う際の単なる素材にしかすぎないわけである。

　こうなると，商品やサービスの価値はこれらの作り手であるサプライサイドが提供するのではなく，むしろそれらの利用者であるデマンドサイドに位置する生活者によって発現されることになる。これは，すなわち，商品やサービスなどのコンテンツ自体には価値が存在していないことを意味するし，また，生活者であるライフデザイナーによって多様でパーソナルな個別的な生活価値が発現することを意味する。このことは，消費の担い手がサプライサイドではなく，むしろライフデザイナーとしてのデマンドサイドにいる生活者に転換したことを意味する。こう考えると，ライフデザインは生活者サイドのそれぞれのまさにコンステレーション[8]に関わる問題になり，それゆえ主体にとってはエピソードメイク[9]に関わる問題になっている。

　これらの議論からは，ライフデザイナーは価値発現のためのプロデューサーであり，またコンテンツにパーソナルな意味づけを行うことに秀でたコンテクストデザイナーである，と考えられる。それゆえ，彼らに商品やサービスを提供するビジネス主体も，またライフデザイナーであることが期待される。こうして，両者のまさにライフデザイナーとライフデザイナーとの共振によって，消費活動は価値創造行為へと転換できる。

　さて，ここで理解すべきは，デザインという概念についてである。これは

---

[5]　リチャード・フロリダが主張した，アメリカのベビーブーマーに代表される経済的にも知的にもハイクラスにあると言える，消費に関わるオピニオンリーダーのことである。すでにアメリカでは，その数は人口の半数ぐらいまでに増大している消費者のマジョリティ的な存在である。

[6]　マズローの欲求5段階説における最高位の欲求である。人間だけが持つ次元の欲求である。

[7]　マズローによる欲求の5段階とは異なるもう1つの欲求概念であり，社会との関連から個人の欲求を捉える画期的な概念である。

[8]　これはもともとは星座のことであるが，心理学では心の奥底の深くに刻まれた長期記憶を具象化して定着させることを表す概念である。

[9]　筆者は，これについてはコンステレーションを可能にするためのサプライサイドの行為である，と考えている。

もともと"下絵"と翻訳されていた概念であり，その後に少し洗練された表現である設計と言われるように変化していった。こうして，デザインは，具象の領域に限定されていた，その対象領域を次第に抽象的な領域にまでも拡大して使用できるような概念に，その概念が包含する対象を拡張していった。

こうなると，ライフデザインとは自身の生活やその延長線にある，それこそ人生総体に含まれるあらゆる局面の設計を行うまでになる概念へ，と発展することになる。この段階では，自身を生活や人生を自らの力で切り開くものであるという，まさに多様でポジティブな姿勢が見い出せる。このようなライフデザインが行える生活者がライフデザイナーである。これは，すなわち，ライフデザイナーは単なるコンテンツ，すなわちターゲットとしての消費者ではなく，コンテクストとしての生活者になることを意味する。

以上の議論から，ライフデザインとはある種のコンテクストデザインであることが理解できるであろう。そこで，以下においては，このライフデザイン概念の理解を深めるために，その構成要素についての考察を行ってみたい。なお，それらは，第1がキャリアデザイン，第2がサイエンスデザイン，第3がスタイルデザイン，である。

(2) ライフデザイン＝キャリア，サイエンス，スタイルの統合デザイン概念

そこで，まず，ライフデザインとこれらの3つの構成要素の関係を概念的に表せば，概ね以下のようになる。もちろん，これは筆者の考え方であり，これが唯一の形態である，と考える必要はない。

> ライフデザイン＝キャリアデザイン＋サイエンスデザイン＋
> 　　　　　　　　　　　　　　　　　　　　　スタイルデザイン

第1のキャリアデザインとは，職業やそれ以外の仕事領域における多様な経験を意味している。ここでは，どんな領域においても実は階層や階級が想定されているようである。それゆえ，キャリアデザインとは何らかの形態の階層を下から上に昇ることを意味する，というのが筆者の認識である。言い換えれば，それぞれの仕事領域においてその道を究めるプロセスがキャリアである，と考えられる。それは，現在では，例えば会社でトップマネジメントになるためのプロセスであり，華道や武道において師範になるためには不

可欠なプロセスである，と考えられている．

　このようなプロセスは必ずしも直線的に昇る必要はないのだが，それでもいわば円環的にグルグルと同じ所を回っていることはあまり望ましくはない．それは，デザインするということは何らかの前進や上昇のための行為である，と考えられるからである．それゆえ，決して後退，あるいは下降するようなプロセスをデザインすることは，意図的に行われる例外を除けばあまり考えられない．しかも，特定のポジションには何らかの遂行能力も含まれているとは思われるから，ポジションは能力をも含んだ概念として捉えるのが適当である，と考えるべきである．

　第2のサイエンスデザインとは，実はキャリアデザインを可能にする方法論に関する概念である．これはすなわち，キャリアデザインを単にプログラムのレベルに押し込めるのではなく，むしろ方法論のレベルまでを含んだ概念であることを表す考え方である．そうなると，これにはどちらかというと情念的な領域よりは，むしろ科学に裏づけられる合理的な色彩の強い領域であることが期待される．

　このサイエンスデザインには，キャリアのもつ階層とリンクした可視的な手法として機能するようにデザインされることが期待される．例えば，何らかの段とか級で表せる資格や階層に到達するためには，それらに到達するための合理的な行為が明確に，かつ具体的に明示されていることが不可欠になる．こうして，階段を降ることなく，少しずつ確実に昇ることが可能になる．

　それゆえ，このサイエンスには単なる"認識知"のみならず，併せて技術や技能に代表される"行動知"をも含んだ概念になってくる．その意味では，サイエンスデザインとはある種の「知行合一」を指向する概念である，とも言える．なお，キャリアデザインが主体の中にあるのに対してサイエンスは主体の外にある，と考えられる．しかしそうなると，これら2つの構成要素を結びつける第3の概念が必要になる．

　これこそが，第3の概念であるスタイルデザインである．結論を急げば，このスタイルデザインはキャリアデザインやサイエンスデザインのプラットフォームとしての役割を担っている，と考えられる．それゆえ，これらの2つの要素はまさにこの第3のスタイルデザインによって規定されることになる．そこで，以下においては，スタイルデザインと旅行ビジネスとの関係性

についての議論を試みたい。

第三節 スタイルデザインで捉えたコンテクストトラベリズム
スロースタイルが切開く旅行のコンテクスト

　それでは，ここではライフデザインのプラットフォームとも言えるスタイルデザインから，本書の主題であるコンテクストトラベリズムに関する考察を行っていく。このコンテクストトラベリズムによって表される旅行に，近年多大な注目を浴びる体験型旅行や滞在型旅行がある。これら2つの旅行概念は，「体験滞在型旅行」と表すこともできるし，「体験・滞在型旅行」とも表せる。

　筆者は，前者の体験滞在型旅行は体験のために滞在する旅行であり，後者の体験・滞在型旅行は体験を目的にした旅行と滞在を目的にした旅行になると考える。体験旅行には農業体験（通称：アグリツーリズム）や産業体験（通称：産業ツーリズム）などがあり，滞在旅行には湯治滞在（ある種のヘルスツーリズム）やボランティア滞在（ある種のソーシャルツーリズム）がある。なお，これらは，一般的には，筆者のいうコンテクストトラベリズムからではなく，むしろニューツーリズムの代表的なコンテンツとして理解されている。

(1) 体験・滞在型旅行に見るスロースタイル

　以下においては，生活者である顧客が，なぜ体験・滞在型旅行[10]に注目するようになったのか，を考えてみたい。生活者は，そのほとんどの行為は何らかの目的によってなされ，その行為の背後にそれぞれの固有のライフスタイルが読み取れる。それゆえ，ライフスタイルが異なれば，当然その行為は異なったものとして現出する。つまり，いかなるスタイルを確立しているかが，それぞれにとっての行為に対して多大な影響を与えている。これが生活者にとっての行為への影響要因としてのライフスタイルであるという筆者の捉え方である。

10　ここでは，体験滞在ではなく，体験・滞在についての議論に限定している。

終章　ライフデザインから捉えた旅行のコンテクスト転換

　近年，生活のすべての領域において，かのファストスタイルが大きな影響力を示している。旅行の領域においては，すでに1970年代からファストスタイルである海外パッケージツアーに代表される観光ツアーが主役の座を担ってきた。これに対して，近年とみに注目の大きな体験旅行や滞在旅行については，ある種のスロースタイルに依拠した旅行である，と考えられる。これは，以下のような一対の対抗概念として理解すべき関係になる。

「ファストスタイル（ex. 観光ツアー）」VS
　　　　　　　　　　「スロースタイル（ex. 体験旅行・滞在旅行）」

　さて，体験するには，実際に現地へ行くことが不可欠であるし，当然それなりに時間も必要になる。その意味では，空間移動を伴う時間消費型の旅行になる場合が多くなる。農業体験では，例えば東京圏に住んでいる人々にとっては新潟県や宮城県などの自宅から離れた地域に，それこそ時間をかけて訪れて，そこに何日間か泊まることを意味している。

　このような行為が，スロースタイルに依拠していることは，実はその目的において見い出せる。それゆえ，地元の農家が地元で農業を行うのは，当然ながらスロースタイルとは言わないことは自明である。それは，彼らにとって農業は仕事であって，それゆえ彼らにとっては時間消費が目的の旅行などではないからである。

　つまり，ファストかスローかという差異は，実は旅行のコンテンツ自体の差異ではなく，それを行う生活者の目的に関する差異である。これは，すなわち，旅行という行為そのものではなく[11]，その目的こそがスロースタイルに依拠していることが理解できる。つまり，目的概念が体験・滞在型旅行に対して新たな価値を与えていると考えられる。言い換えれば，スロースタイルという概念が農業を仕事から余暇生活に転換させているとも考えられる。これは，すなわち，スロースタイルという特定のスタイルがコンテンツの意味や価値を転換させることであり，またスタイルデザインが典型的なコンテクストデザインになることを示している。そうであれば，例えば，とても過

11　これは，そのために特急電車を使用したり，高速道路を使用したりするライフデザイナーのミッションになるわけである。

酷な自衛隊への体験入隊や修験道への体験修行なども，それこそ肉体的な苦痛の体験としてではなく，むしろ精神的な充足を可能にする新たな体験になる。

このように，体験・滞在型の旅行は断じて観光ではなく，また当然ツアーでもないことになる。その意味では，このような脱観光，脱ツアーを指向する旅行は，すなわちコンテクストトラベリズムは，スロースタイルというライフスタイルのデザインによって可能になる。そして，このようなスロースタイルの実践者が典型的なライフデザイナーであると考えられる。

(2) スロースタイルに見るライフデザインの特異性

さてそれでは，ここではスロースタイルとは一体いかなる概念なのかについての議論を行ってみたい。このスロースタイルは，ファストスタイルの対抗概念として，筆者によって構想された新たな概念である。それゆえ，ファストスタイルを現出させた高度資本主義に対する問題点の提示が含まれている（原田，2007）。

このスロースタイルは，生活者がサプライサイドに奪われてしまっている消費手段を自身の手に奪還することを目的にして構想された概念である。もちろん，今やファストフードやコンビニエンスストアに代表されるファスト対応の商品やサービス提供拠点の存在なしには，生活者は快適に暮らすことはできない。その意味において，スロースタイルは決してファストスタイルを殲滅させるべきものとは考えない。言い換えれば，筆者は，単にコンテンツとしてのファスト商品やファストサービスを批判しているのではなく，それらが生活者に提供されるべく構築されたシステムに対して批判を行っている，と考えている。だからこそ，消費手段の生活者への奪還が，まさにスロースタイルを指向することになる（原田，2007）。

ここで注意したいのは，このスロースタイルについては，ニューヨークのマンハッタンや東京の六本木では見い出せない概念であり，どちらかというと田舎や発展途上国のような自然が濃厚に残っている地方などに見い出すべき概念である，と思われがちなことである。しかし，筆者の主張するスロースタイルは，実は田舎にではなく，むしろ大都会においてこそ見い出されるべき概念である。このスロースタイルとはライフスタイルの一形態であるか

ら，あくまでも単純な自然指向ではないばかりか，むしろそれに対抗する概念である，として位置づけられるべきであり，ある種のカルチベーション[12]のための人間の行為である，と考えられるからである。これは，すなわち，筆者の主張するスロースタイルが原始的な生活や貧しい生活を表す概念ではないことを意味する。これは，むしろ，成熟した豊かな生活を行っている地域に暮らす人々に対して提示されるべき概念になる。それゆえ，前述のように大都市圏や経済的に恵まれた地域に対して期待されるべき概念になる，と考えてもらいたい。

　そこで，スロースタイルは前述した高度消費生活者の先進的な存在であるクリエイティブクラスが愛用すべきライフスタイルであることになる。ここでは，前述したような自己実現欲求や自己超越欲求を指向すべき消費行動が展開されるための思想的背景をなす概念として理解してほしい。そうなると，スロースタイルにおいては，消費者においての商品やサービスの経済的な価値を見い出そうとするのではなく，むしろ自らの思想や生き方に価値を見い出すことが指向される，と考えるべきである。

　このような考え方に立脚して展開されるライフスタイルが，まさにスロースタイルなのである。言い換えれば，スロースタイルを指向する生活者であるスロースタイリストとは，社会に対して高度な文化的なメッセージを発信する生活者であるとも言える消費社会におけるスタイルデザインの思想的リーダーである，とも言える。

《結語》

　ここでは，本書における締めくくりとして，新たな旅行ビジネスであるコンテクストトラベリズムに見い出されるライフのデザインに関する議論を行ってきた。そして，このライフデザインの構成要素は，キャリアデザイン，サイエンスデザイン，そしてそれらのプラットフォームとも言えるスタイルデザインであり，このスタイルデザインの代表的なものとしてのスロースタイルがあげられる。

　このスロースタイルへの対応ビジネスとしては，例えば現在ではニュー

12　本来は「土地を耕す」という意味をもつ cultivate からの言葉。ここでは，養う，磨くといった意味を合わせ持った言葉として使用する。

ツーリズムが大いに期待されている。そこで，この代表的なものとして体験・滞在型旅行が紹介されることになった。これは，ある種のスロースタイルビジネスとも言えるスロースタイルビジネスに親和性があると感じられる。それゆえ，このビジネスがスロースタイルビジネスのコアコンテンツとしては大いに期待が寄せられる。

　このように，ライフスタイルから旅行を議論するのが本来の旅行マーケティングであろう。こうした対応が進展すれば，デマンドサイドのライフデザイナーとサプライサイドのライフデザイナーとの価値共創が可能なモデルの構築が可能になる。ここで理解すべきは，ライフデザインから旅行を捉えるというコンテクスト転換が旅行ビジネスに新たな可能性を捉えた戦略的対応の重要性を，認識することが不可欠である，ということである。

（原田　保）

■　**参考文献**　■

原田　保（2007）「消費手段を奪還する消費者」原田　保・三浦俊彦『スロースタイル生活デザインとポストマーケティング』新評論，9～40頁。
原田　保・片岡裕司（2009）『顧客が部族化する時代のブランディング』芙蓉書房出版。
水野誠一（1989）「ヒト（ライフデザイナー）の時代の「モノ・コト論」水野誠一『ネオ・アキンドノオト』ティビーエス・ブリタニカ，93～132頁。
吉本隆明（1968）『共同幻想論』河出書房新社。

索　引

事　項

〈ア行〉

アーティスト・イン・レジデンス
　（AIR）………………………………31
アートサイト直島………………… 193
アウトバウンド（outbound）……96
　　──観光…………………………23
アグリツーリズム…………… 92, 254
あすたむらんど………………… 161
アトム（原子）………………… 239
アモルフ（無定形）…………… 239
新たな（alternative）視点………40
今治タオルブランド商品………… 159
今治タオルプロジェクト………… 159
インバウンド（inbound）………73, 96,
　　136, 139, 148, 149, 151, 152
　　──観光…………………… 23, 25
　　──観光者…………………… 149
　　──交流効果……………………42
　　──旅行者…………………… 149
ヴェブレン効果……………………38
内なる国際化………………………25
うどんツアー…………………… 161
宇部興産伊佐セメント工場……… 212
宇部興産専用道路………………… 212
宇部・美祢・山陽小野田産業観光
　推進協議会………………… 209, 211
エアビーアンドビー（Airbnb）
　……………… 229, 230, 232, 233, 234, 239
エージェンシー機能…………… 116
エージェント型ビジネス… 10, 52, 87, 94
エコツーリズム… 92, 130, 139, 140, 141
エピソード…………… 169, 170, 227
エピソードメイク…………… 13, 251
絵文字…………………………… 220
オーガニックコットンプロジェクト
　………………………………… 195
大塚国際美術館………………… 161
大塚製薬………………… 160, 161, 162
大塚パーク……………………… 160

おかえり経営………………………99
おかえりビジネス…………………99
岡崎観光まちづくり支援自動販売機
　………………………………… 215
送り込み型マーケティング………98
オプショナルツアー…………… 132
おもてなし経営……………………99
オルタナティブ・ツアー…………92
オルタナティブツーリズム… 36, 37, 38
温泉街………………………………16
温泉郷………………………………16

〈カ行〉

外部…………………………………30
　　──から訪れる旅行客…………26
　　──からの訪問者………………42
　　──者………………………30, 31
　　──の一般の人々………………32
　　──力……………………………32
外部力（ヨソモノ）と内部力
　（ジモティ）………………………36
ガラパゴス…………………………24
観光型ツーリズム…………………6
観光坑道………………………… 209
観光立国……………………………35
観光立国懇談会………………… 23, 27
北沢浮遊選鉱場………………… 210
キャリアデザイン…………… 252, 253
キュレーション（curation）
　………………… 235, 236, 238, 242
キュレーター（curator）……… 235, 236
共同幻想………………………… 246, 247
共同体験ビジネス……………… 218
クラブツーリズム…………… 75, 76, 81
グリーンツアー……………………92
グリーンツーリズム…………… 37, 130
クリエイティブクラス………… 250
グループマネジメントフィー……75
グレートジャーニー…………… 200

芸術祭「トリエンナーレ」……………31
公衆 Wi-Fi（無線 LAN）……………164
ゴールデン佐渡………………………210
コカ・コーライースト………………209
国際センタービル……………………199
国立新美術館…………………………193
こだわり麺や…………………………161
ごっくん馬路村………………………39
コミットメント………………………30
コモディティ化………………………83
コンシェルジュ型……………………94
コンステレーション（consteration）
　………………………………… 2, 38
　―――マーケティング……………167
コンテクスト（context）
　……………… 52, 54, 89, 90, 91, 93, 94
　―――開発……………………… 121
　―――創造………………………90
　―――ツーリズム…………………iii
　―――転換……… 52, 53, 54, 56, 59, 64,
　　　　　　68, 69, 70, 79, 80, 83, 85,
　　　　　　89, 94, 97, 100, 104, 106,
　　　　　　108, 109, 111, 112, 122,
　　　　　　126, 134, 138, 153
　―――トラベリズム…………iii, 2, 115,
　　　　　　128, 135, 136, 137, 138, 139,
　　　　　　140, 141, 142, 143, 144, 145,
　　　　　　146, 148, 151, 152, 153
コンテンツツーリズム………… 63, 152

〈サ行〉

サイエンスデザイン…………… 252, 253
サイト・スペシフィック・アート
　（site specific art）……………… 31, 32
サイトスペシフィックストーリー
　（site specific story）………… iii, 36, 38
蔵王ブランド…………………………172
サテライトオフィス…………………25
産業クラスター………………………16
産業ツーリズム………………………254
サントリー美術館……………………193
事業デザイン…………………………i
四国タオル工業組合…………158, 159, 160
四国八十八箇所………………………189

四国遍路………………………………189
自己幻想………………………………247
時代的近接性…………………………124
島キッチン……………………………32
ジモティ…… 26, 28, 31, 32, 33, 37, 38, 42
ジャーニー……………………………124
重厚長大産業…………………………33
ジョルダンの定理……………………26
シルクロード…………………………199
新型インフルエンザ流行……………241
新型肺炎 SARS 騒動　………………241
新結合（neue Kombination）…………32
新原田モデル
　（ZTCA デザインモデル）…………13
スターバックス………………………162
スタイルデザイン…………… 252, 253
スタンプ………………………………220
スノッブ効果………………………38, 39
スポーツツーリズム…………………129
スモールツーリズム…… 65, 66, 67, 130
スローフード運動……………………92
生活デザイン…………………………i
精神旅行………………………………7
セゾン文化……………………………250
瀬戸内国際芸術祭
　（Setouchi Triennale）……………193
　―――2010………………………32
　―――2013………………………31
瀬戸内海国立公園指定 80 周年
　記念式典……………………………36
戦略的 CSR …………………………204
ソイカラ………………………………160
総合保養地域整備法（リゾート法）
　…………………………………64
ソーシャルレスポンシビリティ
　（社会的責任）……………………203
ゾーニング…… 32, 36, 40, 43, 47, 48, 146
ゾーンデザイン………………………146
外への国際化…………………………24

〈タ行〉

ダークツーリズム……… 63, 64, 143, 144
ターゲットセグメント………………37

"脱"観光 ················· i, 53
　　──型トラベリズム ············· 6
　　──型旅行商品 ················11
"脱"ツアー ················· i, 53
　　──指向 ····················53
たも屋 ················· 161, 162
地域価値搾取型ビジネス ···········14
地域価値創造ビジネス ·············14
地域起点旅行ビジネス ·············· 5
地域客体ビジネス ················14
地域コミットメント ·········· 36, 38
地域主体ビジネス ················14
地域デザイン ···················· i
地域の内在化 ····················30
地域ブランディング ········ 102, 105
地域リソースベーストビュー
　（Regional Resource-Based View）
　··························· 173
チェーンオペレーション形態 ······ 111
チェルノブイリ発電所 ·············64
知行合一 ······················ 253
地中海式ダイエット ···············44
着地＝インバウンド ············· 134
　　──型観光　114, 115, 127, 134, 138
　　──型商品 ················· 137
　　──型ツーリズム ······ 58, 64, 65, 69
　　──型ビジネス ············ 59, 64
中部ペプシコーラ販売 ······· 215, 216
超産業戦略 ······················35
対幻想 ························ 246
ツーリズムビジネス ···············25
デスティネーション（destination）
　············ 31, 32, 46, 53, 84, 89, 96
　　──指向 ·············· 104, 111
　　──ビジネス ··············· 102
　　──マーケティング（destination
　marketing）····· 46, 96, 97, 98, 101,
　　　　　　　102, 103, 104, 107, 109
　　──マネジメント（destination
　management）················46
同一視（identification）··········30
道遊の割戸 ···················· 210
徳島県立あすたむらんど徳島 ······ 161

トポス（topos）················13
　　──型のビジネス ··········· 157
トラベリズム（travelism）········ 2, 126
トラベル ······················· i
トランスポーテーション
　（transportation）············53

〈ナ行〉
内在化（internalization）··········30
内部 ··························30
　　──の者 ····················30
　　──力 ·····················32
ニッセイ基礎研究所 ············· 204
日本奥地紀行 ·················· 240
日本政策投資銀行 ················31
日本政府観光局（JNTO） ·········35
ニューツーリズム ······ 54, 58, 59, 60, 69,
　　　　　　　114, 115, 120, 121, 122, 126,
　　　　　　　127, 128, 129, 130, 131, 133,
　　　　　　　134, 136, 138, 151, 152
　　──論 ··················· 136
ネオ・マス ···················· 249
　　──マーケティング ······ 245, 249

〈ハ行〉
パック（パッケージ）ツアー
　······················· 28, 80, 91
発地＝アウトバウンド ··········· 134
　　──型ツーリズム ············64
　　──型ビジネス ··············64
はなまるうどん ················ 161
パラダイムシフト ············ 79, 84
バラの街推進事業 ··············· 214
ハラール食 ·····················41
バリィさん ···················· 158
パワーパラダイム ·········· 108, 111
ハワイ・マウイ島 ··············· 140
バンドワゴン効果 ················38
東日本大震災 ·············· 199, 241
非観光型旅行 ···················· 4
非観光商品 ····················· 4
備讃瀬戸 ·······················36
ビジット・ジャパン事業 ···········24
フェイスブック ················ 164

プラザ合意……………………… 23, 28, 72
ブランドアイデンティティ………………89
プロデュース型ビジネス………… 10, 52
米国同時多発テロ……………………… 241
ベニスに死す……………………………93
ヘルスツーリズム………………… 130, 254
ホワイトキューブ（white cube）……31

〈マ行〉

マクドナルド……………………………162
マスターゲットへのツアー（周遊旅行）
　………………………………………53
マスツーリズム（大量生産大量消費
　観光）……… 37, 38, 54, 56, 57, 58,
　　　　　　59, 68, 69, 88, 95, 114,
　　　　　　125, 127, 137, 149, 153
　―――的………………………………69
　―――ブーム…………………………87
　―――モデル………………… 130, 149
マズローの欲求5段階説………… 251
丸亀製麺……………………………… 161
三菱マテリアル………………… 209, 210
南信州観光公社………………………65
森美術館………………………… 193, 235

〈ヤ行〉

ヨソモノ…… 24, 25, 30, 37, 38, 39, 40, 45
呼び込み型マーケティング
　……………………… 98, 100, 107, 108

〈ラ行〉

ライン…………………………………164
らき☆すた………………………………63
ランドオペレーター…………………132
リーダーシップ…………………………36
リーマンショック………………………199

リテンション（retention）…… 168, 173
　―――マーケティング… 167, 168, 170
リレーションシップマーケティング
　………………………………………99
ロード・アイランド・デザイン学校
　………………………………………231
ロケーションツーリズム……………147
六本木アートナイト…………………192

〈ワ行〉

ワカモノ，ヨソモノ，バカモノ………45

〈欧文〉

Antenna（アンテナ）……………… 237
CSR（Corporate Social Responsibility）
　………………… 202, 203, 204, 205, 216
　―――型ツーリズム………………211
　―――経営元年……………………204
　―――ツーリズム……………211, 212
　―――報告書………………………210
CSV（Creating Shared Value）
　…………… 202, 203, 204, 205, 206,
　　　　　　207, 208, 209, 213, 216
　―――サーベイランスネットワーク
　………………………………………206
DMO（Destination Management/
Marketing Organization）… iii, 45, 46
Gunosy（グノシー）……………… 237
JTB…………………………… 206, 209
Imabari ……………………………… 160
LINE ………………………………… 220
NEVER ……………………………… 235
SOY JOY …………………………… 160
UBE－i－Plaza …………………… 212
Udon レストラン …………………… 161
Wi-Fi サービス ……………………… 164

人 名

〈ア行〉
東悦子 117
アブラハム・マズロー 251
安部良 31
アレクサンドロス3世
　（アレクサンダー大王） 22, 122
飯田芳也 122
イサベラ・バード 240
板倉宏昭 ii, iii, iv
井出明 63, 64, 143
稲垣勉 56
今井信治 146
ウィリアム・ワーズワース 177
内田純一 97
江戸克栄 169
大久保あかね 122
大社充 65, 139
大橋昭一 117
岡本健 63, 117, 146, 147
オリバー・シェルドン 203

〈カ行〉
カール・ベデカー 123
海津ゆりえ 139
加藤文昭 ii, iv
亀山秀一 43
北川フラム 32
ギ・ド・モーパッサン 183
空海 189
グスタフ・マーラー 93
クリストファー・コロンブス 123
小泉純一郎 27
小磯修二 48
後藤哲也 67, 99, 185, 186
近藤政幸 139
紺野登 226

〈サ行〉
佐藤可士和 159, 160
澤野重男 144

〈サ行続き〉
サンティアーゴ・デ・コンポステーラ 123
ジョー・ゲビア 231
ジョージ・ゴードン・バイロン 177
鈴木敦詞 iii
須田寛 116
ステファン・シャウエッカー 149, 150

〈タ行〉
高橋一夫 206
田坂毅 iii, iv
多方一成 59, 64, 132
ダニエル・ブーアスティン 121
トーマス・マン 93
トマス・クック 123
十代田朗 117

〈ナ行〉
内藤錦樹 116
中島智 130
中谷健太郎 66
夏目漱石 240
野中郁次郎 226

〈ハ行〉
バーンド・シュミット 60, 61
橋本俊哉 116, 117, 122
バスコ・ダ・ガマ 123
原田保 i, ii, iii, iv, 65, 67, 103
フィリップ・コトラー 61
フェルディナンド・マゼラン 123
ブライアン・チェスキー 231
古市憲寿 143
塹江隆 118, 121

〈マ行〉
マイケル・ポーター 205
前田勇 117, 122
松尾芭蕉 102
マルコ・ポーロ 123
ジョン・レノン 143

マルコム・フォーレー……………… 143
三浦俊彦……………………… 169
溝尾良隆……………………… 117
溝口薫平…………………………66
源義経………………………… 102
宮本文宏………………………… iii
森下一男……………………… 139

〈ヤ行〉

安島博幸……………………… 122
安村克己……………………… 122
山口仁八郎……………………32
ヤマトタケル………………… 122
山中弘………………………… 145

山村順次………………………57
吉田春生…………… 58, 68, 120, 132, 139
吉本隆明……………………… 240, 246

〈ラ行〉

リチャード・フロリダ……………… 251
ルキノ・ヴィスコンティ……………93
ル・コルビュジエ…………………… 230

〈欧文〉

Botsman, R. ……………………… 231
Leibenstein, H. ……………………38
Lotman, Y. M. ……………………26
Rogers, R. ……………………… 231
Rosenbaum, S. ……………………… 235

索　引

地　名

〈ア行〉

相川……………………………… 210
会津……………………………… 240
アウシュビッツ収容所……… 64, 85, 143
青山……………………………… 171
秋田……………………………… 240
アドリア海…………………… 92, 93
アフリカ………………………… 200
有馬温泉………………………… 100
淡路島…………………………… 161
粟島……………………………… 31
飯田市………………… 65, 132, 139
イギリス………………………… 123
生野銀山………………………… 210
出雲大社……………………… 61, 145
伊勢神宮……………………… 61, 145
イタリア………………………… 45
伊奈町観光協会………………… 214
イベリア半島…………………… 189
今治市…………… 158, 159, 160, 162
岩手県………………………… 63, 195
ヴェネツィア………………… 92, 93
上野公園………………………… 39
ウクライナ……………………… 64
宇部……………………………… 212
馬路村………………………… 39, 40
雲仙……………………………… 36
英国……………………………… 45
エジプト………………………… 90
江戸……………………………… 22
愛媛県………………………… 48, 158
エルサレム……………………… 123
欧米……………………………… 149
大阪府…………………………… 44
大窪寺…………………………… 22
オーストラリア……………… 37, 161
岡崎市…………………………… 215
小笠原…………………………… 140
小笠原諸島…………… 139, 140, 145
岡山県…………………………… 105
沖縄……………………………… 144

奥津温泉………………………… 106
尾去沢鉱山……………………… 210
御巣鷹山………………………… 145
オホーツク海…………………… 36
表参道…………………………… 171

〈カ行〉

香川県………………… 44, 161, 162
上勝町…………………………… 25
かみのやま…………………… 172, 173
　　──温泉……………………… 172
川渡温泉………………………… 102
紀伊熊野………………………… 93
城崎温泉……………………… 99, 100, 185
岐阜……………………………… 36
九州…………… 62, 65, 68, 89, 93, 184
清水寺…………………………… 150
霧島……………………………… 36
銀座……………………………… 162
草津温泉………………………… 150
葛巻温泉………………………… 185
熊野……………………………… 63
熊本県………………… 67, 100, 185
黒川温泉……… 14, 15, 65, 67, 68, 99, 184,
　　　　　185, 186, 187, 189, 192, 196
黒部ダム………………………… 145
群馬県………………………… 36, 47
高知市…………………………… 39
高野山…………………………… 150

〈サ行〉

湘南……………………………… 192
埼玉……………………………… 36
サウス・マーケット…………… 231
蔵王……………………………… 172
　　──温泉……………………… 172
　　──温泉街…………………… 172
鷲宮………………………… 63, 146, 147
佐渡…………………………… 210, 211
　　──金銀山…………………… 211
　　──金山………………… 210, 211

265

讃岐 …………………………………… 161
サンティアゴ・デ・コンポステーラ
　………………………………………… 189
サンフランシスコ ………… 90, 230, 231
山陽小野田市 ……………………… 212
シアトル …………………………… 162
滋賀 ………………………………………36
四国 ………………………………… 161
　───地方 ……………………… 158
しまなみ海道 ……………………… 158
小豆島 …………………………… 31, 44
白川郷 ……………………………… 150
シンガポール …………… 160, 161, 162
スウェーデン ………………………………37
スペイン …………………………… 37, 45
青函トンネル ……………………… 145
瀬戸内海 ………… 31, 36, 43, 44, 158, 193
　───海国立公園 ………………………36
仙台 ………………………………… 103
ソマ地区 …………………………… 231

〈タ行〉

タイ ………………………………… 41, 161
太平洋 ………………………………………36
台湾 ………………………………… 45, 161
高松市 …………………………… 36, 173
高山市 ………………………………………63
竹下通り …………………………… 171
多島海公園 ………………………………36
タンザニア ………………………… 200
チェスキー ………………………… 231
チェルノブイリ発電所 …………… 143
地中海 ……………………………… 183
中国 ………………… 22, 37, 41, 161, 178
　───地方 ……………………… 158
津軽 ………………………………… 240
築地 ………………………………… 192
豊島 ……………………………… 31, 32
豊郷町 ………………………………………63
出羽三山 …………………………… 150
土肥金山 …………………………… 210
ドイツ ………………………………………45
東京 …………………… 32, 100, 193, 240
東京−富士山−京都−大阪 ……… 148

東南アジア …………………………………41
　───諸国 …………………………………41
徳島県 …………………………… 160, 162
栃木 ………………………………………36
富山県 ………………………………………89
豊岡市 ……………………………… 100
トルコ ………………………………………45

〈ナ行〉

ナイアガラ ………………………… 183
直島 …………………………… 193, 194
長崎 ………………………………… 145
長野県 ………………………………… 36, 47
奈良 ………………………………………36
鳴子温泉 …………………………… 102
　───郷 ………… 101, 102, 103, 104
鳴門市 ……………………………… 161
新潟県 …………………………… 47, 240
西表島 ……………………………… 150
日光 ………………………………… 240
日本海 ………………………………………36
乳頭温泉 …………………………… 150
ニューヨーク ……………………… 199

〈ハ行〉

バーミヤン渓谷 …………………… 199
バーミンガム ……………………… 160
ハイランド ………………………… 182
原宿 …………………………… 170, 171, 172
　───駅 ………………………… 171
原宿・竹下通り …………………… 171
パレスチナ ………………………… 188
阪神・淡路 ………………………… 145
東アジア …………………………… 149
東シナ海 ………………………………36
東鳴子温泉 ……… 101, 102, 103, 104
姫路城 …………………………… 62, 150
兵庫県 ………………………… 44, 104, 161
ピレネー山脈 ……………………… 189
広島 ………………………… 143, 144, 145
　───県 ……………………… 48, 158
　───市 ………………………… 144
福島 ………………………………… 195
富士山 ………………………………………62

伏見稲荷大社	150
プラハ	90
フランス	37, 45
米国	37
別府	66, 67
────温泉	65, 68
ベトナム	41
法隆寺	62
北海道	89, 240
香港	41

〈マ行〉

マチュピチュ	182
マレーシア	41
三鷹	192
南信州	142
美祢	212
宮島	150
村上水軍	93
明治神宮	146, 171

〈ヤ行〉

屋久島	150
靖國神社	145
安田川	40
山形県	172
山口県	62, 212
山梨	36
ユニバーサルスタジオジャパン（USJ）	44
ユタ州	232
湯郷温泉	104, 105, 106, 107
湯原温泉	106
由布院	66, 67, 68
────温泉	65, 66, 68, 184
ヨーロッパ	37, 110
ヨーロッパ諸国	45
横浜	240

〈ラ行〉

リバプール	33
霊山寺	22
ローマ	90, 123
ロシア	161
六本木	171, 192, 193
ロンドン	160

■編著者紹介

原田 保（はらだ　たもつ）
　多摩大学大学院客員教授，文化学園大学服装学部特任教授。早稲田大学政治経済学部卒業，株式会社西武百貨店取締役（企画室長，情報システム部長，関東地区担当などを歴任），香川大学経済学部教授，多摩大学大学院教授，ハリウッド大学院大学教授などを経て，現職。ほかに，一般社団法人ソーシャルユニバーシティ理事・ソーシャルユニバーシティ総合研究所研究主幹，一般社団法人日本スロースタイル協会代表，一般社団法人日本ペンクラブ会員などを務める。
　主な著作：『コンテクストデザイン戦略』芙蓉書房出版（共編著，2012），『地域ブランドのコンテクストデザイン』同文舘出版（共編著，2011），『スロースタイル』新評論（共編著，2007）。

板倉宏昭（いたくら　ひろあき）
　香川大学大学院地域マネジメント研究科教授。東京大学大学院博士課程修了。日本IBMなどを経て，現職。ほかに，浙江工商大学客員教授を務める。
　主な著書：『経営学講義』（単著，2010）勁草書房，『デジタル時代の組織設計』（単著，2002）白桃書房。

加藤文昭（かとう　ふみあき）
　株式会社日本能率協会総合研究所代表取締役社長。1970年青山学院大学経営学部卒業，同年社団法人日本能率協会入職，1984年株式会社日本能率協会総合研究所設立と同時に同社へ転籍，1990年東京生活研究所設立，空間環境研究所設立，1999年北京駐在事務所設立，上海現地法人設立董事，専務取締役就任を経て2010年現職。ほかに株式会社日本能率協会ホールディング，株式会社日本能率協会コンサルティング，株式会社ジェーエム・エー・システムズ各取締役，公益社団法人日本情報化協会理事，公益社団法人全日本能率連盟理事兼経営研究所長，一般社団法人市場創造研究会理事，地域デザイン学会理事を務める。
　主な著書：『中国ライフスタイル白書』株式会社日本能率協会総合研究所（共著，2013）『最新マーケティングリサーチ・テクノロジー全集』株式会社日本能率協会総合研究所（共著，2007）。

■執筆者紹介（執筆順）

原田 保（はらだ　たもつ）〈序章，第3章，第4章，第5章，終章〉

板倉宏昭（いたくら　ひろあき）〈第1章，第2章，第5章〉

鈴木敦詞（すずき　あつし）〈第3章，第4章〉
　りんく考房代表。多摩大学大学院経営情報学研究科修士課程修了。マーケティングエージェンシーなどを経て現職。ほかに，芝浦工業大学デザイン工学部非常勤講師を務める。
　主な著書：『海と島のブランドデザイン』芙蓉書房出版（分担執筆，2013），『温泉ビジネスモデル』同文舘出版（分担執筆，2012）。

宮本文宏（みやもと　ふみひろ）〈第3章，第6章〉
　日本ユニシス株式会社。岡山大学文学部哲学科卒業，多摩大学大学院経営情報学研究科修士課程修了。
　主な著書：『地域デザイン戦略総論』芙蓉書房出版（共著，2013），『世界遺産の地域価値創造戦略』芙蓉書房出版（共著，2014）。

田坂 毅（たさか　たけし）〈第3章，第8章〉
　慶應義塾大学文学部哲学科卒，多摩大学大学院経営情報学研究科修士課程修了。ギャラリー，シンクタンク勤務を経て，フリーランサーとして取材リサーチ，編集協力に従事。

加藤文昭（かとう　ふみあき）〈第7章〉

一般社団法人 地域デザイン学会（理事長 原田 保）
2012年設立。地域振興や地域再生を，コンテンツではなく，知識や文化を捉えたコンテクストの開発によって実現することを指向し，学際的，業際的な地域デザインを知行合一的に推進しようとする学会。

地域デザイン学会叢書 1
旅行革新戦略
―地域デザインとライフデザインによるコンテクスト転換― 〈検印省略〉

■発行日──2015年8月6日　初版発行

■監　修──一般社団法人 地域デザイン学会
■編著者──原田 保・板倉宏昭・加藤文昭
■発行者──大矢栄一郎
■発行所──株式会社 白桃書房

〒101-0021　東京都千代田区外神田5-1-15
☎03-3836-4781　FAX 03-3836-9570　振替 00100-4-20192
http://www.hakutou.co.jp/

■印刷／製本──三和印刷

Ⓒ T. Harada, H. Itakura & F. Kato 2015　Printed in Japan
ISBN978-4-561-76205-8 C3063

本書のコピー，スキャン，デジタル化等の無断複製は著作権法上での例外を除き禁じられています。本書を代行業者等の第三者に依頼してスキャンやデジタル化することは，たとえ個人や家庭内の利用であっても著作権法上認められておりません。

JCOPY 〈(社)出版者著作権管理機構 委託出版物〉
本書の無断複写は著作権法上での例外を除き禁じられています。複写される場合は，そのつど事前に，(社)出版者著作権管理機構（電話 03-3513-6969, FAX 03-3513-6979, e-mail: info@jcopy.or.jp）の許諾を得てください。

落丁本・乱丁本はおとりかえいたします。